SONJA LEITENSTERN

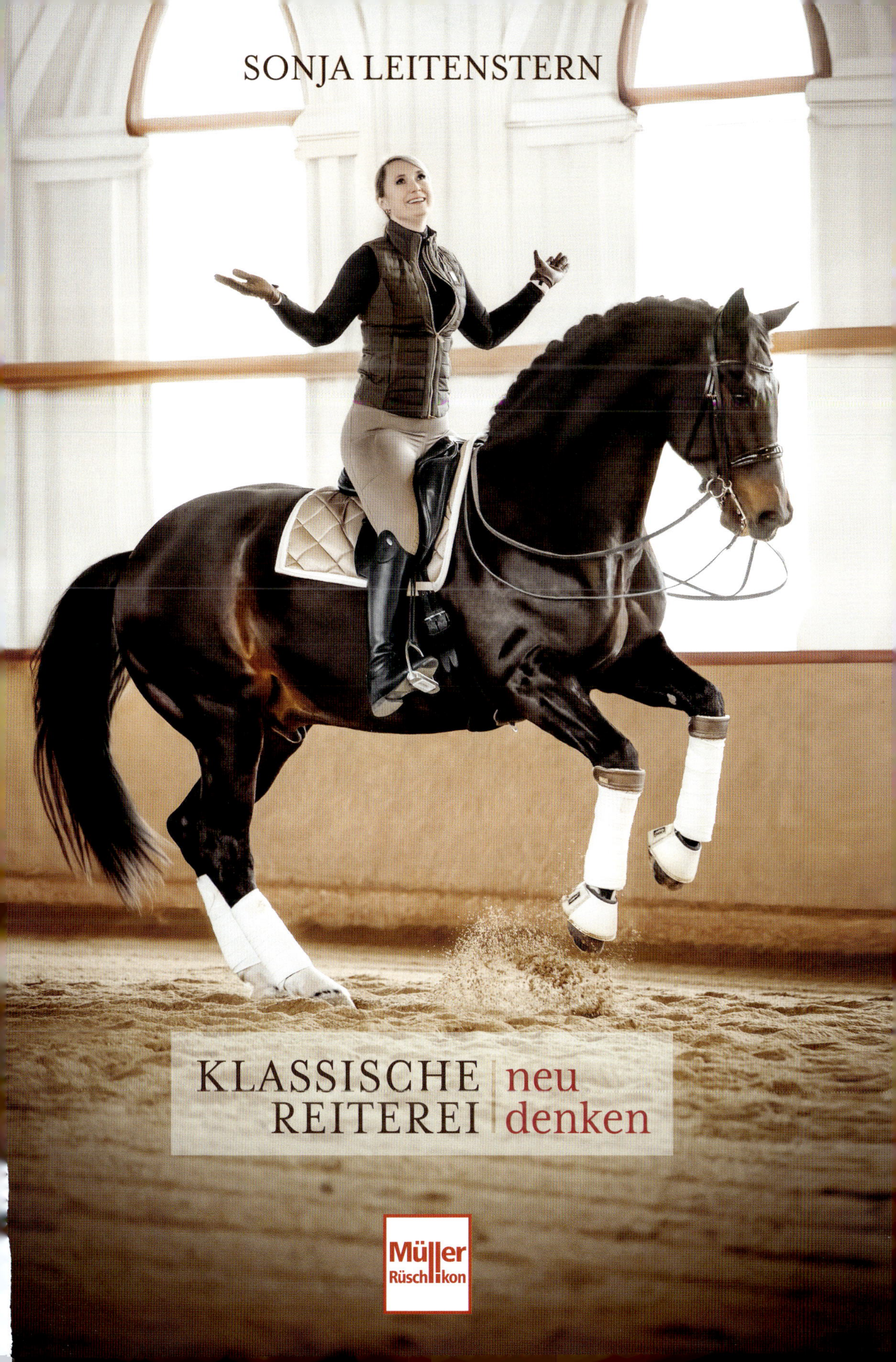

KLASSISCHE REITEREI neu denken

Müller Rüschlikon

Impressum

Einbandgestaltung: Nicola van Ravenstein, Verden

Titelbild: Radoyka Despodovska

Bildnachweis: S. 175

ISBN 978-3-275-02317-2

2. Auflage 2026

finden uns im Internet unter
www.mueller-rueschlikon-verlag.de

Gesamtleitung: Claudia König
Innengestaltung: R2 I Nicola van Ravenstein I Verden
Druck und Bindung: Graspo CZ, 76302 Zlin
Printed in Czech Republic

Folgen Sie uns für mehr Infos zu unseren Pferdebüchern auf:

www.instagram.com/muellerrueschlikon.pferd

www.facebook.com/muellerrueschlikonverlag

Im Rahmen eines sensiblen Sprachgebrauchs werden, wo immer es möglich war, genderneutrale Begriffe verwendet. Da die Meister der Alt-Klassik sowie die meisten Hauptakteure der heute bekannten Stall- und Reitmeister in der Regel männlich waren, wurde auf eine Anpassung dieser Begriffe verzichtet.

Folgende Pferde sind auf den Bildern in diesem Buch zu bewundern:

Dantano, 15-jähriger Hengst
Sacramoso, 16-jähriger Hengst
Vancouver, 9-jähriger Hengst
Rubens, 26-jähriger Wallach
Florenziano, 8-jähriger Wallach
Gérard, 7-jähriger Wallach
Leo, 20-jähriger Wallach
Coronado, 8-jähriger Hengst

Mascha Schumann-Rudnitzki mit Pferden
Dr. Christina Ziegenhagen mit Emma (16-jährige Stute)
Anna Hainziger mit Smokey (18-jähriger Wallach)
Sandra Nothegger mit Szentes-Csino (23-jähriger Wallach)
Alexandra Falch mit Campari (16-jähriger Wallach)
Kathrin Meinikheim mit Nico (21-jähriger Wallach)
Ramona Kopold mit Valentina (11-jährige Stute)
Petra König mit Luca (16-jähriger Wallach)

Sie finden die Autorin Sonja Leitenstern im Internet unter www.sonja-leitenstern.de
sowie auf Instagram unter @sonjaleitenstern

INHALT

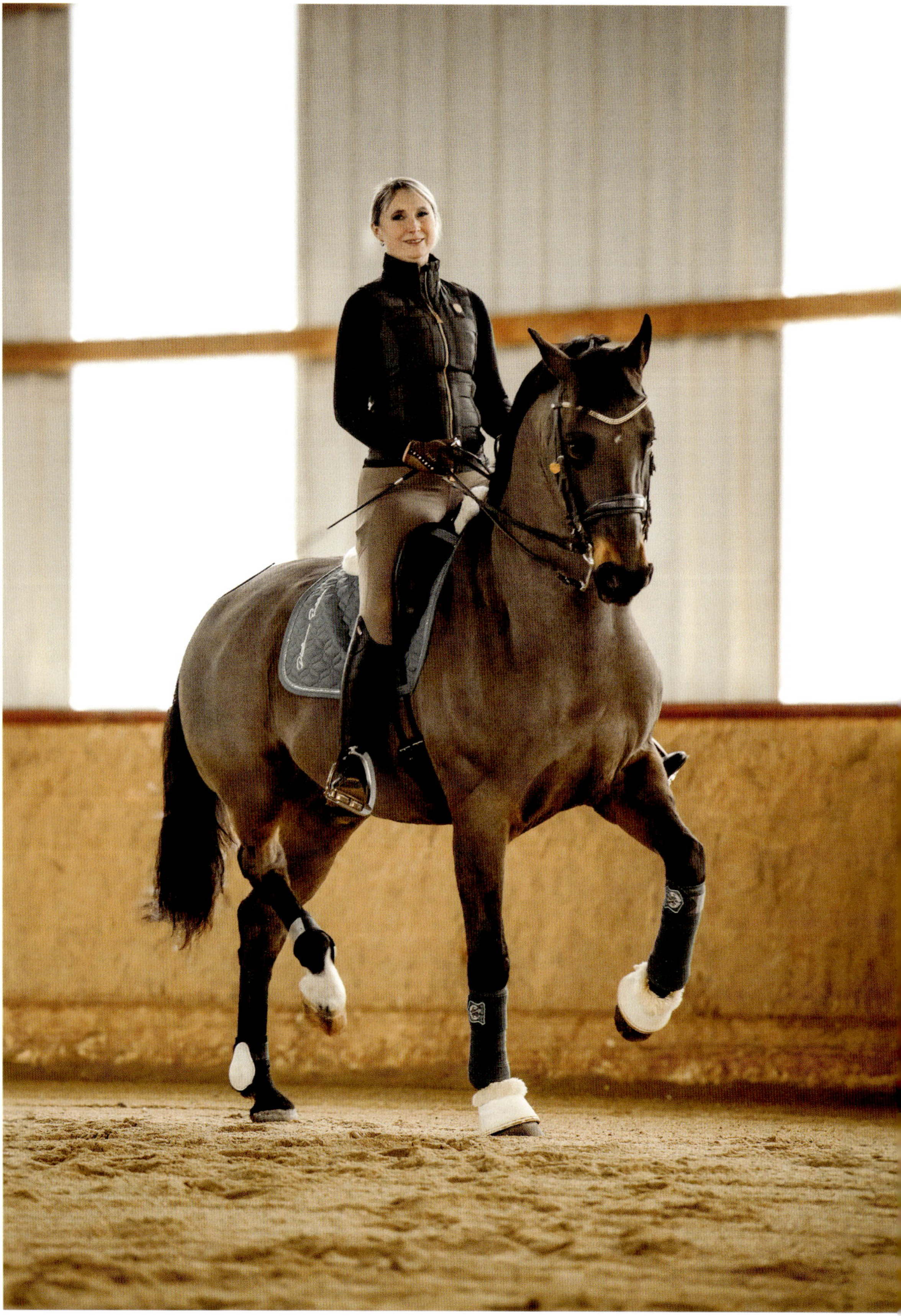

DANKSAGUNG

Zuallererst möchte ich meinen unerschöpflichen, mich intensiv unterstützenden und stets verlässlichen Eltern danken. Ohne euch wäre mein Weg um so vieles härter gewesen und wahrscheinlich auch weniger erfolgreich.

Ein gigantisches Danke an meine Freundin Dr. Christina Ziegenhagen, die immer nur das Beste in mir sieht und mich so unglaublich stärkt, wie nur wenige Freundinnen es jemals täten.

Meine überdurchschnittlich gebildeten Reitschülerinnen und Reitschüler sind ebenfalls notwendig für meinen Erfolg, da sie mich tagtäglich fordern und damit fördern. Durch euch konnte ich mein Wissen stetig erproben und verfeinern.

Ein weiteres überdimensionales Danke gilt meinen Onlinekursschülerinnen und -schülern sowie meiner Followerschaft. Ihr seid der eiserne Unterbau meines Schaffens.

Selbstverständlich bedanke ich mich bei ALLEN, die an diesem Buch mitgewirkt haben, aber ganz besonders an den Personen, die enorme Arbeitsleistung in dieses Projekt investiert haben. **Danke!**

VORWORT

Angeblich liest nie jemand ein Vorwort. Trotzdem sind Vorworte in jedem ernst zu nehmendem Fach- und Sachbuch zu finden. So also auch in diesem. Denn *natürlich* möchte ich, dass du als Leserin oder Leser dieses Buches sehr ernst nimmst, was ich in den folgenden Kapiteln ausführe.

Nun reiht sich dieses Werk ein in die Reihe bekannter Autoren vor mir, die sich bereits mit der gesundheitsfördernden Ausbildung befasst haben. Allen voran der berühmte la Guérinière und ein Otto von Monteton (geb. 1822, gest. 1913), mit dem ich die Abneigung gegen die sportliche Reiterei und deren Auswirkungen teile.

Diese Herren hatten allerdings noch nicht die Möglichkeit, auf moderne Diagnostik zurückzugreifen. Die heutige Reiterei dagegen hat es, ignoriert es und orientiert sich fleißig an den Richtlinien, die eine abgespeckte Version der Heeresdienstvorschrift darstellen. Wohlgemerkt eine Vorschrift, die Reitanfänger in kürzester Zeit auf schlecht und extrem schnell ausgebildeten Pferden als Kanonenfutter aufs Schlachtfeld zu schicken.

Dabei gibt es doch weitaus bessere Ansätze, um heute ein Reitpferd auszubilden, das lange gesund bleibt.

Klassische Reiterei neu denken ist weit mehr als nur ein weiteres Buch über Dressur. Es ist ein umfassendes Werk darüber, was gesund erhaltendes Pferdetraining ausmacht. Erkenntnisse aus der Sportmedizin und der neurologischen Forschung sind zusammen mit aktuellen Forschungsergebnissen zu Stoffwechselprozessen und den Ergebnissen jüngerer veterinärmedizinischer Untersuchungen in dieses Buch mit eingeflossen.

Reitkunst ist die Verbindung zwischen Wissenschaft und Kunst. Das war sie schon immer und sollte es auch heutzutage sein.

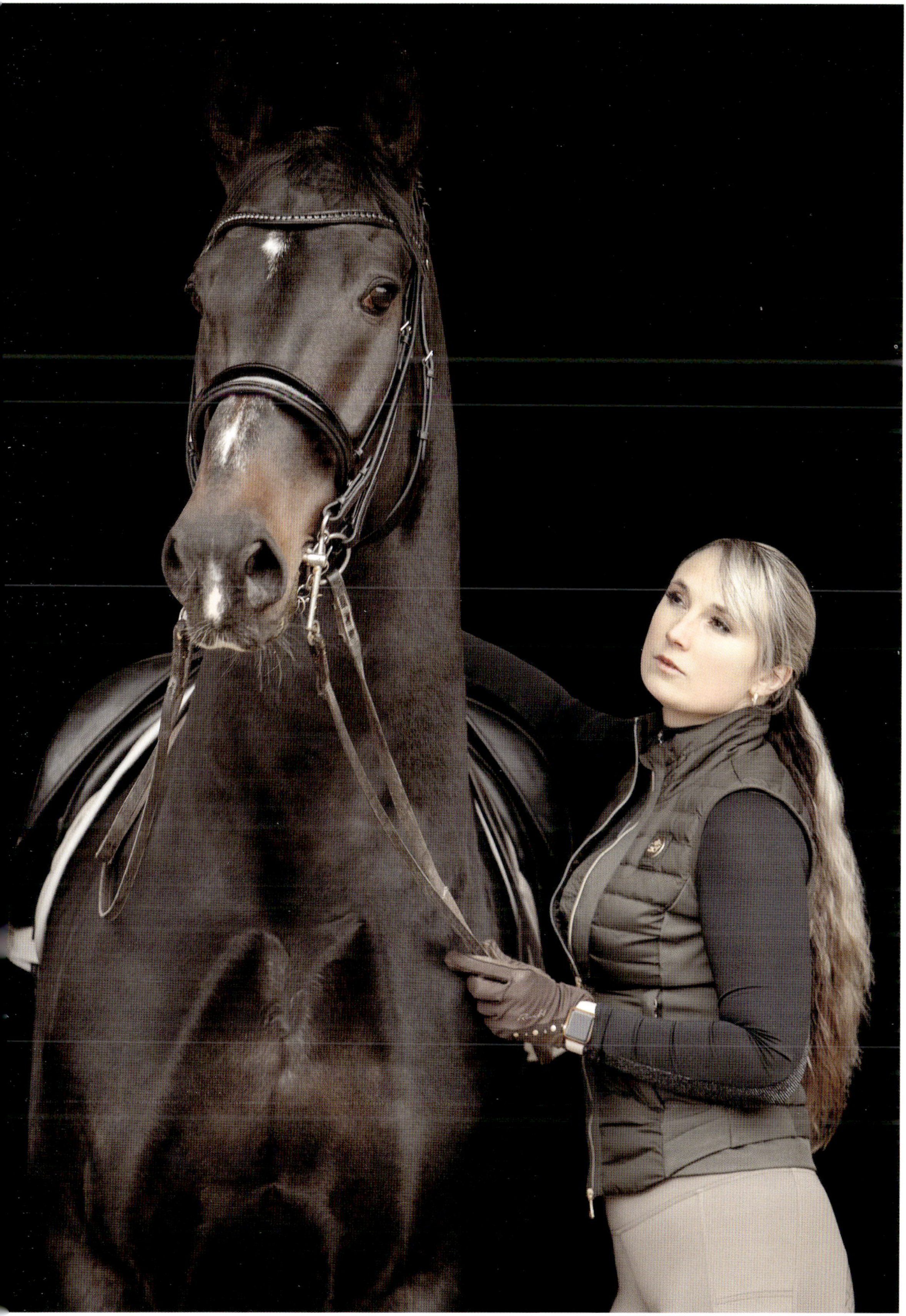

ALS DIE GESCHICHTE DIE REITKUNST UM IHRE ZUKUNFT BETROG

KURZ UND KNAPP:

- Xenophon hat schon vor - 2.500 Jahren gewusst, worauf es beim Reittraining ankommt.
- Ohne adlige Geldgeber keine gute Dressurreiterei.
- Aus Kunst wurde Sport und die Anglomanie hatte ihren Anteil daran.
- Die Heeresdienstvorschrift bestimmt noch immer, wie Pferde ausgebildet werden.
- Die Reitbarkeit nimmt ab, die therapeutischen Kosten steigen.

Zur Geschichte der Reiterei gäbe es viel zu sagen, von der erste Zähmung wilder Pferde einige tausend Jahre vor unserer Zeitrechnung bis zu den unzähligen Reiterschlachten, die allein auf europäischem Boden ganze Kriege entschieden.

Wie Pferde gezähmt und trainiert wurden, hat sich stetig verändert. Ein Blick in irgendein Militärmuseum - oder in die Gemäldegalerien in dem besser erhaltenen Jagdschlösschen zeigt schon deutlich, wie sich Pferde, Pferdehaltung und ihr Trainingszustand im Laufe der Zeit änderten.

Das ist wichtig zu verstehen: Pferde waren keine Haustiere, sondern wichtig für das Leben und für das eigene Überleben. Sie waren geschätzte Transportmittel, Mitarbeitende und oft auch treue Kampfgefährten.

Die heutige intensive Liebe zum Pferd als reiner Freizeitbegleitung und zum Reitsport als teures Hobby ist mit Blick auf die Menschheitsgeschichte quasi brandneu.

Vom Griechen, der von Gewalt nichts hielt

Es gibt Überlieferungen aus frühen Pferdetagen, die uns schaudern lassen. Gewalt ist an der Tagesordnung. Mit Schlägen, Hunger und Wasserentzug werden wilde Pferde gefügig gemacht, um sie schlussendlich zu zähmen. Das zieht sich durch, über Jahrhunderte hinweg sind die Methoden zum Pferdetraining mal mehr, mal weniger rabiat.

Der griechische Philosoph Xenophon ist der bislang älteste Vertreter eines gewaltfreien Pferdetrainings, von dem wir wissen. Seine Aufzeichnungen zum gewaltfreien Umgang mit Pferden werden bis heute gelesen.

***XENOPHON** (Grieche, 430–354 v. Chr.) war Philosoph und Spross einer adligen Familie. In der Reitgeschichte wird er aber vor allem für zwei grundlegende Werke geschätzt: Hipparchikos und Peri Hippikes. In beiden beschreibt er eine für damalige Verhältnisse grundlegend andere Haltung zum Pferd. Denn er verlangt von seinen Zeitgenossen und insbesondere von der athenischen Reiterstaffel, Pferde gewaltfrei und als Freunde im Geiste zu behandeln.*

Heutzutage etwas überraschend, damals eine schiere Provokation, nutzte man doch permanent Schläge, Zwang und Gewalt, um das Pferd zu unterwerfen. Wie wenig erfolgreich die athenische Reiterei mit mit solch barbarischen Trainingsmethoden in den Krieg ritt, können wir uns wohl alle vorstellen.

Eins seiner bekannteren Zitate macht deutlich, wie er sich die Zusammenarbeit zwischen Reiter und Pferd vorstellte:

„Wenn man nun das Pferd in die Haltung bringt, in die es sich zur Selbstdarstellung wirft, wenn es sich am meisten in seiner Schönheit zeigen will, so wird man auf diese Weise sein Pferd als eines vorführen, das am Reiten Freude hat, prächtig und gewaltig aussieht und die Blicke auf sich zieht."[1]

Bemerkenswert, wie er die Freude am Reiten nicht nur beim Reiter selbst sieht, sondern natürlich zugleich beim Pferd! Das wünschen wir uns doch auch für uns, nicht wahr?
Aber machen wir uns nichts vor, Pferde waren überwiegend keine verhätschelten Haustiere, sondern unausweichlicher Teil des Alltags für Transport, Feldarbeit und im Kampf. Ausgedehntes Training und die intensive Verbindung zwischen Reiter und Pferd dienten vor allem dem Zweck, im Falle des Falles gemeinsam den gegnerischen Truppen standzuhalten und im Idealfall gemeinsam zu überleben. Herausragende Reitmanöver zeigten schon die Hethiter, Parther oder Skythen. Das parthische Manöver kennen wir heut überwiegend aus Filmen: Dafür schießt der Reiter in vollem Galopp reitend einen Pfeil ab – nach hinten!

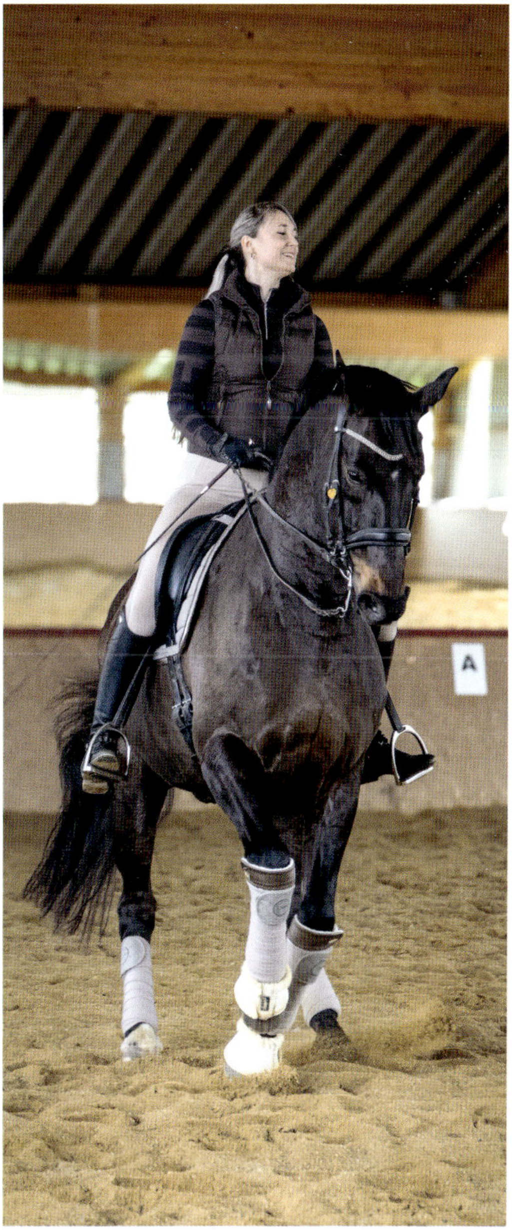

Pferd und Reiterin sind eine Einheit, die sich zusammen über eine gelungene Ausführung freuen. (Sonja auf Leo)

[1] Xenophon/Widdra 2016: S. 81

Von Turnieren, Tjosten und Scheinkämpfen

Herausragende Reitkunst im Kampf zu zeigen? Tolle Sache. Aber was, wenn es zunehmend an Kriegen mangelt? Zumindest eine Zeit lang war das auf europäischem Boden der Fall. Im 12. und 13. Jahrhundert war es gängige Methode, sich durch Scheinkämpfe Ansehen zu erwerben. Turniere und die wesentlich formelleren Tjoste (ritterliches Zweikampfspiel mit der Lanze) verfolgten das Ziel, als Symbol für eine anhaltende Stärke und Kampfkraft zu dienen. Turnierpferde erhielten eine jahrelange intensive Ausbildung. Rief der König zum Kampf, waren Reiter und Pferd perfekt aufeinander abgestimmt und in der Lage, komplizierte Manöver im Reiterkampf zu bewältigen. Die Methoden selbst waren in manchen Teilen Europas sicherlich ruppig und wenig einfühlsam. Auf der anderen Seite liegen durchaus lange Abhandlungen aus dem Mittelalter vor, die sich mit einer möglichst optimalen und eher einfühlsameren Jungpferdeausbildung beschäftigen. Die Gedanken waren da, nur eben nicht in allen Regionen und Bevölkerungsschichten.

Das änderte sich so langsam mit dem rasant wachsenden Einfluss professioneller Reitmeister ab dem Barock bis zur Epoche der Renaissance.

Gründer der ersten Reitakademie überhaupt ist Frederigo Grisone. Seine Reitschule in Neapel ist die Grundlage für eine umfassende Ausbildung adliger Reitmeister. Unter ihnen ist auch Pluvinel, ein französischer Adliger.

ANTOINE DE LA BAUME PLUVINEL

(Franzose, 1555–1620 n. Chr.) unterrichtete u.a. den jungen König Ludwig XIII., den Politiker Cardinal de Richelieu sowie den englischen Reitmeister William Cavendish, Herzog von Newcastle[2]. Seine Ausbildung erhielt Pluvinel sowohl unter Giovanni Pignatelli als auch bei Federigo Griso (genannt Grisone)[3] in Neapel, in Europas erster Reitakademie überhaupt. Sein Hauptwerk Manège Royal gilt als bahnbrechend, stellt er doch Verständnis für den Charakter des Pferdes, Lob und Geduld ins Zentrum seiner Reitlehre.

Plus: Pluvinel verdanken wir die Arbeit zwischen zwei Pilaren. Natürliche Pferdebewegungen durch die Arbeit an der Hand herausarbeiten? Ebenfalls sein Ansatz, mit dem er sich schon zu Lebzeiten einen Namen machte.

Immerhin unterrichtete der französische Reitmeister seinen König, bedeutende Politiker und sogar englische Adlige! Zu dieser Zeit waren sich die Franzosen und die Engländer nicht sonderlich zugeneigt. Seine Einfühlsamkeit und pädagogische Kompetenz zahlten sich offenbar aus: Die Reiterei unter seinem Einfluss veränderte sich positiv zu einer, die die zugewandte Arbeit am Pferd als leistungssteigernd wahrnahm.

Aus heutiger Sicht baute sich die damalige Arbeit ganz anders auf, Lektionen und insbesondere die Seitengänge standen wesentlich stärker von Anfang an im Fokus. Sicher ist, dass sich Pluvinel durch eine insgesamt positive Sicht aufs Pferd auszeichnete, die er auch an seine Schüler weitervermittelte. Sein Ziel war es, auf Basis seiner Ausbildung die natürliche Anmut und Leistungswillen des Pferdes zu erhalten. Den berühmten Ausspruch kennt wohl jeder, der sich mit der barocken Pferdeausbildung beschäftigt:

> ***Die Anmut des jungen Pferdes ist wie die Frucht der Blüte, einmal verloren kehrt sie niemals mehr zurück.[4]***

Was gern vergessen wird, ist das Folgende: Diese Art von leistungsfähigem Pferd, bestens ausgebildet und mit geringer Anleitung durch den Reiter bis ins

[2] Debski, pferde-gesund-bewegen.de

[3] Tabertshofer 2022: S. 17

[4] Pluvinel 1692

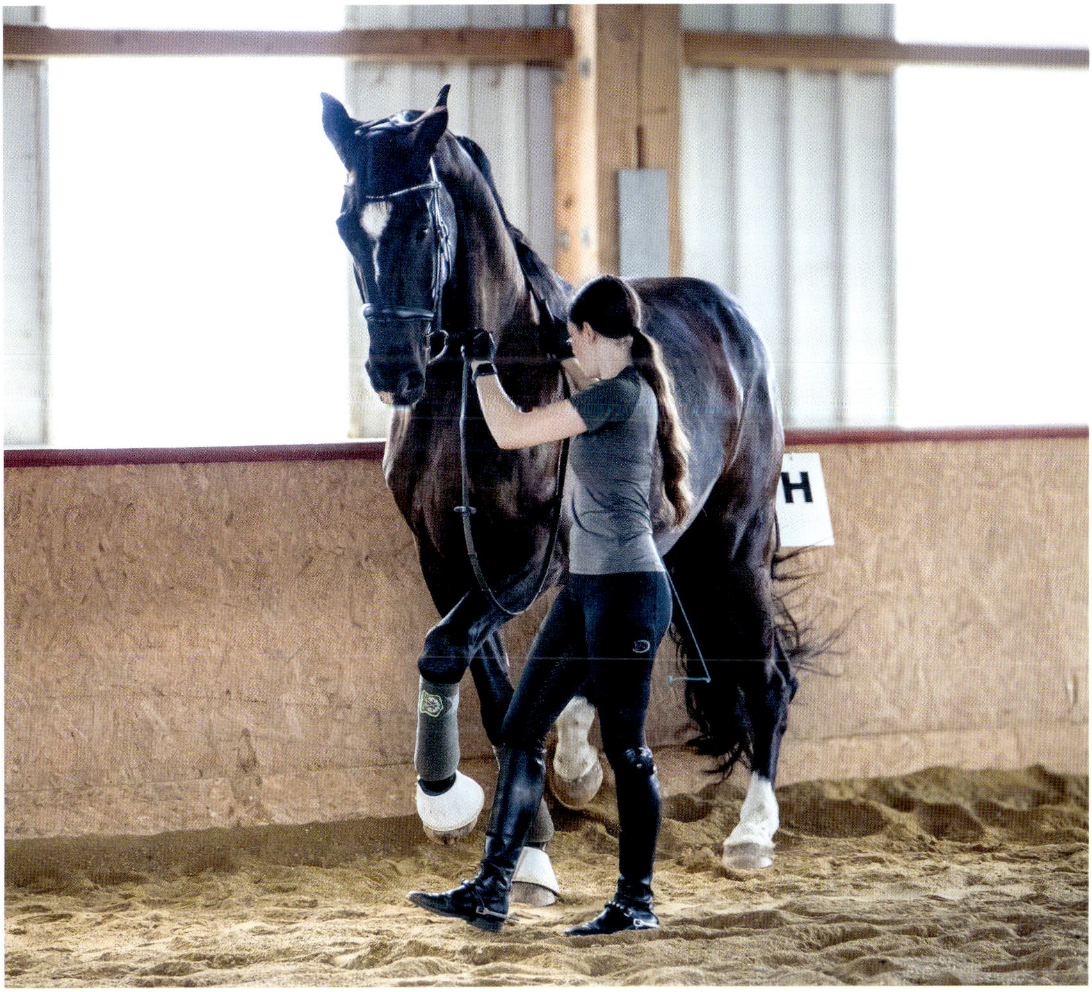

Wallach Flo übt Seitengänge. (Anna Hainziger mit Flo)

kleinste Detail steuerbar, ist eine Waffe. Im Wortsinn, denn die Kriegsmächte gewannen, die die besser ausgebildete Kavallerie ihr Eigen nannten. Schon deshalb hörte der französische König zu, wenn sein Reitmeister Pluvinel über die Einstellung zum Pferd und seine Ausbildung, vornehmlich die Versammlung, dozierte.

Heute ist diese vertrauensvolle Rücksprache mit einem echten Reitkunstexperten in großen Teilen nicht mehr möglich. Wie schön wäre es, wenn das wieder selbstverständlich wäre. Damals war es in jedem Falle eine revolutionäre Entwicklung in Richtung partnerschaftliches Training. Diese goldenen Dressurzeiten fanden allerdings ein jähes Ende – sowohl für die wohlbezahlten Reitmeister als auch für ihre hochherrschaftlichen Herren.

Aber dann rollten Köpfe

1789 bis 1799 markiert einen Wendepunkt in der europäischen Geschichte. Wer gut in der Schule aufgepasst hat, weiß auch warum: Die Französische Revolution ließ wortwörtlich Köpfe rollen. Die der Adligen vornehmlich, die sich gegen die demokratischen, anti-monarchischen Bestrebungen stellten.

Nun waren es aber die Adligen, die sich jahrelange Ausbildung ihrer hochkarätigen Pferde durch teure Reitmeister leisten konnten. Ohne sie erlebte die Schulreiterei einen deutlichen Abschwung. Oder genauer: Ohne das nötige Kleingeld fehlte es an Möglichkeiten, die teure Dressurreitkunst in seiner aufwendigen Tiefe weiter zu verfolgen.

Nimmst du die verständlichen und dank ungenauer Übersetzungen teils stark verfälschte Schriften zur Hand, wird eins deutlich: Warum wir uns jemals davon abwenden konnten, ist absolut unverständlich. Moderne Forschung zeigt heute auf, was zu Pluvinels Zeiten schon gängige Lehre war. Aber dazu folgt im nächsten Kapitel mehr.

Eine etwas illustre Person der französischen Reitkunst darf nicht fehlen. Das Enfant terrible der französischen Reitkunst ist bis heute stark umstritten, um es halbwegs höflich zu formulieren. Trotzdem zählt François Baucher zu denjenigen, die mit reichlich Elan an der Weiterentwicklung der französischen Reitkunst gearbeitet haben.

Dabei hing er nicht an einmal getroffenen Aussagen fest, sondern entwickelte seine Arbeit im Rahmen seines langen Lebens stetig weiter. Kritische Argumente gegen Baucher basieren in der Regel auf seinem frühen Werk, der sogenannten ersten Manier. Viele dort getätigte Aussagen relativiert der Reitmeister später in der zweiten Manier, die er im letzten Lebensabschnitt veröffentlicht. Dazu kommt auch hier eine wenig präzise, teils auch bewusst verfälschende Übersetzung aus dem Französischen ins Englische und Deutsche.

Einiger seiner Erkenntnisse sind uns auch heute noch vertraut und zeichnen sich durch einen überraschenden Weitblick aus. Baucher schlussfolgerte, dass aufgrund des Reitgewichts Verspannungen im Pferdekörper auftreten, die es zu vermeiden und notfalls zu beheben gelte. Seine berühmten Nachgiebigkeitsübungen vor allem für das Kiefergelenk sollten dazu dienen, diese Verspannungen zu lösen und die absolute und vollständige Kontrolle über das Reittier zu erhalten. Und das bei minimalstem Zügel- und Schenkeleinsatz! Nur so war für Baucher die permanente Leichtigkeit in der Arbeit mit und am Pferd erreichbar. Diesem Pfeiler seiner Arbeit widmen wir uns im nachfolgenden Kapitel noch, wenn wir der Frage nachgehen, ob sich die Skala der Ausbildung mit der Arbeit der klassischen Reitmeister vereinbaren lässt.

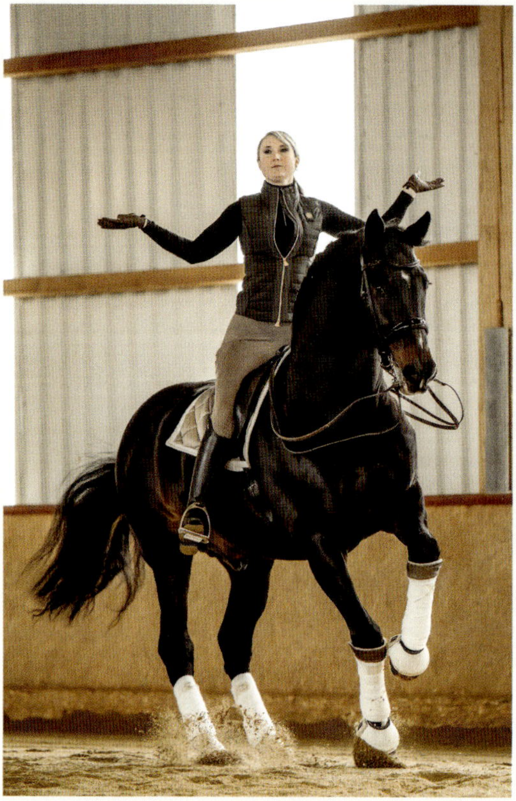

Minimaler Zügeleinsatz oder noch besser: gar kein Zügeleinsatz! (Sonja auf Dantano)

Geboren 1796 in Versailles und aufgewachsen sowohl in Frankreich als auch in Italien, verschrieb sich der junge ***BAUCHER*** *von Anfang an der Pferdeausbildung. Er sammelte zunächst in herrschaftlichen Stallungen in Italien und Frankreich, bevor er sich in der Normandie niederließ und eigene Reitinstitute unterhielt.*

Mit der vorherrschenden Art des Reitunterrichts konnte er aber wenig anfangen, ihm fehlte es den Überlieferungen nach an Klarheit und Struktur. Im Zuge logischer Ausschlussverfahren ging er der optimalen Balance des Pferdekörpers auf den Grund und strich rigoros herrschende Ausbildungsdogmen zusammen.

Sein überliefertes Werk wird unterschieden in die erste und zweite Manier. Letztere verfasste er zu einem späteren Lebenszeitpunkt. Übersetzungen ins Deutsche bezogen sich lang auf frühere Auflagen der ersten Manier, die sich noch durch stärkeren Hilfeneinsatz auszeichnete. Natürlich nahmen die Kritiker am Baucherismus bevorzugt diese ältere Fassung aufs Korn.

Gemeinsam mit seinen teils unorthodoxen Ausbildungsansätzen sorgte er so bereits zu seinen Lebzeiten dafür, dass die Reitwelt ihn wahlweise vergötterte oder völlig ablehnte. Als sich neben der Spanischen Hofreitschule nach dem Vorbild von la Guérinière die Cadre Noir als zweite Reitschule etablierte, fanden sich hier zumindest teilweise auch Einflüsse von Baucher.

Baucher erreicht die vollständige Kontrolle über das Reitpferd anhand von Nachgiebigkeitsübungen, die zunächst ohne Reitgewicht abschnittsweise im Halten durchgeführt werden. Reitgewicht und Bewegung kommen erst später hinzu. Dank Légèreté (franz. für Leichtigkeit) rühmte sich Baucher, jedes Pferd binnen zweieinhalb Monaten zu Piaffe, zur Passage und zu Einerwechseln führen zu können. Letztere hat er zumindest nach heutigem Wissen selbst erfunden, war also selbstverständlich in der Lage, diese Kunstgangart in kurzer Zeit zu vermitteln. Nun war Baucher den Überlieferungen nach ein Reitmeister mit unglaublichem Reitertakt, also einem tiefen Verständnis und Gefühl für die Reiterei sowie die Balance des Pferdes und seiner Bedürfnisse. Das machte es bereits zu seinen Lebzeiten anderen Reitern schwer, mit seinen Mitteln sein Vorgehen zu kopieren, um diesen scheinbar leichten Reitstil nachzuvollziehen und ähnliche Erfolge in der Pferdeausbildung zu erzielen.

Seine Trainingseinheiten unterschieden sich gar nicht so sehr von der Vorgehensweise der bekannteren italienischen und französischen Meister seiner Zeit. Die größte Differenz entstand durch

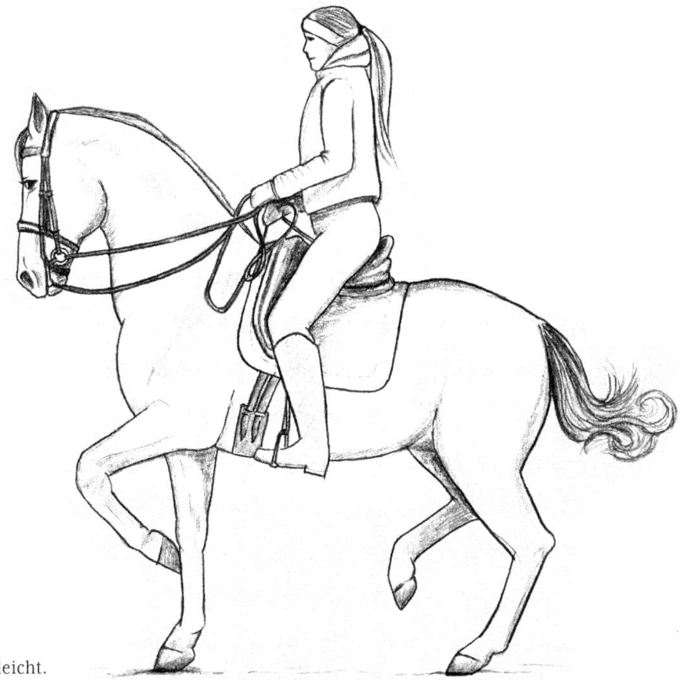

Korrekt versammelte Pferde werden immer leicht.

den Zeitgewinn, den Baucher durch eine strukturiertere Anleitung von Pferd und Reiter wollte. Seine Bemühungen, die französische Kavallerie auf eine versammlungslastigere Reiterei zurück zu beschwören, verpufften angesichts der deutlich einfacher umsetzbaren Ausbildungskonzepte von D'Aure, einem weiteren zeitgenössischen Reitausbilder. D'Aure konzentrierte sich auf die seiner Meinung nach natürliche, versammlungsfreie Reiterei, die sich auch ohne komplexe Versammlungsarbeit im Sinne des Truppentransports zufriedenstellend reiten ließ.[5]

Bauchers erhoffter Zeitgewinn lässt sich in der heutigen Pferdeausbildung vielfach kaum abbilden. Jungpferde auszubilden kostet einfach Zeit, insbesondere wenn Pferde für diese versammlungslastige Reiterei nicht so talentiert sind und Muskulatur wächst nun mal nicht schneller.

Aus Kunst wurde Sport

Zu seiner Zeit folgte D'Aure nur zu gern der Verherrlichung des Englischen in Form von einer versammlungsfreien Reitlehre, während sich Baucher stets der bis dahin anerkannten französischen Reitkunst der Alten Meister verbunden fühlte.
Lange Zeit beherrschte Frankreich die kulturelle Deutungshoheit in Europa. Sprich: Was in Frankreich gut war, galt als hervorragend auch in England oder Preußen. Nun, das hielt nicht an, die **Französische Revolution** sorgte für eine gewisse Verschiebung.

Von Zeitgenossen wird die Anglomanie (Verherrlichung alles Englischen) beklagt, die alles Gute nun bei den Engländern verortet und vorbehaltlos alles übernimmt, was auf der Insel als modern betrachtet wird. Das betrifft auch die Reiterei, denn in England war die Freude am Galopprennsport ausgebrochen. Dressurreiterei unter den alten italienischen und französischen Meistern galt zu gleichen Teilen als Wissenschaft und als Kunst. Im Rahmen der Anglomanie wurde es zu etwas anderem. Zum Sport! Damit nahm der allumfassende Pferdeverschleiß seinen Lauf.

[5] Twardowski 2010

Statt sich wie bisher beim Flanieren im Park bewundern zu lassen - auf bestens ausgebildeten Pferden versteht sich - galoppierte man fortan lieber auf schlecht lenkbaren und teilweise lebensgefährlich vorwärtsstürmenden Pferden quer durchs Gelände. Dass es hier zu reichlich Unfällen bei Pferd und Reiter kommt, junge Adelssöhne reihenweise starben? Wurde alles in Kauf genommen für den Nervenkitzel, um im Gelände mit maximalem Kontrollverlust herumzuflitzen und über Hecken und Gräben zu springen.

Der Leichttrab (auch englischer Trab genannt) stammt aus exakt dieser Epoche. Auf unzureichend ausgebildeten Pferden sitzt es sich naturgemäß schlechter, da sie den Rücken kaum beugen und nahezu permanent in Streckstellung bis hin zum Hohlkreuz bleiben. Da zu diesem Zeitpunkt auch noch die englischen Vollblüter, die bis dahin beliebteren und wesentlich versammlungsfähigeren Iberer ablösten, gehörte der stoßende und auf Schub gezüchtete Gang, der zusätzlich mangels Ausbildung in der Versammlung äußerst unbequem zu werden versprach, ab sofort zum Programm. Daher der Leichttrab, statt in eine umfangreiche Dressurausbildung zu investieren. Heraus kamen wenig durchlässige vierbeinige Torpedos, die schneller verschlissen als die in der versammlungslastigen Reitkunst geschulten Pferde.

Teure Schulpferde mit jahrelanger Ausbildung leistete sich ab dieser Epoche kaum noch jemand, insbesondere in England verlor die Dressurreiterei massiv an Anhängern. Für den beliebten Galopprennsport war es viel profitabler, Reitpferde mit geringer Ausbildungstiefe zu nutzen. Sie ließen sich in Schritt, Trab und Galopp auf weitläufigen Wendungen reiten und ohne viel eigenes reiterliches Können risikoreich durchs Gelände führen. Aufsitzen und vorläufig nicht herunterfallen, das galt als ausreichende Vorerfahrung. In die teure und vergleichsweise aufwendige Dressurausbildung bei einem hervorragenden und leider kostspieligen Reitmeister investierten nur noch wenige. Verletzungen spielten keine große Rolle, denn ein totes Pferd mehr oder weniger fiel bei den wesentlich geringeren Ausbildungskosten kaum mehr ins Gewicht.

Die unter Newcastle oder Pluvinel herausragend ausgebildeten Kriegspferde waren versammlungsfähig, damit wendig und bestens trainiert. Sie konnten im Kriegsfall auf dem Teller in vollem Galopp auf kleinstem Zirkel wenden. Diese in der Ausbildung zeitintensiven Fähigkeiten rückten aber nun in den Hintergrund, da sich die gesamte Art der Kriegsführung, die sich mit zunehmender Mechanisierung vom reinen Nahkampf Mann gegen Mann entfernte, veränderte.

Kriege ohne Gewehre waren nur für eine Sache gut

Eine bedeutende Sache. Da bisher Langstreckenwaffen im Krieg fehlten, war der Nahkampf zu Fuß oder Pferde notwendig. Reitpferde waren wendig und bestens trainiert. Aus vollem Galopp mit gebeugter Hinterhand abrupt stoppen? Nicht umsonst sagt man, Kunst kommt von Können!
Kamen noch Tummeln (zweischlägige Kunstgangarten des Galopps) oder die einhändige Führung dazu, war das Kriegspferd eine Lebensversicherung für den Nahkampf.

Bauchers Ansätze wurden in der Zeit zwischen dem endgültigen Niedergang des französischen Adels und dem letztlich alles veränderndem Beginn der Industrialisierung massiv kritisiert. In der Reitwelt wohlbekannt ist das von Louis Seeger stammende Werk „Herr Baucher und seine Künste - ein ernstes Wort an Deutschlands Reiter", in dem er die Methoden Bauchers scharf verurteilte.

Aber was, wenn der Nahkampf gar nicht mehr nötig ist? Mit Langstreckenwaffen, mit Lastwagen und Zügen für die Material- und Truppenbewegung verloren Pferde ihre Bedeutung als Kriegsgerät. Gut fürs Pferd, richtig?

Nun ja. Bis in den Zweiten Weltkrieg hinein hielt man am Pferd und am Reiterregiment fest. Die in dieser Zeit entstandene Heeresdienstvorschrift 12 (H. DV 12) ist uns bis zum heutigen Tag in modifizierter Form erhalten geblieben. Sie verfolgt den Zweck, ein Pferd binnen weniger Monate in den drei Grundgangarten so weit reitbar zu machen, um es für Truppenbewegungen von ungeübteren Reitern nutzen zu können. Die soldatischen Reiter waren kaum besser ausgebildet als ihre Reittiere. Sprich: Man setzte einen Bauernjungen auf eine Remonte und hoffte das Beste. Ging nicht gut aus, weder für den Jungen noch für das Pferd. Irgendwann zwischen dem Niedergang des deutschen Kaiserreichs und der Entwicklung der Nachkriegsreiterei entwickelte sich die sogenannte Dehnungshaltung, heutzutage auch gern als Vorwärts-Abwärts betitelt. Im Nachhinein lässt sich die Entwicklung der Dehnungshaltung keiner einzelnen Person mehr zuordnen. Es scheint eine schleichende Entwicklung dieser Zeitepoche zwischen dem Ende des 19. und der Mitte des 20. Jahrhunderts gewesen zu sein, die zu der heute so gebräuchlichen tiefen Einstellung des Kopfes führte.

Altpreußische Grundlagen für die Heeresdienstvorschrift

Wie in Frankreich galt auch auf preußischem Boden vorrangig das Militär für die Aufrechterhaltung einer Reitkultur verantwortlich.

Die zahlreichen Kriege des 18. und 19. Jahrhunderts zwischen den heutigen europäischen Staaten Frankreich, England, Österreich, Deutschland (früher Preußen) sowie Russland erforderten Pferde, die kostengünstig und rasant in Betrieb genommen und einigermaßen zu lenken waren. Nachdem Preußen im vierten Koalitionskrieg im Rahmen der Niederlage sämtliche gut ausgebildeten Kavalleriepferde an Frankreich verlor, importierte das Land ungezähmte Wildpferde aus Steppengebieten. Preußische Militärs erhielten die Reiterei trotz der kriegsbedingten Verluste aufrecht und förderten durch den Bedarf an geeigneten Reittieren die Zucht, zunächst mit arabischen und später mit englischen Vollblütern. So versuchte man, das Angewiesensein auf die wenig geeigneten Importpferde möglichst schnell wieder loszuwerden.

Trotzdem wurde in kurzer Zeit reichlich vierbeiniges Reitmaterial benötigt, das wiederum zügig ausgebildet und einsatzbereit für die im Raum stehenden weiteren Kriegsdienste verfügbar sein sollte. Abstriche wurden gemacht, um verkürzte Ausbildungszeiten zu erreichen. Die Basis dazu legte die von **Generalmajor Friedrich Georg von Sohr** 1825/26 verfasste *Reitinstruktion*. Teile dieser Instruktionen befassten sich mit der gewaltsamen Bändigung unwilliger Remonten, die aus der freien Wildbahn gegen ihren Willen eingefangen und zwangsweise domestiziert wurden.

Diese Entwicklung traf nicht unbedingt auf große Freude bei allen beteiligten Rittmeistern. **Otto Digeon von Monteton** etwa beklagte ganz zu Recht die herrschende Anglomanie (Verherrlichung alles Englischen) und die Reduzierung der echten Reitkunst auf wenige, dem Militär geeignet erscheinenden Ausbildungsschritte.

Ernst Friedrich Seidler genoss eine Ausbildung an der Spanischen Hofreitschule in Wien, bevor er als Rittmeister einen eigenen Reitstall in Königsstein führte. Seidler und **Louis Seeger** definierten als eine der ersten die natürliche Haltung der Remonte, deren Aufrichtung Teil der Dressurausbildung sei. Seeger war es auch, der Bauchers Manier scharf verurteilte. Witzigerweise war Seeger vor allem die Kopfeinstellung zu niedrig, die Baucher in seiner ersten Manier praktizierte.

Oscar Maria Stensbeck, in dessen Namen noch heute Plaketten für Pferdewirte und in der Reitlehre engagierte Personen vergeben werden, galt als herausragender Ausbilder für Berufsreiter seiner Epoche. Videoaufnahmen seiner Reitkunst sind auch heute noch verfügbar, bei hoher Aufrichtung und in klassischen Schulgangarten ganz im Sinne der Alten Meister.

Die ursprünglich ausschließlich für die Remontenarbeit gedachte natürliche Haltung etablierte sich als gängige Praxis für die folgenden bereits ausgebildeten Militärreitpferde. Die von den Alten Meistern angestrebte Aufrichtung des Pferdes und die darauf basierenden Wege in die Versammlung gerieten in der an die Reitinstruktion anschließenden Dienstvorschrift (DVE 12) der Kaiserzeit weiter in Vergessenheit.

Wichtig: Die sogenannte **natürliche Haltung** sieht die Pferdenase auf circa Hüftgelenkshöhe und ist damit in keinster Weise mit der heutigen Dehnungshaltung, die die Schnauze gern auch nah am Boden sieht oder zumindest auf Buggelenkhöhe, zu vergleichen.

Die damalige natürliche Haltung der altpreußischen Zeit ist bei weitem höher als die Einstellung der meisten heutigen Pferde.

Reitinstruktion 1882

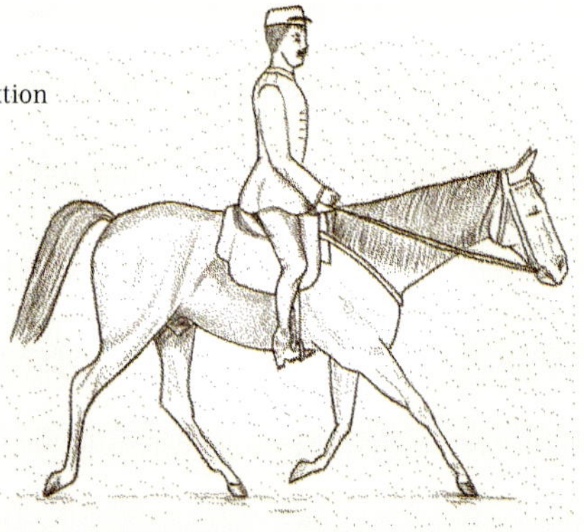

Reitvorschrift 12 von 1912

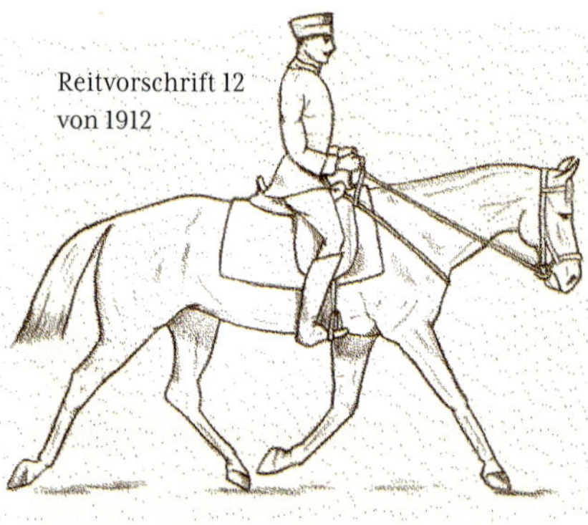

Reitvorschrift 12 von 1926

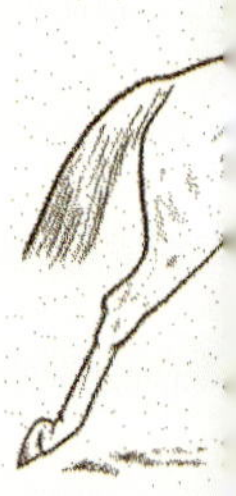

Diese Reduktion der Ausbildungsanforderungen auch an die soldatischen Reiter, die im Grunde nur zügig von A nach B gelangen mussten, um dann mit Kanonen und Gewehren statt im direkten Nahkampf zu kämpfen, beeinflusste selbstverständlich auch die Ausbildung der vierbeinigen Truppenstransporteure.

Aus dem bestens trainierten Schulpferd der Alten Meister – jahrelang ausgebildet in der Versammlung, oft und viel an der Hand gearbeitet, geübt in Seitengängen und bestärkt darin, seine natürlichen Bewegungsabläufe zu intensivieren – wurde eine andere Art von Reitpferd. Jetzt gilt die Beherrschung von Schritt, Trab und Galopp auf großen Kreisen bereits als ausreichende Dressur. Interessanterweise ist das auch heutzutage gängige Praxis, dass große Wendungen in den drei Grundgangarten abzufragen als ausreichend für das Label Dressur angesehen werden.

Um es mal ganz deutlich zu sagen: Das Herumtragen eines Reitgewichts allein reicht nicht, um für Alte Meister wie Pluvinel, la Guérinière und Co. als Reitpferd bezeichnet zu werden. Bei weitem nicht!

Die sogenannte natürliche Haltung der Remonte in den tonangebenden militärischen Reitlehren im Zeitverlauf. Am Ende ist die heutige, sich daraus entwickelte Vorwärts-Abwärts-Haltung zu sehen.

Wie die Nazis mit Privatpferden tricksten

Nun springen wir ein bisschen nach vorne und werfen einen Blick in die jüngere deutsche Geschichte. Die Hoffnung auf Goldmedaillen und Ruhm unter dem Naziregime führte zum Griff in die Trickkiste, mit nachhaltigen Folgen für die weltweite Dressurreiterei.
Moment mal – weltweit? Tatsächlich verführten die Goldmedaillengewinne der Nazis dazu, dass sich die Reitschulen anderer Länder eifrig an der kürzlich überarbeiteten Heeresdienstvorschrift 12 orientierten. Hat ja schließlich 1936 in Berlin funktioniert, sechs Goldmedaillen gibt's ja nicht für reiterliches Unvermögen. Oder?

Nach der Gleichschaltung der Reitsportvereine ab 1933 und der Einführung des Führerprinzips stand ab diesem Zeitpunkt kaum etwas anderes als kriegsorientierte Reitausbildung für Reitinteressierte zur Auswahl. Da sich nach Kriegsende in den neu gegründeten Reitsportvereinen häufig Reitsportler mit militärischer Ausbildung wiederfanden, blieb auch nach 1945 diese wettkampforientierte Sicht auf den Reitsport bestehen. Kein Wunder, wurde die H. DV 12/37 doch für die Entwicklung der Ausbildungsleitlinien herangezogen. Aber dazu kommen wir noch.

Zurück zu den Nazis und ihrer Trickkiste. Tatsächlich waren weder das bekannte Siegerpferd Kronos noch der als Reitmeister maßgeblich an den Vorbereitungen beteiligte Otto Lörke im Sinne der

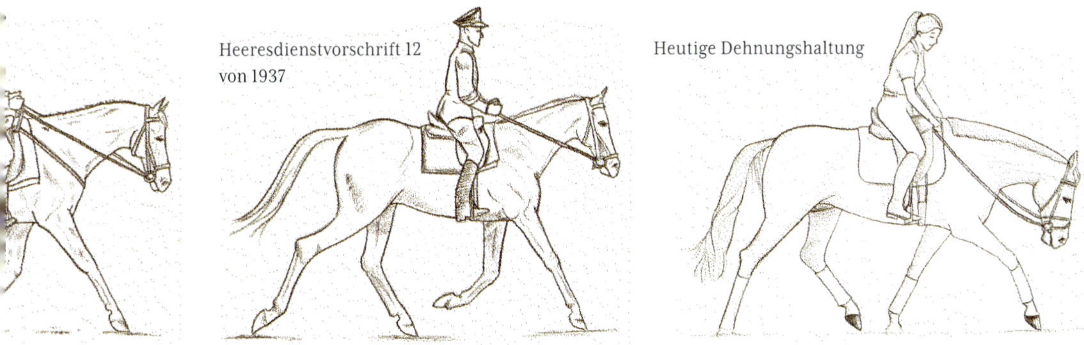

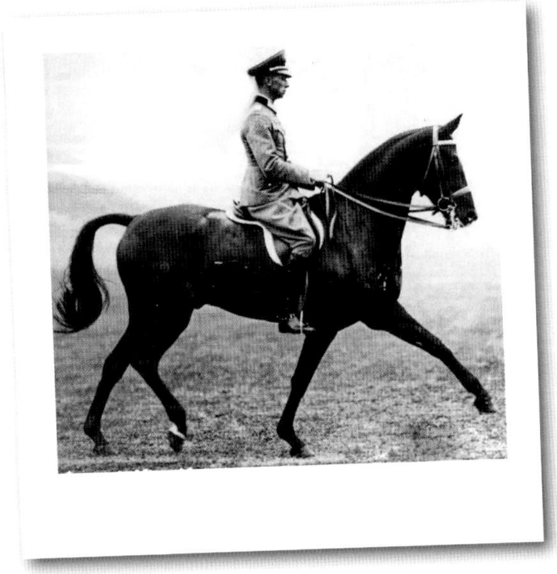

Heinz Pollay auf Kronos in der Einzelwertung, olympische Sommerspiele 1936

aktualisierten H. DV 12 ausgebildet. Kronos war nicht mal ein klassisches Militärpferd!

Der in preußischer Manier ausgebildete ehemals kaiserliche Sattelmeister Lörke war in den späten 20-er und frühen 30-er Jahren ziviler Dressurreiter und aufgrund seines Könnens gern gesehen auf Turnieren. Stets mit glänzenden Leistungen dabei ist sein entgegen der H. DV 12 sehr versammlungslastig ausgebildeter Trakehner Kronos.

Hinter den Kulissen zur Vorbereitung der Olympischen Sommerspiele 1936 in Berlin: Ein ziviler Reitmeister, Pferde die niemals nach der H. DV 12 ausgebildet wurden und somit ohne militärischen Hintergrund waren und soldatische Reiter, die tatsächlich auf Basis der Heeresdienstvorschrift mit Stand von 1912 ausgebildet wurden.

Vor den Kulissen und im olympischen Rampenlicht: Herausragende Militärreiter mit hervorragend trainierten vermeintlichen Militärpferden, die Goldmedaillen gewinnen. Wenn das kein gelungener Griff in die Trickkiste war, was dann?

Für Österreich trat 1936 Alois Podhajsky mit seinem Hengst Nero an. Als Drittplatzierter auf dem Siegertreppchen bei der Einzelwertung soll er das für damalige Verhältnisse ungebührliche Verhalten der Nazis angesprochen haben. Immerhin galt es bis dahin als gängige und bevorzugte Praxis, nur mit selbst ausgebildeten Pferden zu Olympischen Spielen anzureisen!

Stattdessen produzierte der Trickkistengriff der Nazi-Riege Goldmedaillengewinne für Deutschland, ohne dass zweifellos gut ausgebildete Militärreiter sich die Mühe der persönlichen Ausbildung ihrer Reitpferde gemacht hätten. Die Erfolge basierten vorrangig auf der Vorarbeit der versammlungslastigen zivilen Schulung der Goldmedaillenpferde.

Äußerst dumm nur, dass die überarbeitete Fassung der Heeresdienstvorschrift 12 von 1937 weitere Elemente der klassischen Dressurreiterei verlieren wird. Aus Effizienzgründen gestrichen, würde man heute wohl dazu sagen. Trotzdem orientierte sich die reitende Elite nur zu gern an der aktualisierten Fassung der H. DV 12/37, im Glauben, dass sie maßgeblich für die Erfolge von 1936 verantwortlich sei.

Nach Kriegsende baute Lörke einen Stall in Berlin auf. Von einer Aufarbeitung seiner Beteiligung im NS-Regime ist wenig bekannt, um es vorsichtig zu formulieren. Stattdessen wird der Otto-Lörke-Preis gern verliehen an alle, die mit herausragenden Dressurleistungen im Rahmen der heutigen Grand-Prix-Prüfungen im Dressurreiten auffallen.

Ein kurzer Blick auf den nicht eingerollten Hals und das aus heutiger Sicht sehr wenig gebeugte Genick von Kronos, seine muskelbepackte Statur und die eher lose Hand des Reiters lässt aber angesichts moderner Dressurreiterei schon eine Frage zu: Was hätte Lörke im Vergleich dazu von den heutigen Leistungen gehalten? Die moderne konventionelle Reiterei ist selbst von der Reiterei auf dem Stand Lörkes meilenweit entfernt. Dabei war besagter Lörke ja nun schon wesentlich näher am heutigen Ausbildungsstand als an dem, was ein la Guérinière unter Reitkunst verstanden hätte.

Und heute? Zirkustricks!

Spulen wir vor und schauen wir uns die Gegenwart an. Die Ausbildung nach Heeresdienstvorschrift 12 ist mehr oder weniger immer noch die Grundlage für die Dressur. Auf die sehr dürftige Ausbildungsgrundlage H. DV 12 aufgesetzte echte Glanzlichter der Dressur wie Piaffe, Passage und Galopppirouette sind kaum mehr als schmückendes Beiwerk, wenn es am soliden Ausbildungsfundament mangelt.
Die Versammlung ist das finale Ziel, das nur wenigen hochkarätigen Pferden mit reichlich Potenzial in Aussicht gestellt wird. Der Rest begnügt sich mit etwas weniger hochgesteckten Zielen, die gesundheitsfördernde korrekte Versammlung gehört hier in der Regel nicht dazu. Hauptsache, der Hals ist schön rund und tief eingestellt, das Maul geschlossen und der Pferdeblick Richtung Boden gesenkt.

Das heutige Reitpferd erlebt eine vergleichsweise kurze Ausbildungsphase, deutlich vereinfacht und auf eine schnelle Reitbarkeit reduziert.

Seitengänge, intensive Arbeit an der Hand und eine stolz erhobene Aufrichtung der ganzen Front werden dagegen schnell als Zirkustricks geschmäht. Zirkustricks, die Pluvinel ausgiebig als wichtige Elemente einer wirksamen Ausbildung benennt. Und nach ihm auch William Cavendish, Herzog von Newcastle oder François Robichon de la Guérinière.

War früher alles besser? Also im Falle der Reitkunst lässt sich das für die Zeit der großen Reitmeister durchaus bestätigen. Natürlich konnte sich nicht jeder einen herausragenden Reitmeister wie einen la Guérinière leisten. Es ist aber unumstritten, dass die Ausbildung an sich optimal war, um lang reitbare Pferde zu erzeugen.

Hengst Vancouver an der Hand im Mezair. (Sonja mit Vancouver)

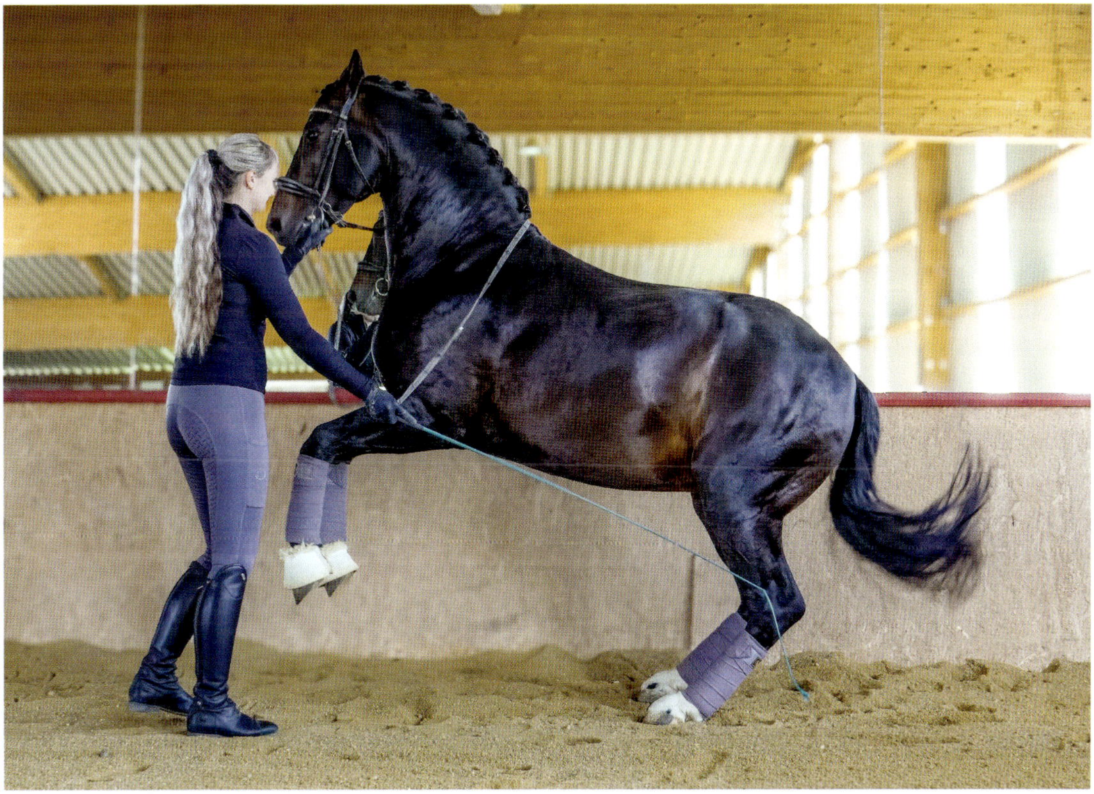

Glücklicherweise können wir aus den Fehlern der Vergangenheit lernen - und sie korrigieren. Die moderne Forschung gibt den Alten Meistern in vielen Punkten recht: Ausführliche Ausbildung für Pferd und Reiter ist die beste Ausgangsbasis. Wobei Ausbildung hier natürlich bedeutet, dass beide die erforderlichen Schulungsschritte in der Lektionsreiterei der hohen Dressurkunst erlernen.

Schulpferd ist nicht gleich Schulpferd

Wenn ein la Guérinière oder ein Pluvinel von einem Schulpferd sprach, dann war damit ausdrücklich ein Reitpferd gemeint, welches die Hohe Schule läuft und entsprechend vortrefflich ausgebildet wurde. Diese Ausbildung dauerte meist bis zum 12. oder 13. Lebensjahr des Pferdes an und wurde anschließend noch weiter verfeinert. Ein waschechtes Schlachtross entspräche nach heutigen Maßstäben also schon einem Senior auf der Rentnerweide. Aus heutiger Sicht sind Schulpferde dagegen diejenigen, auf denen die Menschen das Reiten erlernen. Sie sind im allermeisten Falle weit davon entfernt, die Hohe Schule der Reitkunst gemeistert zu haben. Das gilt im Speziellen für das heutige Schulpferd, das sich durch vorhandlastigen Schritt, Trab und Galopp in weiten Wendungen quälen muss.

HEERESDIENSTVORSCHRIFT 12: DEIN EINKAUFSZETTEL FÜR VERSCHLEISSPFERDE

Stell dir vor, du stellst dir einen Einkaufszettel für die Pferdeausbildung zusammen. Was hättest du gern draufstehen?

Im Sinne des Heeres mit steigender Motorisierung und zunehmend schlechter ausgebildeten Reiterregimentern waren das wohl unter anderem:

- ist gewöhnt ans Reitgewicht im Rücken bei Schritt, Trab, Galopp.
- kennt das Geschirr, falls der Reiter fällt und als Alternativjob schwere Geschütze zu bewegen sind.
- lässt sich auch bei wenig Reiterfahrung und bei wenig reiterlicher Ausbildung irgendwie auf großen Wendungen lenken.
- günstig in der Ausbildung.
- notfalls leicht zu ersetzen, da schnell nachproduzierbar.

Die Heeresdienstvorschrift wurde mehrfach angepasst. Ihre Ansprüche an die Versammlungsfähigkeit des Pferdes und eine optimale Ausbildung der Remonte rückten langfristig gesehen bei den Überarbeitungen mehr und mehr in den Hintergrund.

> *„Der Krieg fordert vom Reiter die sichere Beherrschung des Pferdes, vom Pferd Gehorsam, Gewandtheit und Ausdauer. Diese Anforderungen durch eine sachgemäße körperliche Durchbildung von Mann und Pferd zu erfüllen, ist die Aufgabe der Reitausbildung."*[6]

Nach dem Zweiten Weltkrieg blieb uns die Heeresdienstvorschrift 12/37 erhalten, sie legte den Grundstein für die heute geltenden Richtlinien *Reiten und Fahren* der Deutschen Reiterlichen Vereinigung. Ein Grund dafür dürfte die Weiterführung des Reitsports durch ursprünglich in der Wehrmacht ausgebildete Reiter sein, die die Ausbildung ihrer Truppentransportpferde als die vermeintliche Krone der Ausbildung empfanden und entsprechend dachten, dass sie auch für den Einsatz im zivilen Leben absolut geeignet sei.

Nun ist das Leben eines Militärpferdes aber grundverschieden von dem eines wohl umhegten Freizeitpferdes. Letzteres steht sich traditionell eher die Beine in den Bauch und neigt entsprechend dazu, Haltungsschäden insbesondere durch mangelndes Training vorzuweisen. Ersteres wurde, selbst bei der stark vereinfachten Ausbildung auf Grundlage der Heeresdienstvorschrift, dann aber doch Tag für Tag bewegt.

Die bereits stark komprimierte und systematisch vereinfachte Form der Ausbildung aus der H.DV 12/37 übernahm die „Arbeitsgemeinschaft für Zucht und Prüfung deutscher Pferde", später als Bundesverband Deutsche Reiterliche Vereinigung (FN) umbenannt, in die „Richtlinien für Reiten und Fahren".

[6] Heeresdienstvorschrift von 1912

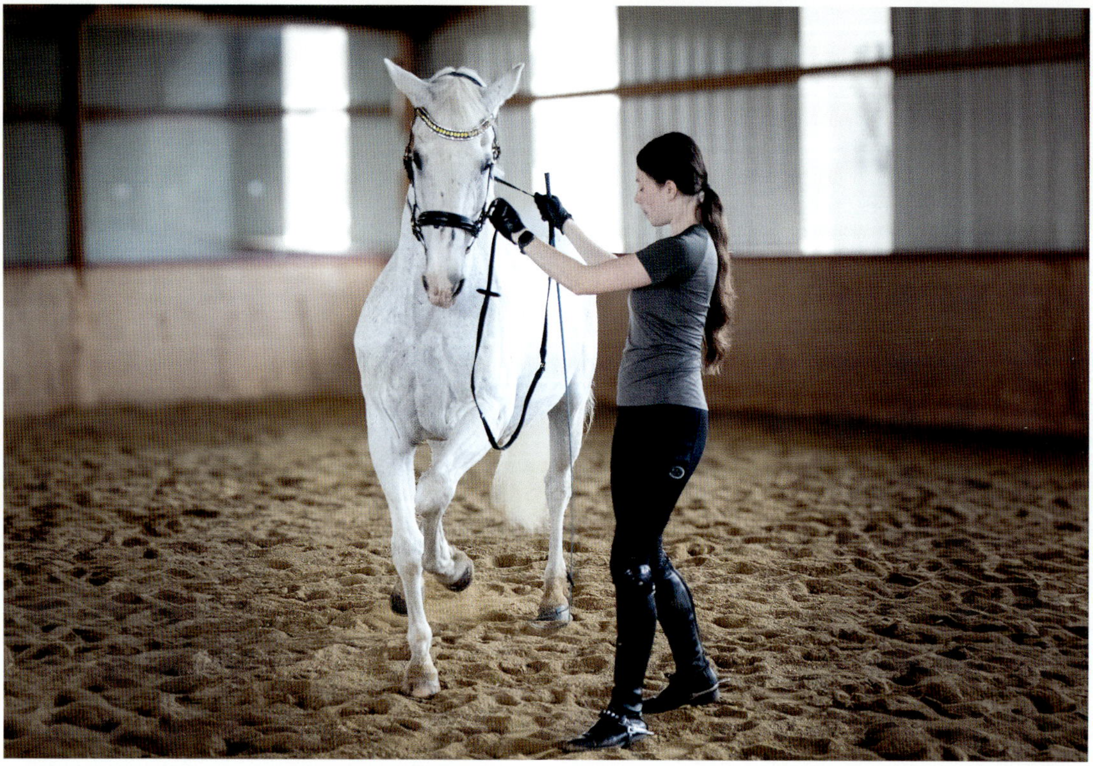

Klassische Dressur ist keine Zugabe in der Pferdeausbildung, sondern die Grundlage für gesunde Pferde. (Anna Hainziger mit Rubens)

Anpassungen und Ergänzungen wurden nur deshalb nötig, weil statt des Kriegsgeräts nun die vorrangige zivile Nutzung als Freizeit- und Sportpferd im Vordergrund steht. Piaffe und Co. sind die Kirsche auf dem Ausbildungseisbecher, die nachträglich in die Reitrichtlinien eingefügt wurden, um ein paar *echte* Dressurelemente zu integrieren.

Immerhin flossen so einige Elemente der Alten Meister wieder mit ein in die Vorschriften und Richtlinien. Der Unterbau der Ausbildung blieb dagegen gleich. Gleich schlecht, um es deutlich zu sagen, mit einem sehr schubbetonten Ausbildungsablauf und daraus resultierend wenig symmetrischen Pferden, die unter ständigem Balanceverlust nach vorne leiden. Das alles auf möglichst großen Wendungen, da die auf diese Art schlecht ausgebildeten Vierbeiner sich bei engen Wendungen körperverschleißend in die Kurve legen wie ein Motorrad. So wird das Pferd wortwörtlich von hinten aufgezäumt.

Heutige Reitpferde werden jahrelang nahezu versammlungsfrei bewegt.

Die H. DV 12 hat aus heutiger Sicht wohlgemerkt nichts von ihrem Ruhm aus der Nazizeit verloren.

> *„Denn in Sachen Pferdeausbildung ist die Reitvorschrift des preußischen Heers von 1912 (H.Dv.12) heute so aktuell wie vor 105 Jahren. Wer sich die Kavallerie-Regeln zu Herzen nimmt, entdeckt keine Spur von Kasernenhofton, Drill oder Kadavergehorsam. Stattdessen gibt es glasklare, logische und vor allem pferdegerechte Hinweise zur korrekten Ausbildung von gesunden Reitpferden. Nach wie vor die beste Reitlehre, die je geschrieben wurde, wie wir finden."*[7]

[7] Szymanski 2017

Ist sie das? Kommt wohl auf den Standpunkt an. Und zumindest wird die Version von 1912 empfohlen und nicht die stärker zusammengestrichene Fassung von 1937.

An anderer Stelle hagelt es erst Lob und Anerkennung für die klare Sprache und die Liebe zum Pferde in der H.DV 12, dann wird auch die praktische Ausbildung für Truppentransportpferde betont: „Überhaupt war die HDV 12 (sic!) ja keine Unterweisung für die höhere Dressur, sie endet mit der heutigen versammlungsarmen Klasse L. Wenn ein Pferd diese beherrschte, war es diensttauglich. Und da die wenigsten Kriege in Reitbahnen und auf Dressurvierecken ausgetragen wurde, musste es das alles auch im Gelände können."[8]

Zwischen *gesund, fit sowie langjährig reitbar* und *diensttauglich* sind dann aber doch einige Zwischenschritte weggefallen, die sich in der Pferdegesundheit bemerkbar machen.

In der kommentierten Fassung der H.DV 12/37 von Dr. Gerd Heuschmann und Kurd Albrecht von Ziegner wird sich jegliche Kritik an der Heeresdienstvorschrift selbst verbeten, denn: „Die H.Dv.12 verlangt bei der Ausbildung ein Höchstmaß an Rücksichtnahme auf die Gesundheit von Reiter und Pferd."[9] Ganz unironisch verweist der mittlerweile verstorbene Kurd Albrecht von Ziegner, Oberst a. D. im Vorwort auf die „denkwürdigen Erfolge" deutscher Reiter in den 30er-Jahren des letzten Jahrhunderts. Diese seien natürlich der H.DV 12/37 zu verdanken. Nun - wir haben ja im Geschichtskapitel festgestellt, dass es wohl eher die geschickte Auswahl zivil trainierter Pferde war, die ebenjene Erfolge sicherstellten.

Ein Blick zurück zu den Alten Meistern zeigt uns, dass die Logik der höheren Dressur als solche nicht so ganz verinnerlicht ist, wenn sie als entbehrlich betrachtet wird.

In aller Deutlichkeit: **Die Versammlung** war von Anfang an das Ziel der Ausbildung und ist in die tägliche Arbeit mit eingeflossen, auch bei Remonten. Genauer: Vor allem auch bei der Remonte, nur in einem geringeren Grad!

[8] Pochammer 2019
[9] Heuschmann/von Ziegner 2017: S. 1

Die Versammlungsausbildung markierte nicht den krönenden Abschluss einer langwierigen Trainingsphase, sondern zeigte sich auch im täglichen Training stets verankert.

Die korrekte Versammlung ist das ideale Bewegungsmuster, um einen Reiter zu tragen. Sie stärkt das Pferd, insbesondere die Hankenbeugung dient der Vermeidung eines Hohlkreuzes und optimiert die Lastaufnahme. Dazu gehört auch die tiefste Hankenbeugung, die keine unerreichbare Dressurkunst darstellen darf, sondern regelmäßig ins Ausbildungsprogramm integriert werden sollte. Courbetten, Levaden und Mezair ergänzen die schulmäßige Reitkunst.

Davon ist in der H.DV 12/37 keine Rede. Im ersten Drittel wird viel über den korrekten Sitz, Begrifflichkeiten und das An-die-Zügel-Stellen des Pferdes gesprochen. Alles absolut richtig, aber dann geht es möglichst ab ins Gelände ohne höherwertige Reitpferdeausbildung. Logisch, wenn man im Grunde manövrierfähige Truppentransporter auf vier Beinen ausbildet. La Guérinière wies gern darauf hin, dass die Leute ja seiner Meinung nach zum Jagdreiten aufbrechen könnten, es aber sinnvoller wäre, die Jagdpferde dressurmäßig auszubilden, um die Zahl der tödlichen Unfälle zu reduzieren.
Ein kurzer Gegencheck zu Pluvinel und Co. zeigt uns, dass, bevor die Remonte groß beritten wird, reichlich Handarbeit am Boden passiert. Seitengänge waren grundlegendes Repertoire der Ausbildung. Mit der H.DV 12/37 sind die Pferde bereits in der gesamten Kompanie im Gelände unterwegs, bevor es überhaupt an die Bodenarbeit geht!

So schreitet sie voran, die sogenannte Ausbildung des Pferdes, ohne dabei grundlegende Fertigkeiten wie Koordination und Reitpferdemuskulatur zu trainieren.

Welche Folgen das für den Pferdekörper und das Wohlbefinden des Tieres haben kann, zeigt sich - leider - erst verspätet.

FRÜHER WAR ALLES BESSER – ZUMINDEST DIE DRESSURAUSBILDUNG

KURZ UND KNAPP:

- Die Ausbildungsreihenfolge ist entscheidend, um wirklich jedes Pferd dauerhaft rittig zu halten.
- Gesunderhaltende Schulungen sind möglich, für jedes Pferd und in jedem Alter.
- Die gewisse Versammlung ist die Basis, nicht das Ziel, einer gesunderhaltenen Ausbildung. Umso schöner, wenn sie auf das Maximum der Vollkommenheit erarbeitet wird.

Mitmachübung: Greif dir ein Kleinkind, setz es dir auf die Schultern und gehe mit gebeugten Knien kleinschrittig vorwärts. Sauber wiederholen, dabei auf eine sorgfältige Ausführung achten. Ganz schön schwer, oder? Genau das ist es, was wir von ausgebildeten Dressurpferden verlangen, wenn es in die Hankenbeugung geht.

Warum sieht es bei einigen Pferden dann so spielend leicht aus? Zucht und genetische Veranlagung, Rasse und viel Training sagen die meisten. Ich sage: Muskulatur und Training. Heutzutage wird das Pferd in seiner natürlichen Haltung belassen, gleichzeitig hofft man auf eine von allein entstehende Dressurhaltung. Klappt das nicht? Ja gut, dann ist das Pferd vielleicht aufgrund seiner Züchtung nicht so geeignet. Das ist dann meist der Zeitpunkt, wenn dir zum alternativen Geländetraining[10] geraten wird.

Ist ja auch viel einfacher als die hohe Kunst der Dressurreiterei, die, ich möchte es hier nochmals betonen, wirklich für nahezu jedes Pferd und auch für moderne Züchtungen in greifbarer Nähe liegt! Warum gerade der pauschale Rat zum Geländetraining, alternativ auch das oft angepriesene Cavaletti-Training nichts zur Gesunderhaltung aller Pferde beiträgt, dazu kommen wir gleich noch.

Zunächst merken wir uns diesen Satz hier: **Dressur ist Kraft-, Koordinations- und Balancetraining in einem.** Ohne eine entsprechende Reitpferdemuskulatur lässt sich ein verschleißfreies Tragen des Reitgewichts kaum abrufen. Besagte Muskulatur allerdings kann sich gar nicht bilden, weil die Widerristhebung noch nicht stattfindet, solange das Pferd über das bloße Gewöhnen an das Reitgewicht nicht hinausgekommen ist und die reitende Person im Endeffekt nur drauf sitzt und sich herumtragen lässt. Solange der Mensch beim Training als Lebendgewicht dient und das Pferd lenkt, wird nicht magisch die benötigte Muskulatur aufgebaut.

Wie bei einem verrutschten Marschgepäck auf dem Menschenrücken geraten auch Pferde leicht in Ausgleichshaltungen, verlieren die Balance und fügen sich auf Dauer schwere Schäden am passiven Bewegungsapparat zu. Das sind teure und vor allem vermeidbare Schäden, wenn der Pferdephysiologie mehr Aufmerksamkeit geschenkt wird. Das passende Stichwort zu diesem aus der Balance geratenen Pferdekörper lautet: Trageerschöpfung!

[10] Ausspruch wird Udo Bürger zugeschrieben

Hängender Rücken, krankes Pferd

Ein la Guérinière oder ein Pluvinel hätten mit diesem Phänomen wohl wenig anfangen können. Pferde mit abgesunkenem Widerrist, die dem Reitgewicht nichts entgegensetzen können? Deren Oberlinie haltlos nach unten sackt, ohne jede Spur vom gesunden Regenrinnenrücken (ein Joke meiner Instagram-Followerschaft) der reitmeisterlich ausgebildeten Tiere, die wir auf den Gemälden dieser Zeit bewundern können.

Den Begriff **Trageerschöpfung** (Topline-Syndrom) prägte die Pferdeosteopathin Tanja Richter. Damit fasst sie die Symptome zusammen, mit denen sich die Reitsportszene zunehmend auseinandersetzen muss.

Das Reitgewicht sitzt hinter dem Widerrist und drückt den Brustkorb zwischen den Schulterblättern nach unten. Dadurch erleidet das Pferd einen gewissen Balanceverlust nach vorne und eine deutliche Verringerung der Stoßdämpfung in der Vorhand (Stichwort thorakale Muskelschlinge/Schultergürtel). Fehlt die Reitpferdemuskulatur insbesondere im Schultergürtel, hat es keine Kraft zur Wideristhebung und bleibt in dieser Fehlhaltung. Das macht sich früher oder später durch körperliche Veränderungen bemerkbar.

Bei vielen, aber längst nicht allen von der Trageerschöpfung gezeichneten Pferden zeigt sich der sogenannte Axthieb, also eine kleine Einbuchtung, die im Übergang zwischen Widerrist und Mähnenkamm zu sehen ist.

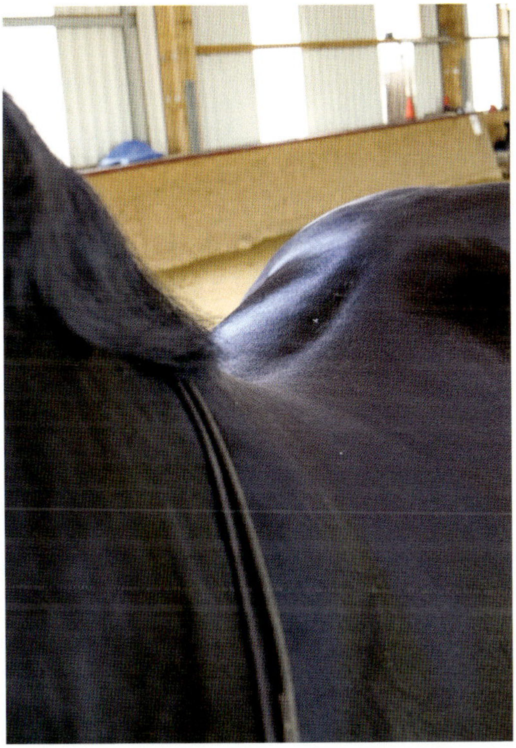

Ein wunderschöner Widerrist in Sattelage. Keine Delle zu sehen, stattdessen ein hübsch ausgebildeter Trapezmuskel. Wird auch gern als Regenrinnenrücken bezeichnet.

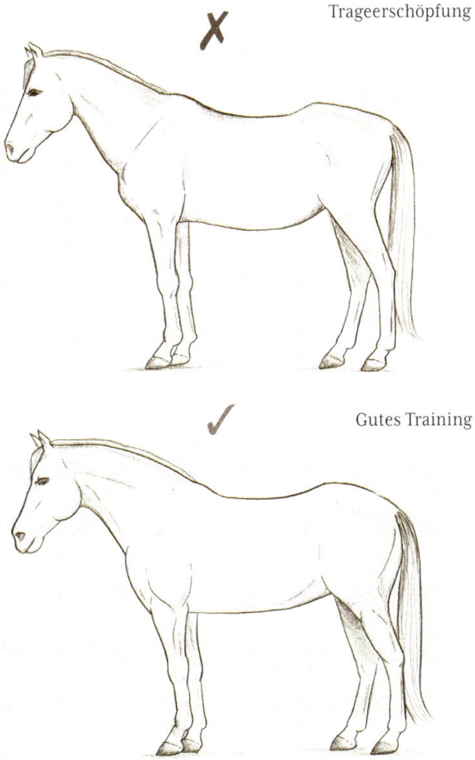

Trageerschöpfung zeigt sich im gesamten Pferdekörper, nicht allein am Widerrist. Trotzdem ist es oft die abgesackte Oberlinie, die letztlich die Erkenntnis einer vorliegenden Trageerschöpfung auslöst.

Eine Trageerschöpfung ist gekennzeichnet durch:

- Neigung zu vermehrtem Bretthals und Axthieb
- Wirbelsäulen- und Widerristabsenkung
- atrophierte Oberlinie (Muskelschwund, Rücken wird spitz wie ein Dach)
- zurückgehende muskuläre Unterstützung im Rumpftrageapparat
- Sehnenschäden, Gelenkprobleme
- Atem- und Verdauungsprobleme

Verdauungsprobleme sind bei trageerschöpften Pferden häufig anzutreffen. Auch die Atmung schwächelt. Die anhaltenden Verspannungen und Blockaden stressen trageerschöpfte Pferde nachhaltig. Am Ende ist das ach so geliebte Tier dann nicht länger reitbar und wird nur gelegentlich zum Abschleudern in die Halle gelassen, um es nicht weiter zu belasten. Dass das nun exakt die falsche Handlung auf eine Trageerschöpfung ist, wird in den nächsten Kapiteln hoffentlich deutlich.

Ausbildung? Ja, bitte – aber in der richtigen Reihenfolge!

Die Ausbildung von heute unterscheidet sich grundlegend von dem, was Alte Meister wie Grisone, Pluvinel oder gar ein la Guérinière unter der Ausbildung zum Reitpferd verstanden hätten. Mal eben den Menschen auf ein Pferd setzen, bevor das Tier zu großen Anteilen vom Boden aus gearbeitet wurde? Undenkbar! Denn wie, wenn nicht mit ausgiebiger Bodenarbeit lassen sich die Signale in Form sinnstiftender Kommunikation zwischen Pferd und ausbildendem Mensch intensiv erarbeiten? Gleichzeitig ist die Bodenarbeit unerlässlich für die Kräftigung der Pferdemuskulatur und um die Balance zu festigen.
Aber zwei Schritte zurück und von vorne. Denn die Reihenfolge der Arbeit am Pferd legt die Basis für gesunde und damit ausgiebig reitbare Tiere. Der heute übliche Weg ist eine Abkürzung zur schnellen Nutzbarkeit. Ein bisschen Arbeit an der Longe und schon gehts los mit dem Anreiten! Das, was folgt, wird schon als Gymnastizierung verkauft und nicht als reine Gewöhnung ans Reitgewicht!

Was die Deutsche Reiterliche Vereinigung (FN) empfiehlt

Die sechsstufige Ausbildungsskala[11] der Deutschen Reiterlichen Vereinigung gliedert sich bekanntermaßen in

1. Takt (Rhythmus)
2. Losgelassenheit
3. Anlehnung
4. Schwung
5. Geraderichtung
6. Versammlung

Die Reihenfolge der Ausbildungsskala orientiert sich in weiten Teilen an der H. DV 12/37, mit der ja immerhin das olympische Gold 1936 gewonnen werden konnte! Zur Verdeutlichung sind hier die beiden Standardwerke der modernen Reiterei anhand ihrer Kapitelüberschriften gegenübergestellt.

Tab. Gegenüberstellung Heeresdienstvorschrift, Abschnitt XI. Dressur der Pferde im 1. und 2. Jahr mit der Reihenfolge der Skala der Ausbildung (FN)

Überschriften aus der H.DV 12/37	**Skala der Ausbildung**
Ziel und Grundsätze	
Die Gewöhnung an das Reitgewicht	
Takt, Losgelassenheit	Takt, Losgelassenheit
Entwicklung der Schubkraft und des Ganges – Anlehnung	Anlehnung
Geraderichten	Schwung
Durchlässigkeit – Beizäumung	Geraderichten
Entwicklung der Tragkraft – Versammlung	Versammlung

[11] Deutsche Reiterliche Vereinigung, pferd-aktuell.de

Denk daran, dass sich die H.DV 12/37 zu diesem Zeitpunkt bereits in einer reduzierten Fassung befunden hat. Wichtige Abschnitte wie die Mobilisierung des Mauls fielen bereits dem Rotstift des Nazi-Regimes zum Opfer.

Wie wir im Geschichtskapitel gesehen haben, war die H.DV 12/37 definitiv nicht ausschlaggebend für die zahlreichen Goldmedaillengewinne. Dafür sind wohl eher die geschickten Tricks der Nazi-Anhänger hinter den Kulissen verantwortlich.

Erstklassig zivil ausgebildete Pferde unter militärischen Reitern mit einem ausgezeichneten zivilen Ausbilder im Hintergrund sorgten für die ersten Plätze auf dem Siegertreppchen. Die Heeresdienstvorschrift mit ihrem Ziel der schnellen Beschaffung einfach zu ersetzender Truppentransportpferde hat genau nichts dazu beigetragen.

Trotzdem bildet sie die Basis der heutigen deutschen Sport- und Freizeitreiterei. Von Anfang an standen die Richtlinien für die Vergleichbarkeit von sportlicher Leistung ein. Systematisch wurde alles vereinfacht. Denk nur dran, dass für die FN ein Galopp immer als Dreitakt ausgeführt sein muss, obwohl uns die Alt-Klassik so vielfältige Galoppvariationen vorschlägt. Für diese Vergleichbarkeit müssen Ausbildungspunkte in militärisch anmutender Präzision abgehakt werden, um am Ende ein angeblich voll ausgebildetes Pferd zu verzeichnen.

Die unterschiedliche Ausrichtung der H.DV 12/37 und der heutigen Reiterei wird dabei aber gern vergessen. Wer militärisch schnell einsatzbereite Verschleißpferde braucht, bildet weder gesunderhaltend noch freudebasiert aus. Vierbeinige Truppentransporter mussten im Zweifel wenig fähige Soldaten auf dem Rücken ertragen, dabei zügig weite Strecken zurücklegen und im Falle des Falles auch noch in der Lage sein, schwere Kanonen zu ziehen. Die Heeresdienstvorschrift mit Stand von 1936/37 war das logische Mittel der Wahl, um Material für den in Aussicht stehenden Krieg zu beschaffen. Niemand hat erwartet, dass die Militärpferde des 19. Jahrhunderts in den verdienten Altersruhestand wechseln könnten, da sie wortwörtlich reines Kanonenfutter waren. Um erste Anzeichen einer Trageerschöpfung zu zeigen, hätten die damals auf diese Art produzierten Militärreitpferde zunächst einmal ein wesentlich älteres Dienstalter erreichen müssen.

Als Lauf- und Fluchttier hatten es die militärisch genutzten Tiere in einem Punkt allerdings besser als die heutigen Freizeitpferde. Aufgrund ihrer militärischen Tätigkeit wurden sie täglich routiniert über mehrere Stunden hinweg konstant gearbeitet. Ungeachtet dessen erzeugt es auch bei geringer versammlungslastiger Arbeit eine enorme körperliche Fitness. Viele heutige Freizeitpferde können nicht einmal auf dieses Grundlevel an körperlicher Fitness zurückgreifen und darüber ihre mangelhafte Ausbildung kompensieren. Sie werden vorrangig einmal die Woche aus der Box oder dem Offenstall zum Spaziergang geleitet und das wars dann auch schon. Dumm nur, dass sich die grundsätzlichen gesundheitlichen Vorteile der täglichen Bewegung für diese Generation an Militärpferden nicht auszahlen konnte. Die wenigsten überlebten den Krieg, das muss einfach ganz klar gesagt werden.

Heutige Reitpferde werden nach den gleichen, mehr oder weniger versammlungsfreien Ausbildungsprinzipien gearbeitet, ihr Leben in Bezug auf die Bewegung ist aber ein völlig anderes und wesentlich ungefährlicher. Statt vier oder mehr Stunden pro Tag am Stück geritten zu werden, beschränkt sich ihre Reiterfahrung auf gelegentliche Ausritte am Wochenende und fleißiges Im-Kreis-Abschleudern an der Longe unter der Woche. Das potenziell lange Leben mit maximalem Wohlbefinden wird durch eine wenig gesunderhaltene Ausbildung beeinträchtigt. Die durch geeignetes Training vermeidbare Trageerschöpfung sorgt viel zu oft dafür, dass Pferde im besten Alter auf die Rentnerweide abgeschoben werden, die im Humanbereich gefürchtete Sarkopenie (körperlicher Verfall aufgrund massiven Muskelschwunds) erwartet sie dort bereits mit all ihren Auswirkungen.

Aber zurück zur Ausbildungsskala. Entsprechend der FN werden Takt, Losgelassenheit und Anlehnung in der Gewöhnungsphase trainiert, danach folgen die Entwicklung der Schubkraft und letztlich die Förderung der Tragkraft. Zu Steinbrechts Lebzeiten fiel diese Gewöhnungsphase an das Reitergewicht relativ kurz aus, heute dehnt sie sich dagegen über Jahre, wenn nicht sogar über das gesamte Reitpferdeleben hinweg aus. Gleichgewicht und Durchlässigkeit sollen entlang dieser sechs Etappen quasi von allein entstehen.

Zweifel an der H.DV 12/37

Der 2016 verstorbene Oberst a. D. Kurd Albrecht Ziegner schlägt in der kommentierten Fassung der H.DV 12/37 eine leicht veränderte Reihenfolge der Ausbildungsskala vor. Das ist deshalb etwas überraschend, weil er als junger Berufsreiter die damals in der Entstehung befindlichen Ausbildungsgrundsätze der FN mit einem „Voll einverstanden!“ absegnete, nachdem sie ihm vom damaligen Präsidenten der Deutschen Reiterei Dr. Gustav Rau zur Durchsicht vorgelegt wurden. Rau selbst gilt als herausragender Hippologe seiner Zeit, der auch heutzutage noch mit der Vergabe von Plaketten Teil der professionellen Reitwelt ist. Außerdem war er Oberstintendant während des Krieges und für den Wiederaufbau der Pferdezucht im besetzten Polen zuständig, wo er während seiner Dienstzeit bei den Nazis eine Holsteinerzucht in einem SS-Gestüt nahe dem Vernichtungslager Auschwitz aufbaute. Nele Maya Fahnenbruck hat mit ihrem Buch „*... reitet für Deutschland: Pferdesport und Politik im Nationalsozialismus*“ nachgezeichnet, wie insbesondere der heute vorbehaltlos verehrte Rau den mit Naziverbrechen schwer belasteten Militärreitern seiner Zeit zu einem reibungslosen Übertritt in die sportliche Reitwelt vom Nachkriegsdeutschland verhalf.[12]

Am Ende eines langen Arbeits- und Reiterlebens arrangierte von Ziegner die Reihenfolge um und schlägt stattdessen diese hier vor:

[12] Fahnenbruck 2013: S. 320

Neugedachte Skala nach Oberst a. D. von Ziegner	Ausbildungsskala FN
Losgelassenheit	Takt
Anlehnung	Losgelassenheit
Takt	Anlehnung
Geraderichtung	Schwung
Schwung	Geraderichtung
Versammlung	Versammlung

Tab. Gegenüberstellung Neufassung der Ausbildung nach von Ziegner & Ausbildungsskala FN

In der kommentierten Fassung begründet er ausgiebig seine späte Entscheidung für eine leicht veränderte Reihenfolge. Besonders wichtig ist ihm die Freude an der Arbeit, was ausdrücklich für Pferd und reitende Person gelten solle:

„Der Leitgedanke muss doch sein, dem Pferd die Ausbildungsarbeit zu erleichtern, sowohl durch „richtiges Reiten" als auch durch ständige Beobachtung der körperlichen und geistigen Entwicklung des Pferdes, sowie durch einen logisch verständlichen und vom Pferd gut nachvollziehbaren Aufbau. Die Arbeit bringt dann Freude für Reiter und Pferd."[13]

Eine ausführliche Auseinandersetzung mit der H.DV 12/37 findet sich online in einer der sehenswerten Videosprechstunden „Frag die Krischkes!“. In knapp 80 Minuten werden verschiedene Richtlinien durchexerziert. Das Resümee lautet im Kern: Achte auf dein Pferd, orientiere dich an seiner Freude und arbeite es mit, nicht gegen seinen Willen entlang eurer Bedürfnisse.[14]

Ein Resümee, dem ich mich uneingeschränkt anschließen kann!

[13] von Ziegner/Heuschmann 2017
[14] Krischke, Onlinesprechstunde 2020

Ich möchte allerdings noch ergänzen, dass wir als Pferdemenschen Verantwortung für den Reitpferdekörper innehaben. Versammlungslastiges Arbeiten ist zunächst anstrengend – und Pferde dürfen das in dem Moment der Lektionen auch zeigen. Der Schulgalopp mag auf den ersten Blick mit Blick auf die Pferdemimik weder nach Freude noch nach direktem Genuss aussehen. Tief in die Knie gebeugt herumzuspringen, erfordert sowohl Kraft als auch Konzentration und die zeigt sich in Mimik und Gestik.

Kein Bodybuilder dieser Welt wird beim Stemmen von 150 Kilogramm oder mehr freudig lächeln. Stattdessen sehen wir angespannte Mienen, die deutlich vom Belastungsstress der Anstrengung zeugen. Danach dagegen kicken die während des Kraftsports ausgeschütteten Myokine sowie Endorphine aber so richtig. Besagte Stoffe wirken stimmungsaufhellend und schmerzreduzierend. Daher das trainingsbedingte Hochgefühl, das sich bei Menschen und bei Pferden gleichermaßen zeigt.

Heißt das nun, dass wir versammlungslastige Schulungen von Pferden nicht verlangen dürfen, weil sich Freude dabei nicht so offensichtlich zeigt? Ganz im Gegenteil. Denn die Freude zeigt sich nach Lektionsende, wenn das Pferd seine Aufgaben bewältigt hat, sich und seine Fähigkeiten präsentieren durfte und im Anschluss kräftig gelobt wird. Außerdem wirken die ausgeschütteten Endorphine samt Myokinen auch weit nach dem täglichen 45-Minuten-Dressurtraining nach, halten das Tier schmerzfreier und sorgen dafür, dass es eben keine Trageerschöpfung entwickelt.

Oder um es mit den Worten von Nuno Oliveira zu sagen:

Reiten Sie Ihr Pferd glücklich![15]

[15] Oliveira

Die Deutsche Reiterliche Vereinigung schlägt in einer Broschüre 20 bis 30 Minuten täglicher Arbeit an der Longe vor, über vier bis sechs Wochen hinweg. Gestartet wird logischerweise mit einem jungen Pferd.[16] Nach dieser Gewöhnungsphase folgen der Sattel, die ersten Runden mit Sattel und Mensch an der Longe und schließlich die großen Linien mit Reitgewicht. Siehe da, wir haben ein Reitpferd! Richtig? Nein. Denn was wir an dieser Stelle erreicht haben, ist ein Pferd mit erster Gewöhnung ans Reitgewicht, ohne einen echten Schimmer davon, wie es korrekterweise eben dieses Gewicht trägt. In der Reitkunst wurde häufig von der Umformung des Pferdes zum Reitpferd gesprochen.

Ein Pluvinel hätte schon beim Griff zum Sattel zu diesem Zeitpunkt sprichwörtlich die Hände über dem Kopf zusammengeschlagen. Denn das Pferd ist nach einigen Wochen an der Longe ganz sicher ein noch ausdauernder Läufer, aber ganz bestimmt noch kein Reitpferd in dem Sinne, in dem Pluvinel den Begriff Reitpferd gebraucht hätte. Für den alten Reitmeister wäre dieser Ausbildungsstand wohl eher definiert als *Remonte mit hoffentlich durch direkte Handarbeit vorbereiteter Pferdemuskulatur.*

Die Longenarbeit kann von Könnern gern eingesetzt werden, um das Pferd an die Stimmhilfe des Menschen zu gewöhnen. Die Gerte wird ebenfalls als Hilfsmittel im Sinne eines verlängerten Arms des Menschen eingeführt. Insgesamt geht es hier auch um die Gewöhnung an den Umgang mit Menschen, an das Zaumzeug und dem Jogging an der Longe. Dieser Ausbildungsschritt wird also bitte nicht übersprungen oder verkürzt! Was die Arbeit an der Longe nicht kann, das ist ein extremer Reitpferdemuskelaufbau. Die Longenarbeit erfordert Distanz, so ist eine effiziente Korrektur der Körperhaltung kaum machbar. Zwanzig Minuten lang das Pferd im Kreis schleudern zu lassen ist voraussichtlich im Grunde ein eher stupides Kardiotraining. Beim weiter ausgebildeten, versammlungsfähigen Pferd kann ich Versammlung auch an der Longe abrufen, wenn die Basis entsprechend sorgfältig gelegt wurde.

[16] Deutsche Reiterliche Vereinigung, S. 6

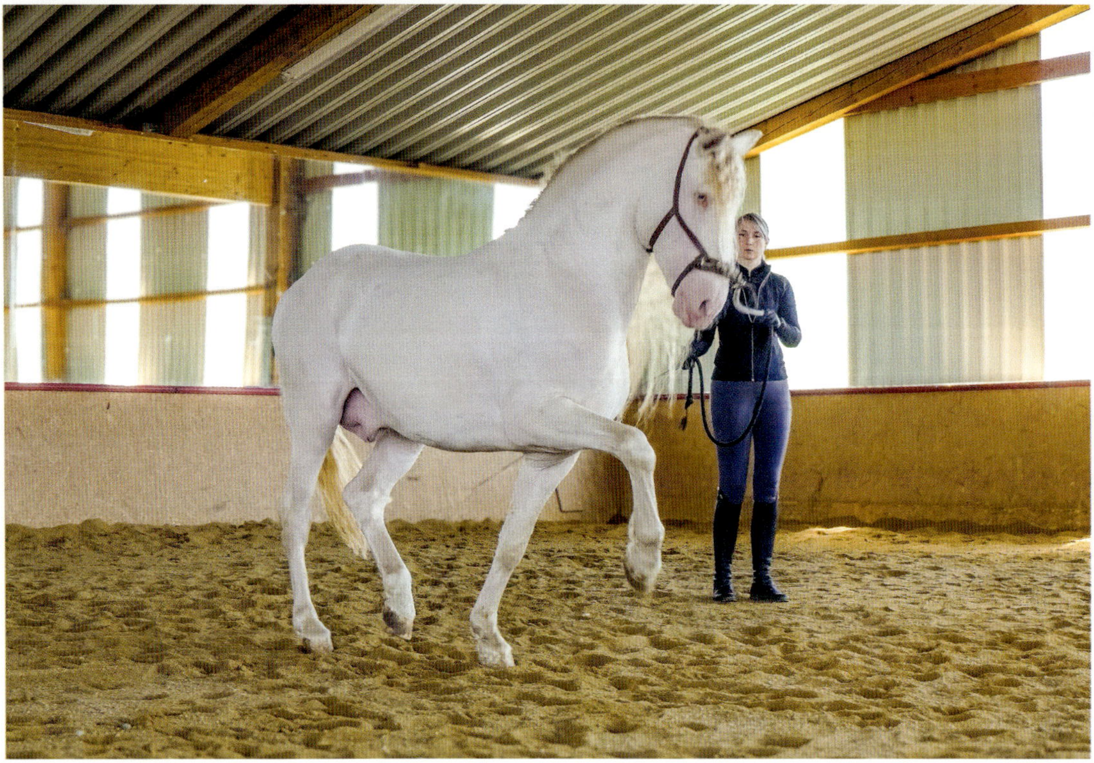

Lusitano zeigt die Versammlung an der Longe. (Lusitano mit Sonja)

Damit elementar Muskelmasse gebildet wird und das junge Pferd auch unter Gangartwechsel ausbalanciert bleibt, braucht es korrekte Seitengänge, gern schon in der Handarbeit. Erst danach ist es ausreichend gestärkt, um dauerhaft ein Menschengewicht als Gepäck korrekt durch die Gegend zu tragen.

Wie wenig sinnvoll es ist also, die Versammlung am Ende der Ausbildung anzusiedeln? Noch dazu, wenn bekannt ist, dass traurigerweise nur ganz wenige Pferde dieses Ausbildungsende je erreichen werden?

Wie die Alten Meister das Pferd gearbeitet haben

Nur zu Erinnerung: Die FN startet skalengemäß mit dem Takt. Um rhythmisch im Takt zu bleiben, muss ein Pferd aber zunächst ausbalanciert sein. Es bedarf also ein Mindestmaß an Versammlung, denn ohne selbige ist einfach keine gute Reitpferdebalance möglich.

Nun sind aber aus physikalischer Sicht untrainierte Schützlinge im Grunde immer mehr oder weniger schief. Wie sich das rohe Pferd, sofern es als frisches dreieinhalbjähriges von der Weidehaltung kommt, auf magische Weise selbst ausrichten können sollte, verschließt sich mir. Die Geraderichtung entwickelt sich zusammen bzw. parallel mit der Versammlung, sodass man daraus auch rhythmisch (= Takt) anmutige, unverkrampfte Bewegungen (= Losgelassenheit) erwirkt.

Die FN definiert die Anlehnung als **stete, weich federnde Verbindung zwischen Reiterhand und Pferdemaul.** Das wird oft verstanden als Beizäumung, also dass ein Pferd durchs Genick geht. Das ist aber nun nicht einfach plötzlich Versammlung. Genickbeugung und Versammlung ist nicht das gleiche! Es ist nur so, dass das eine das andere bedingt.

Es ist ganz selbstverständlich, dass perfekte Versammlung (Rassembler) IMMER mit

Beizäumung (Ramener) Hand in Hand geht. Aber Beizäumung schafft nicht Versammlung, sie ist bloß deren Ausdruck in ultimo.[17]

In der klassischen Reitkunst der Renaissance ist das eine wohlbekannte Tatsache. Pluvinels Einsatz der Pilaren revolutionierte die hohe Kunst der Pferdeausbildung. Deshalb folgt in der klassischen Hohen Schule jetzt auch die **Handarbeit in und um den Pilaren**. Dafür wird das Pferd zwischen die Säulen geführt und mit sachten Hinweisen angeleitet, der Gerte erst einmal nur auszuweichen. Gleichzeitig wird das Pferd darin geschult, Seitengänge in deutlicher Abstellung um den einzelnen Pilar herum zu absolvieren. Heutzutage verzichten wir auf extra Säulen und stellen uns einfach ein paar handliche Pilonen als visuelle Hilfspunkte in der Bahn auf.

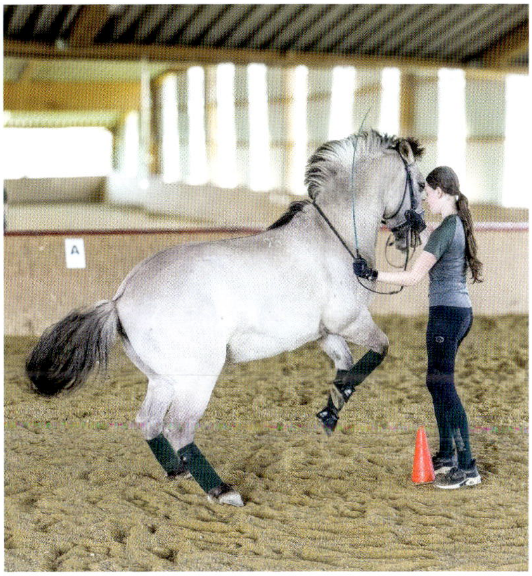

Pilonenarbeit mit Smokey. Kleine Pilone, großes Pferd mit kräftigem Überbau. Der Einsatz von Pilonen bei der Bodenarbeit kann die Kommunikation zwischen ausbildender Person und Pferd deutlich erleichtern. (Anna Hainziger mit Smokey)

DIE SÄULEN DER AUSBILDUNG

Pluvinel wird die Verwendung von Pilaren zugeschrieben. Gemeint sind damit zwei Säulen, die mittig in der Ausbildungshalle verankert sind. Jeweils rechts und links sind Ringe eingelassen, durch die der Zügel des Kappzaums geführt wird.

Über Antippen mit der Gerte und geeignete Stimmhilfen lernt das rohe Pferd, in welche Richtung es sich bewegen muss. So werden als erstes rudimentäre Seitengänge erprobt, die dann stetig weiter gearbeitet werden. Zusätzlich zur Longe wird die Handarbeit mittels Pilaren eingeführt, um das Pferd rittig zu machen. Sprich: Es an die Hilfen zu stellen, wie das heute so gern genannt wird und Muskulatur aufzubauen.

Teilweise wird die überlieferte altklassische Pilarenarbeit – inklusive eines massiven Gerteneinsatzes – praktiziert. Vorrangig Iberer produzieren bei dieser wenig tierfreundlichen Variante durchaus etwas, das einer Piaffe ähnelt. Mach dir aber bitte bewusst, dass ein zwischen zwei Säulen angebundenes Pferd, dem jemand mit der Gerte gegen den Körper drischt, wenig Vertrauen in die ihn umgebenden Menschen entwickeln wird. Eine auf Vertrauen basierte Arbeit am Pferd sieht anders aus!

Pluvinel wird dieser viel zitierte Ausspruch zugeschrieben, der es wunderbar zusammenfasst:

Auf ein Pferd, das aus Angst gehorcht, ist kein Verlass. Es wird immer etwas geben, vor dem es sich mehr fürchtet, als vor dem Reiter. Wenn es aber seinem Reiter vertraut, wird es ihn fragen was es tun soll, wenn es sich fürchtet.[18]

Die Kommunikation zwischen Ausbildendem und rohem Pferd verbessert sich in der Pilonenarbeit stetig. Aus der Erfahrung heraus zeigt sich auch,

[17] Racinet in Krischke 2015: S. 188

[18] Pluvinel

dass ausgiebig in Seitengängen geschulte Remonten am Ende weitaus besser in den Hilfen stehen als solche, die diesen wichtigen Ausbildungspart überspringen mussten. Als Jungpferd im Seitwärts dem Schenkel oder der Ausbilderfaust zu weichen und dem Zügelimpuls nachzugeben, ist Teil der frühen Gewöhnungsphase.

Also geht es jetzt rundherum um die Säulen in verschiedenen Seitengängen. Die Pilare dienen als Voltenzentrum. An diesem Punkt sorgt die Handarbeit für Elastizität und Geschmeidigkeit beim Pferd, ohne das bisher auch nur einmal auf Linie in der Halle getrabt wäre. Stattdessen beherrscht zumindest zu Lebzeiten Pluvinels das Pferd ein paar Grundwerkzeuge der verschiedenen Kunstgangweisen wie Piaffe, Passage, Terre à Terre, Mezaire und Courbetten. Nicht alles vollumfänglich, aber die Piaffe zählte bei vielen Reitmeistern der Klassik doch häufig zum Bewegungswerkzeug des noch ungerittenen Pferdes.

Solide Ausbildung lässt die Pferde unter dem Sattel richtig alt werden. Wallach Leo ist 20. (Sonja mit Leo)

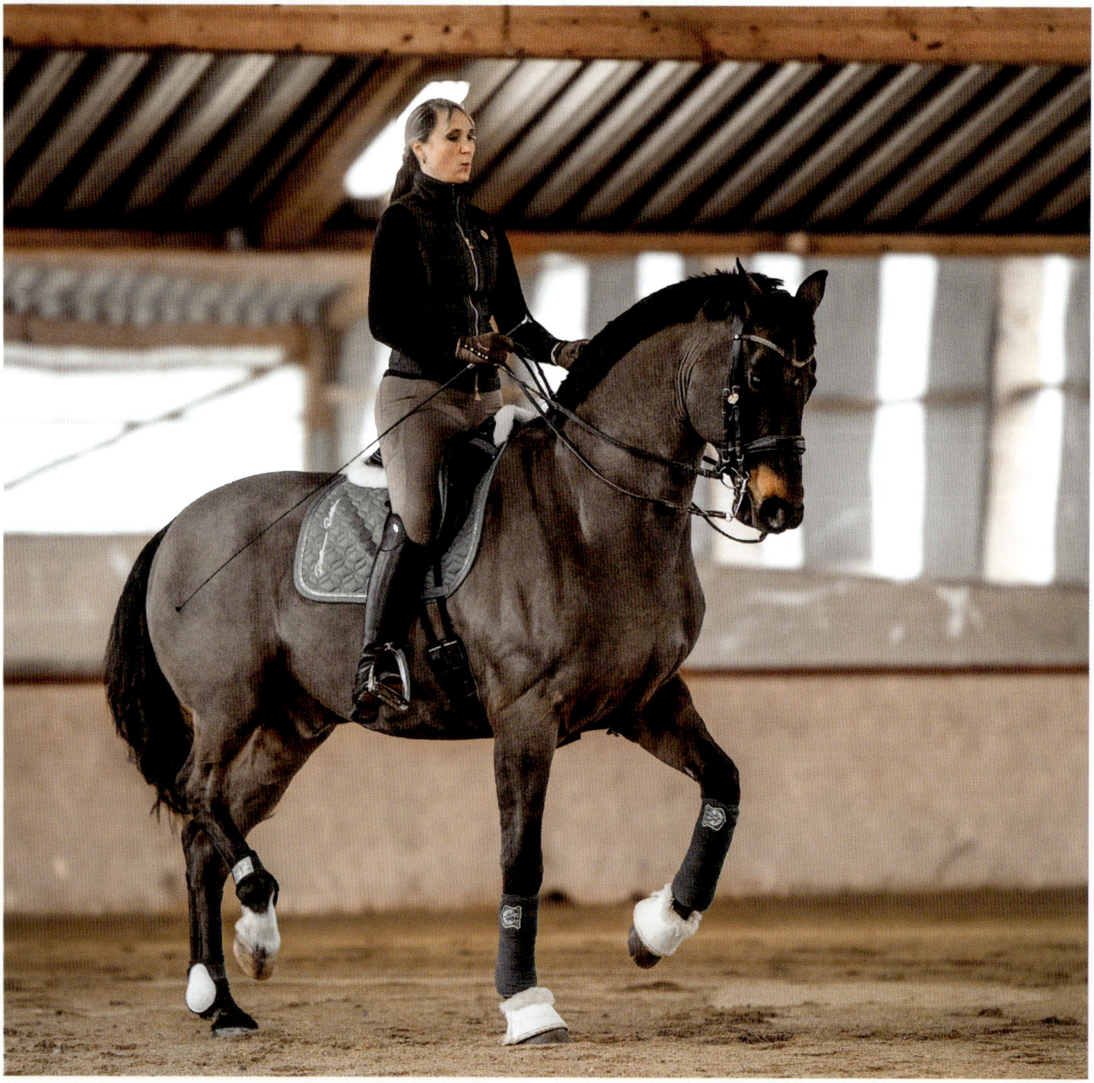

Diese Figuren sind keine Zirkustricks, sondern die beste Vorbereitung auf das, was dann folgt: Menschengewicht auf dem Rücken und erste Schritte in der Bahn ohne die Orientierung durch die Pilone.

Wer nach Vorbild der klassischen Meister ausbildet, greift also vergleichsweise spät zur heute üblichen Verstärkung. Erst wenn das Pferd sicher in der Passage ist, kommt die echte Verstärkung in Betracht. Die Tragkraft des jungen Pferdes steht im Fokus, die Schubkraft wird erst zu einem wesentlich späteren Zeitpunkt perfektioniert und intensiv bearbeitet.

Rennt das nicht ausgebildete Pferd in erhöhtem Tempo, läuft es vorrangig auf der Vorhand. Die Vorderbeine ziehen das erhebliche Körpergewicht, während die Hinterbeine hinterherschieben. Das sorgfältig ausgebildete Reitpferd drückt sich aus dem vorderen Standbein aufwärts, bestens sichtbar in einer gut ausgeführten Passage, was sich in der bemerkenswert wohlproportionierten Muskulatur an der Vorderfront bemerkbar macht.

Noch mal zum Dick-Markieren: Tragkraft ist die Basis für das Reitpferd, um eine nicht gesundheitsschädliche Schubkraft zu entwickeln. Die Verstärkung sollte Ausdruck der Versammlung in Ultimo sein. Wird die Schubkraft dagegen zu früh und zu stark forciert, bleibt die Halsbasis des Pferdes unweigerlich abgesackt. Das ist das Gegenteil der von uns erhofften Widerristhebung!

Um es ganz deutlich zu sagen: Je schneller sich ein Pferd vorwärtsbewegt, desto schwieriger ist es, die Widerristhebung zu erreichen. Nur hervorragend ausgebildete Reitpferde sind in der Lage, zu einem späteren Ausbildungszeitpunkt trotz hohem Tempo das aufrechtzuerhalten, was ich unter Widerristhebung verstehe. Das kann man schon allein an der Schwierigkeit erkennen, dass sobald man das Tempo erhöht, sich die Vordergliedmaße in der Standbeinphase deutlicher in der Rückständigkeit aufhält. Für eine muskuläre Widerristhebung brauchen wir das Vorderbein möglichst wenig weit hinter einer gedachten vertikalen Linie, die durch das Vorderbein fällt.

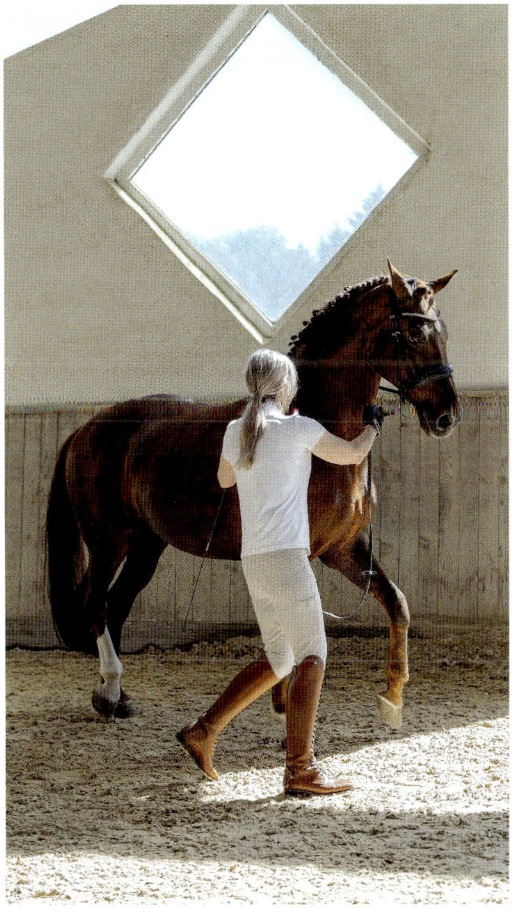

Stute Emma zeigt hier eine Passage an der Hand. (Dr. Christina Ziegenhagen mit Emma)

Die heutige Piaffe ist häufig durch ein Vorderbein gekennzeichnet, dass deutlich hinter die gedachte Vertikale fällt.

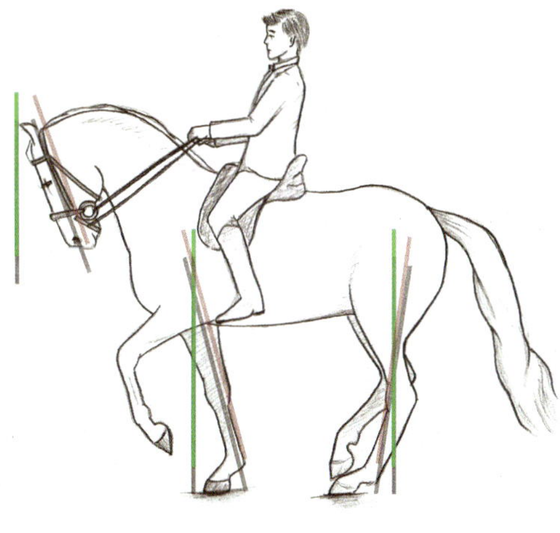

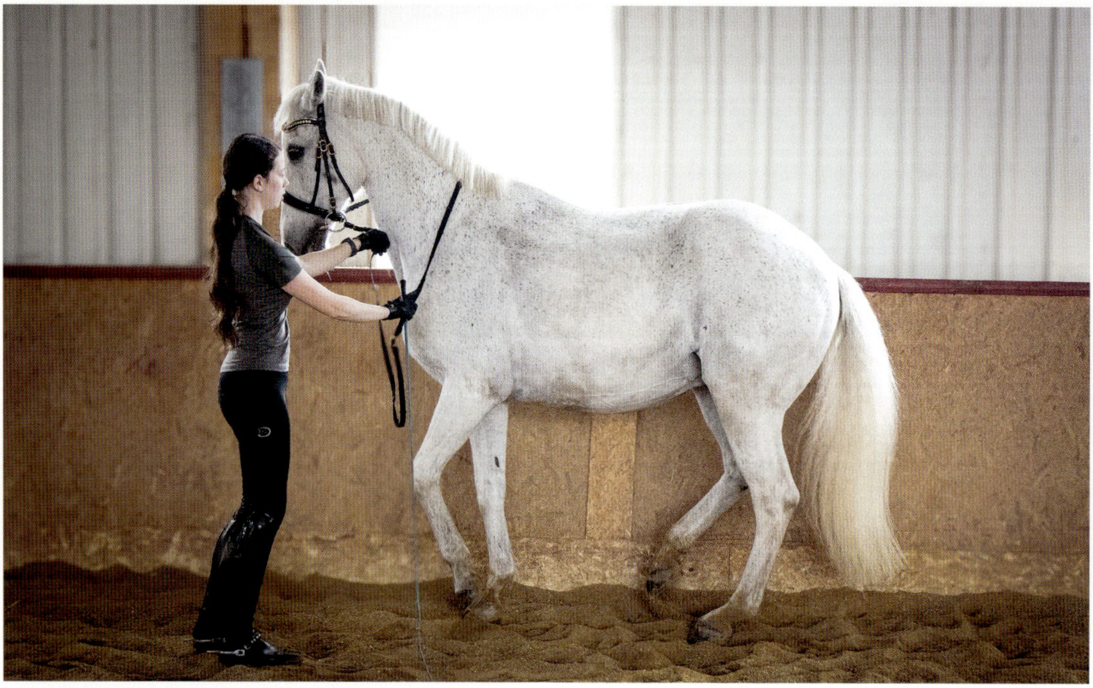

Die Piaffe im Sinne der Alten Meister: Das Vorderbein fällt möglichst wenig weit hinter die gedachte Vertikale. (Anna Hainziger mit Rubens)

Für die physische Gesundheit deines Pferdes ist die Tragkraft entscheidend.

Faszinierende Unterschiede in der Reihenfolge, wenn man sich die gängigen Ausbildungsstandardwerke ansieht, nicht wahr?

Um langfristig gesunde und lang reitbare Reitpferde zu erhalten, wird die Muskulatur wortwörtlich Schritt für Schritt aufgebaut.

Und die Seitengänge? Auch wenn das manchmal anders vermittelt wird: Seitengänge sind kein Teufelszeug. Sie zählen auch nicht zu den oft verschmähten Zirkustricks, die bei Bedarf einfach übersprungen werden. Sie legen die Basis beim Gymnastizieren, mit ihnen lassen sich die Rumpfhebung und eine erste kleine Hankenbeugung erarbeiten. So entsteht die Versammlung und damit auch die so überaus erwünschte Reitpferdbalance. Gleichzeitig schulen sie die Koordination, Symmetrie, Kraft und damit Aufrichtung des Pferdes ohne - und mit - Reitgewicht. Diese Grundlagen sind notwendig für eine korrekte Ausführung aller weiteren Übungen, will heißen mit Rumpfhebung, die korrekt nur durch Kraftzuwachs ermöglicht werden.

Um den Schultergürtel zu stärken und die Rumpfhebung auf die Spitze zu treiben, trainieren wir den spanischen Schritt, den Schultrab, die Passage und final eventuell die gestreckte Passage (spanischer Trab).

Damit die Muskulatur die herausfordernde tiefe Hankenbeugung meistert, ist es sinnvoll, die Piaffe, Galopp-Pirouetten, der klassische Schulgalopp, die Schulparade (Schulhalt), das Terre à Terre, das Mezair, die beide mehr oder weniger eine Zweischlagbewegung sind, und die Galopp-Pirouette, die bei tiefer Hankenbeugung ebenfalls zur Vierschlagbewegung zählt, zu erarbeiten.

Beim Schulgalopp handelt es sich um einen positiven Vierschlag, die Pferdehufe sind länger in der Luft als die Hinterhufe, sodass die diagonale Bewegung des Galopps aufbricht. Im Rahmen der

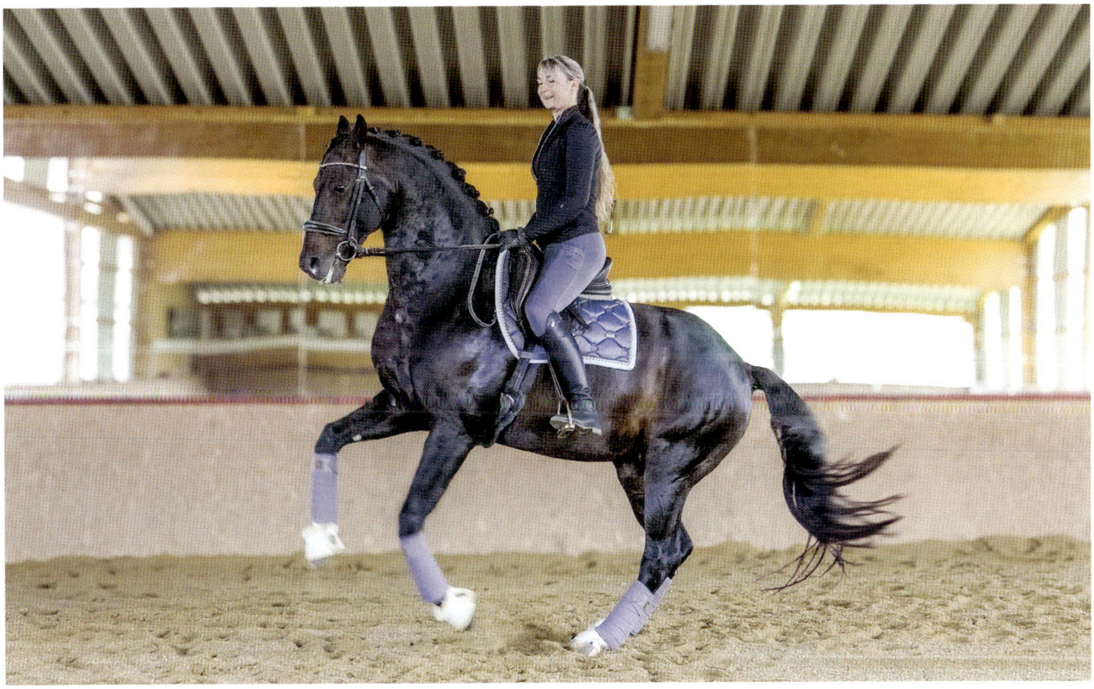

Ein ausgeführter Schulgalopp. (Sonja auf Vancouver)

FN wird in der Regel nur der klassische Galopp mit Dreischlag vermittelt, der somit keine tiefe Hankenbeugung ermöglicht.

Terre à Terre, Mezair und Courbetten erfordern ein hohes Maß an Kraft, Balance, Athletik und Aufmerksamkeit beim Pferd und zählen damit zu den schwersten Übungen.

Genau wie beim klassischen Fitnesstraining für Menschen muss das Training für Pferde ganzheitlich gedacht werden. Eine Ausbildung nach Vorbild der Alten Meister gestaltet sich im Grunde überraschend gegensätzlich zur Ausbildungsskala der Deutschen Reiterlichen Vereinigung.

Am Anfang stehen das Balancetraining und die Vermittlung der Symmetrie mit der Entwicklung der Tragkraft, um einen höheren Versammlungsgrad zu erreichen. Die Entwicklung der deutlichen Schubkraft steht sozusagen an letzter Stelle.

Viele Sportpferde gehen mit 15 in Rente. Wir legen mit 15-jährigen Pferden erst los!
(Mascha Schumann-Rudnitzki mit Stute)

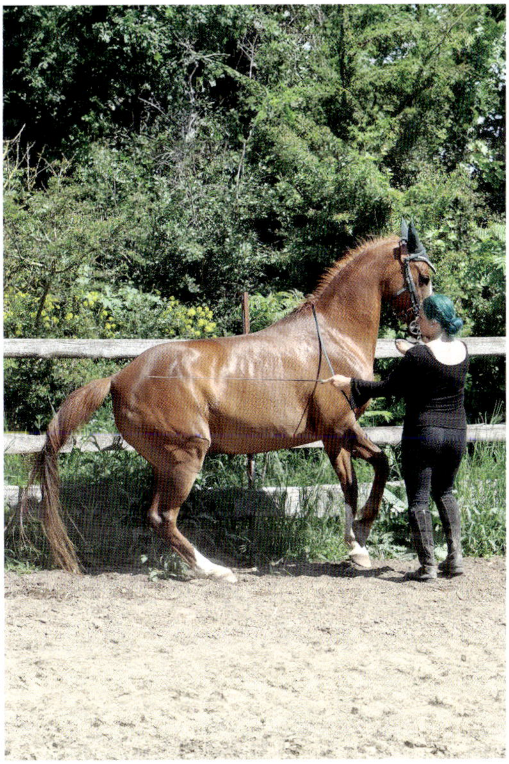

Begriffskunde für Eilige

Bei der traditionsreichen Geschichte der Reiterei, insbesondere der echten Reitkunst, ist es kein Wunder, dass sich teils komplizierte Definitionen hinter im Grunde einfachen Begriffen verbergen.
Zusätzlich haben sich die Definitionen im Laufe der Zeit, auch aufgrund der aufkommenden Anglomanie samt der Umdeutung der Reitkunst zum Reitsport, teils ins Gegenteil verkehrt. Deshalb lohnt sich ein Blick auf die einzelnen, typischerweise verwendeten Begriffe und deren Bedeutung für die Reitkunst.

#1 Versammlung

Racinet hält sich nicht lang mit einer umständlichen Begriffsdefinition auf und fasst die Versammlung prägnant zusammen:

> *Versammlung ist nichts anderes als die Haltung, die dem Pferd ein Maximum an Beweglichkeit gestattet.*[19]

Zusätzlich beschreibt er Versammlung anhand folgender physischer Merkmale:

1. kürzer werdende Mittellinie von Bug bis Sitzbeinhöcker,
2. Anhebung des Widerrists,
3. gekipptes Becken,
4. dadurch weites Untertreten der Hinterhanken bei einem mehr oder weniger auf der Stelle arbeitenden Pferd.

Bei dieser Beschreibung handelt es sich um eine Versammlung inklusive durchgängiger Hankenbeugung in der **Standbeinphase**. Im spanischen Schritt, der Passage und der Grand Passage wird zwar keine durchgängige Hankenbeugung gezeigt, es darf aber gern als Versammlung angesehen werden, weil sich in diesen Lektionen das Pferd vermehrt aus dem vorderen Standbein aufwärts drückt und damit im Schultergürtel enorme Arbeit leistet.

Racinet führt als Begründung für die absolute Notwendigkeit von Versammlung sowohl die bessere

[19] Racinet 2009: S. 89

Volle Konzentration in der Versammlung. (Sonja mit Lusitano)

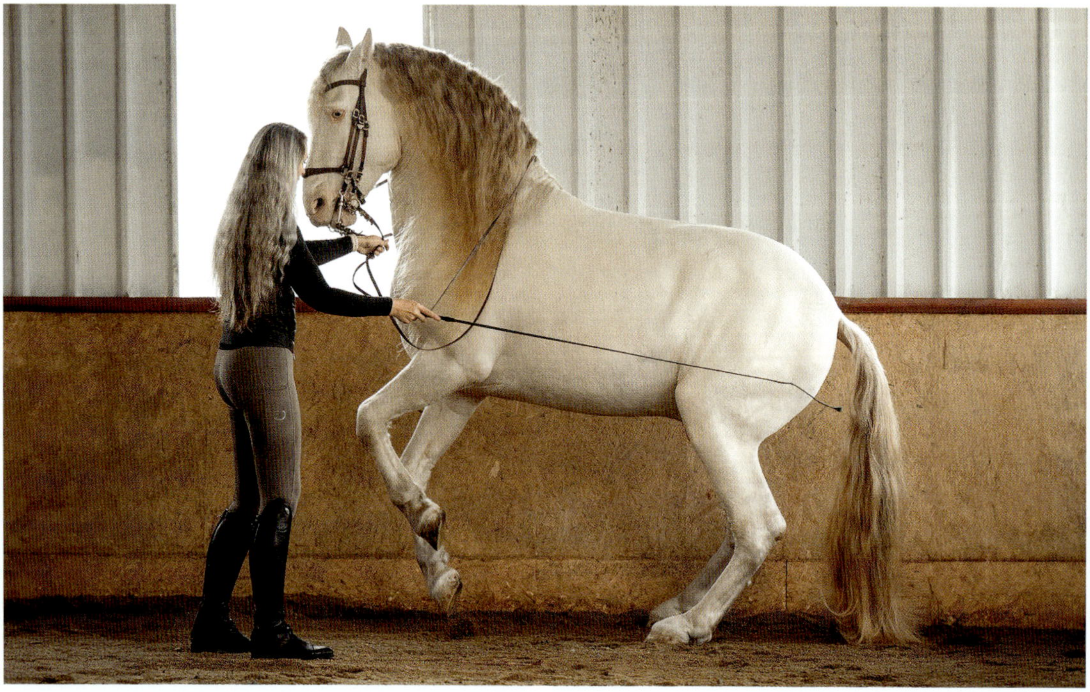

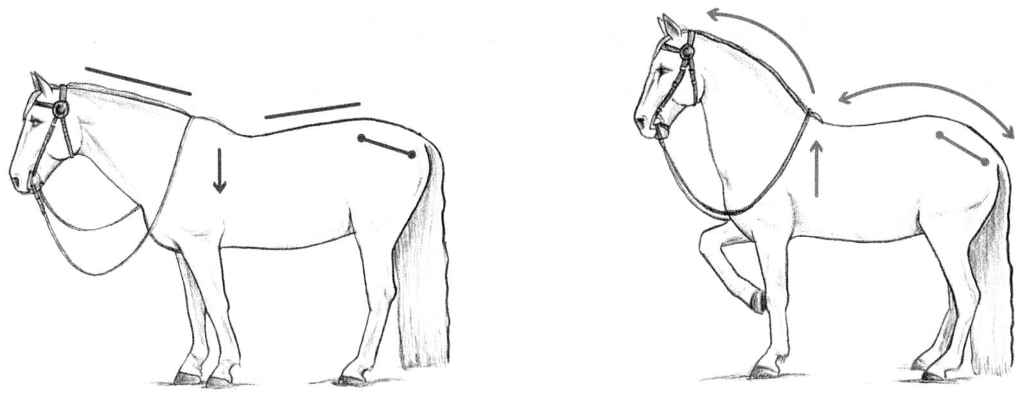

Haltungsvergleich: nicht versammeltes Pferd (links) versus versammeltes Pferd (rechts).

Beweglichkeit als auch die nötige Unterstützung des Pferdes für die Wahrung der Balance an. Immerhin kann ein Tier mit Reitgewicht nicht so frei herumtraben wie eines, das kein Reitgewicht nahe der Schultern zu stützen hat. Im Kapitel zu den physiologischen Grundlagen gehe ich noch genauer darauf ein, denn die Physiologie des Pferdes mit seinem fehlenden Schlüsselbein ist der Grund dafür, dass sich Pferde ohne Versammlung mit der Herumschlepperei des Reitgewichts schwer tun.

Dazu kommt ein weiterer wichtiger Punkt, den Racinet richtigerweise betont:

> *(...) davon abgesehen, dass das Pferd unter dem Reiter schwierigere Figuren gehen soll als solche, die es in Freiheit gegangen wäre, und auf Verlangen, nicht nach seinem eigenen Gutdünken.*[20]

Versammlung ist die Grundvoraussetzung, um das durch das Reitgewicht verursachte Ungleichgewicht des Pferdes zu korrigieren. Ganz einfach.

Der umstrittene Baucher hat ebenfalls eine Meinung dazu, woher das Ungleichgewicht des Pferdes stammt.

> *In der Tat, wenn das Pferd zum Beispiel im Rücken lang ist, so reichen die Hinterbeine nicht an jene Stelle, wo sie hinkommen sollten, damit die Bewegung gleichmäßig sein kann, und die beugende und die streckende Aktion der Sprunggelenke, mit denen das Gewicht aufgenommen wird und dann nach vorne bewegt wird, wird nur schwerfällig vonstatten gehen. Derartige Gebäudefehler würden es an sich schon unmöglich machen, mit einem solchen Pferd bis zur wirklich schönen Ausbildung und Reiterei zu kommen, doch kann man Abhilfe schaffen, indem man, sobald das Pferd die mise en main kennt, die ersten Grade des Versammelns erarbeitet.*[21]

Die versammlungslastige Arbeit schafft also Möglichkeiten, Pferde sozusagen körperlich zu verändern. Das kommt vor allem jenen Tieren zugute, die sonst gerne etwas abfällig als wenig geeignet für die Dressurkunst abgetan werden.

> *Maximale Versammlung ist bei gutem Gebäude leicht, bei mittelmäßigem Gebäude hingegen außerordentlich schwierig, denn die Anstrengung, die notwendig ist, damit das Pferd die Hinterbeine weiter nach vorne*

[20] Racinet 2009: S. 89

[21] Baucher 2009: S.82

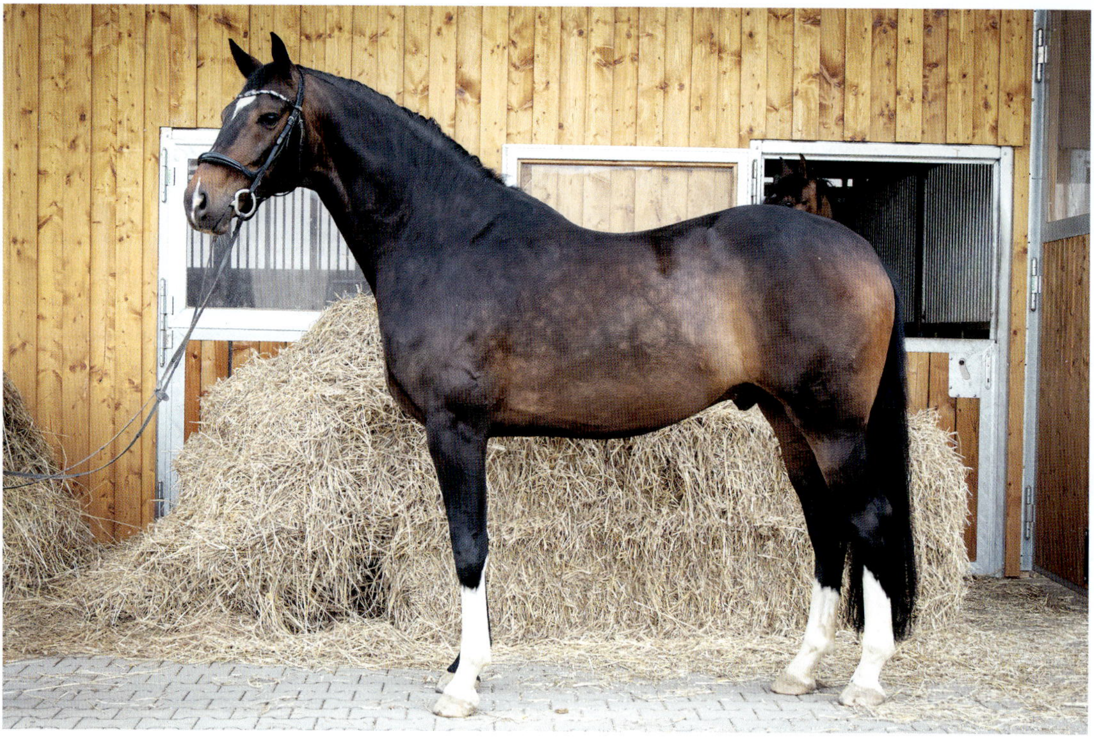

So kann ein ordentlich aufgemuskeltes Pferd aussehen. Das gelingt nur durch Kraftsport in Form von echter Dressurkunst. (Wallach Gerard)

> *unter sich bringt (gemeint ist durch Beckenheranstellen, A. d. A.), verringert die Beugung, die aber eben wesentlich ist, damit Höhe der Geste in der Bewegung entsteht.*[22]

Dieses mehr an Muskulatur und daraus folgernd mehr an Energie erhält das Pferd, da es über mehr Mitochondrien in der gesteigerten Muskelmasse verfügt und mehr Myokine ausschüttet. Letztere beeinflussen seinen Gesundheitszustand positiv.

Lethargische Pferde profitieren von diesem versammlungslastigen Kraftsport besonders, denn der Muskelaufbau inklusive der erhöhten Produktion von Mitochondrien und der vermehrten Ausschüttung der Myokine wirkt sich auch positiv auf seinen grundlegenden Gemütszustand aus. Dem Thema Myokine widme ich mich ausführlicher im Fütterungskapitel, denn dort sind sie im Zusammenhang mit der Muskel- und Zellgesundheit sowie für den gesunden Stoffwechselkreislauf von besonderer Bedeutung.

Von diesen auf zellulärer Ebene liegenden Vorteilen der Versammlung ahnte La Guérinière noch nichts. Dem Wissen seiner Zeit geschuldet, beschrieb er vor allem die Tätigkeit des Versammelns:

> *Ein Pferd zusammen nehmen – Versammeln (rassembler) oder beisammenhalten, heißt, es in seinem Gang oder in seiner Schule kürzer beisammen zu halten, um es auf die Hanken zu setzen. Dies wird bewirkt, wenn man mit der Hand die Vorhand des Pferdes leise vorhält und mit den Waden vertreibt, damit es die Hanken unter sich bringe und vorbereitet werde, sich in die Hand und Schenkel zu richten.*[23]

[22] Baucher 2009: S. 93

[23] la Guérinière

Anders gesagt, bietet die Versammlung die Option, mit absolut jedem Pferd Dressurkunst zu absolvieren, auch mit den eher phlegmatischen Kandidaten. Alles, was es dafür braucht, ist ordentliches Training.

Weshalb bieten denn gewisse Pferde eigentlich Widerstand im Kiefer und im Hals? Weil der Rücken, die Hanken und die Sprunggelenke schlecht funktionieren und sich gegen die Anstrengung, die die regelmäßige Vorwärtsbeförderung des Gewichtes, die in der Bewegung stattfindet, sträuben.[24]

Im Rahmen dieses Trainings werden dann entsprechend die vorhandenen Muskeln gestärkt sowie eine schwach ausgeprägte Muskulatur weiter aufgebaut. Win-Win für den vierbeinigen Schützling, der aufgrund der Versammlung auch wesentlich geschickter mit dem Reitgewicht voranschreiten kann.

[24] Baucher 2009: S. 92

#2 Takt/Rhythmus

Laufen Pferde nicht von Natur aus mehr oder weniger rhythmisch? Ja, das tun sie durchaus! Trotzdem stellt die Skala der Ausbildung gleich als ersten Punkt klar, dass am Takt des rohen Pferdes gearbeitet werden müsse:

Taktmäßige Bewegungen sind die Grundvoraussetzung für jede weitere Arbeit. Takt hat viel mit dem richtigen Tempo zu tun. Ein dauerhaft falsch gewähltes Tempo erschwert es dem Pferd, Gleichgewicht und Takt zu finden.[25]

Der Takt ist gefährdet durch Balanceprobleme des Jungpferdes, das zusätzlich durch das instabile Gepäck auf dem Rücken und die potenziell übergriffigen Reithilfen gestört wird. Unter diesen Bedingungen hat es keine Chance auf sicher ausgeübte Tritte, sondern wird sich grundsätzlich unsicherer bewegen,

[25] Reiterliche Vereinigung, pferd-aktuell.de

Die ungarische Mischlingsstute hat nach gängiger Auffassung vielleicht nicht das beste Gebäude für die hohe Kunst der Dressur. Ihre Courbette ist aber dank eines umfassenden Trainings absolut sehenswert. Es ist das Training, das die hohe Kunst hervorbringt, nicht allein die Genetik. (Mascha Schumann-Rudnitzki mit Nachwuchspferd)

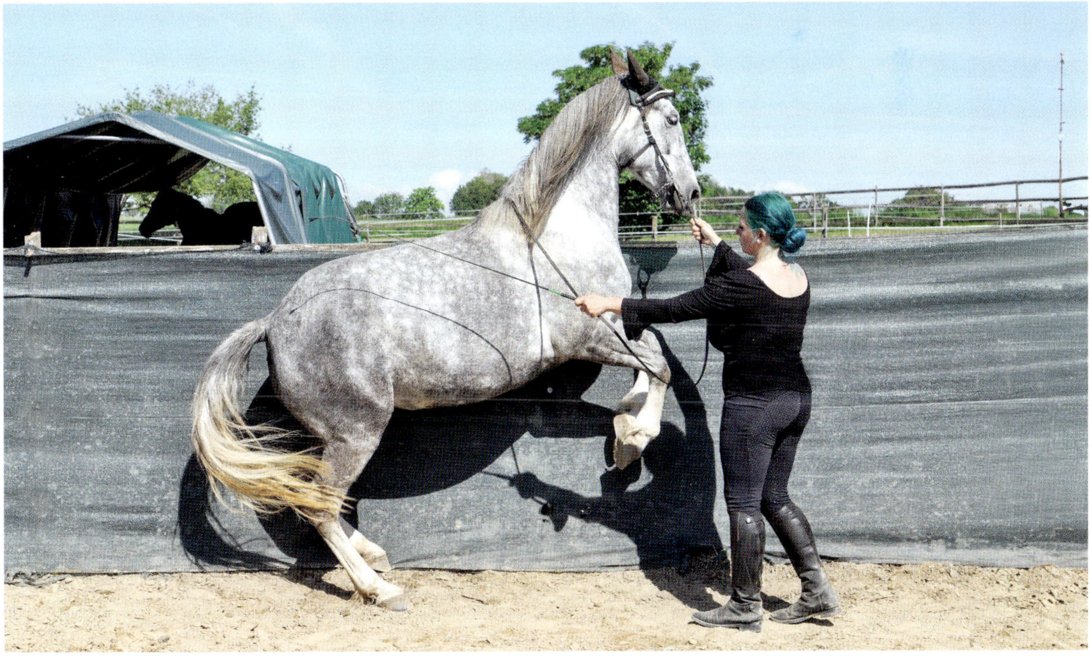

Schnelles, fleißiges Traben gilt im Rahmen der modernen Pferdeausbildung schon für sich genommen als hervorragendes Ziel. Diese Idee der Verherrlichung von Schub und Raumgriff sind eine vergleichsweise moderne Entwicklung. Zu Pluvinels Lebzeiten waren (Trab-) Verstärkungen schlichtweg kein Thema.

Für Nuno Oliveira und viele andere steht die Trabverstärkung nur dann zur Debatte, wenn sie aus der Versammlung hervorgeht:

Die einzig wahre Trabverstärkung ist diejenige, die das Ergebnis von Versammlung ist, wobei das Pferd leicht und auf der Hinterhand bleibt. Das Zulegen mit auffälligen Schulterbewegungen, bei denen der Pferderücken hohl bleibt, die Hinterbeine zurückgelassen werden und manchmal breit treten, gehört nicht in den Bereich der Reitkunst. Für dieses Zulegen ist es sehr wichtig im versammelten Trab durch die Kombination von Zügel- und Schenkelhilfen mehr Schwung produzieren zu können, wenn das Pferd es braucht, und dann diesen vermehrten Schwung im Augenblick des Übergangs ins Zulegen auszunützen.[26]

Eine versammlungslastige Ausbildung setzt den Fokus eher auf einen kraftvollen und nicht zwangsläufig auf einen schnellen Bewegungsablauf.

Dabei sind in freier Wildbahn die verschiedenen Gangartwechsel ausgezeichnet zu beobachten. Das rohe frei laufende Pferd wird sich entsprechend durch Schritt, Trab oder Galopp arbeiten, ohne sich von irgendwelchen Taktunreinheiten verunsichern zu lassen.

Warum? Weil es kein wackelndes instabiles Lebewesen auf seinem Rücken trägt, das den Widerrist mit seinem Gewicht abwärts pusht und ihm durch die Zügelarbeit auch noch die Balancierstange Hals stark einschränkt oder gar nimmt.

[26] Oliveira

Mezair mit tiefer Hankenbeugung, präsentiert von Vancouver. Das ist kraftvolle Eleganz, die sich nur durch versammlungslastige Arbeit mit dem Pferd erreichen lässt. (Sonja mit Vancouver)

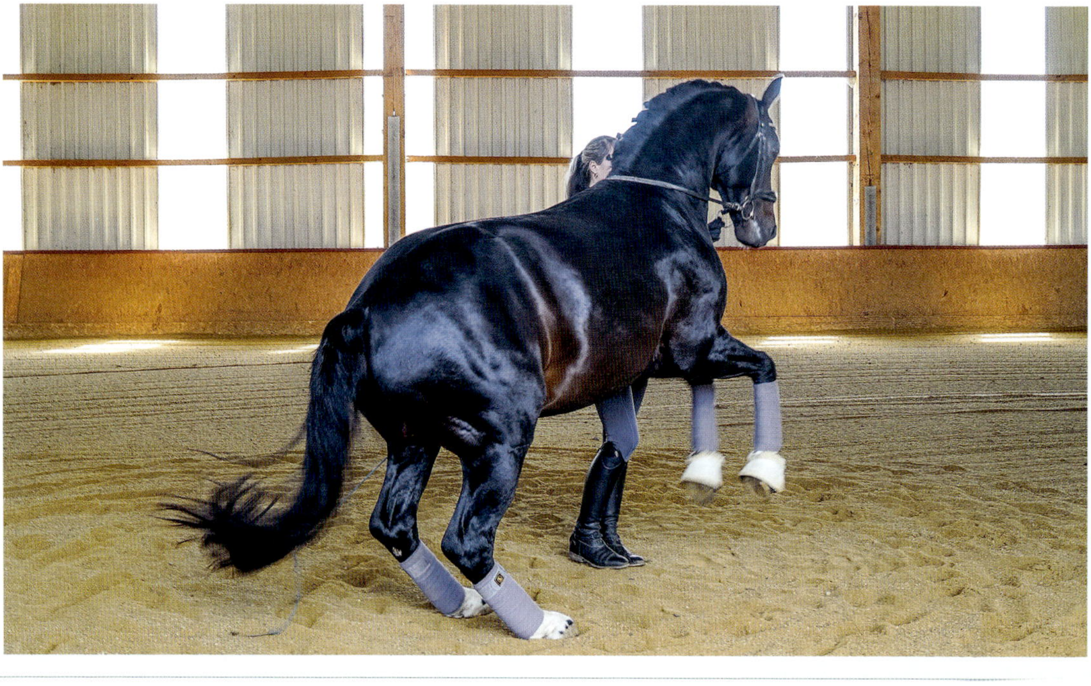

In der versammlungslastigen Dressurarbeit werden die Lektionen deshalb auch langsam erarbeitet. Erst müssen sich das Gehirn, das Nervensystem und alle beteiligten Muskelgruppen und Sehnen auf die noch ungewohnten Bewegungsmuster einstellen, bevor es an eine flüssige und etwas zügigere Darstellung geht.

In der modernen Reiterei steht dagegen die Geschwindigkeit im Vordergrund. Nicht hinreichend ausgebildete Vierbeiner werden über viele Kilometer hinweg in einer für seine Gesundheit abträglichen Fehlhaltung bewegt. Die natürliche Schiefe des Tiers wird erst deutlich nach Lektionen zu Takt und Losgelassenheit angegangen. Das ist, um es ganz klar zu benennen, wesentlich zu spät. Auf diese Weise werden vor allem körperlich schwächere Pferde in die Trageerschöpfung getrieben. Erfahrungsgemäß zeigt das händige Vorderbein zuallererst Verschleißschäden, die bei einer sinnvolleren Ausbildungsreihenfolge schlichtweg vermeidbar wären. Woher kommt dieser einseitige Verschleiß? Das händige Vorderbein verweilt, auch wenn das für menschliche Augen kaum wahrnehmbar ist, deutlich länger am Boden als alle anderen Beine. Es wird also stetig und mehr belastet, bis es schließlich aufgrund dieser überhöhten ungesunden Beanspruchung schneller Schäden aufweist.

Ausgerechnet den Takt an den Beginn der Ausbildung zu stellen, ist für die FN mit Blick auf die H. DV 12/37 und deren Vorbildfunktion auf die Entstehung der Ausbildungsskala sicherlich logisch. Nachvollziehbar ist es dagegen nicht.

Übrigens lässt sich bei einer FN-gemäßen Ausbildung regelmäßig beobachten, wie die jahrelang angeblich im Takt geschulten Reitpferde bei den ersten versammlungslastigen Lektionen doch wieder unrhythmisch werden.

#3 Anlehnung

Die Reiterliche Vereinigung definiert die Anlehnung als eine **„stete, weich federnde Verbindung zwischen Reiterhand und Pferdemaul“**, die durch das Treiben von hinten nach vorn entstehe. Dafür muss sich das Pferd losgelassen an das Gebiss herandehnen, um eine konstante Verbindung zwischen zügelhaltender Hand und dem Pferdemaul zu schaffen.
In der Praxis bedeutet die in der Skala der Ausbildung beschriebene Anlehnung oft Dauerzug an den Zügeln mit permanenter Krafteinwirkung auf das Gebiss und die sensiblen Laden.

Ebendieser Dauerzug mit Druck auf das empfindliche Zahnfleisch im Sinne der Anlehnung nach FN tut auf Dauer weh. Kein Pferd will freiwillig in den Schmerz gehen. Das muss uns als reitbegeisterte Menschen bewusst sein.

Wie sich das Pferd hier generell wohlfühlen, also innerlich und äußerlich körperlich entspannt der Zügelführung hingeben soll, bleibt unklar.

Ein Blick auf die Gemälde aus Zeiten la Guérinières zeigt in der Regel leicht durchhängende Zügel bei höchsten Versammlungsgraden. Oft wird sowieso nur einhändig geritten, die zweite Hand führt die Lanze oder das Schwert. Aus den Beschreibungen der alten Reitmeister ergibt sich, dass Reiter und Pferde trotz dieser scheinbar fehlenden Daueranlehnung durchaus jederzeit in vollem Kontakt zueinander standen.

Französische Texte aus dem 17. Jahrhundert beschreiben *appui*, welches ungünstigerweise als Anlehnung übersetzt wurde, als leicht, sanft und stetig. Es sind lediglich kurze Impulse, die dem Pferd in wenigen Sekunden die gewünschten Informationen vermitteln. Die heutige Interpretation sieht leicht und sanft eher im Sinne einer permanenten sportlichen Anlehnung, sprich einem permanenten Zug am Pferdemaul mit Dauereinwirkung auf Zunge oder wahlweise Laden.

> *Es gibt Pferde, die zu wenig, andere, die zu viel und noch andere, die volle Anlehnung haben (appui à pleine main). Die, welche keine oder zu wenig Anlehnung haben, sind solche Pferde, die das Maulstück fürchten und dessen Druck auf den Laden nicht leiden können. Diejenigen Pferde, welche zu viel Anlehnung haben, sind solche, die sich in die Hand legen. Wenn ein Pferd aber, (bei durchhängendem Zügel) ohne sich in die Hand zu legen oder*

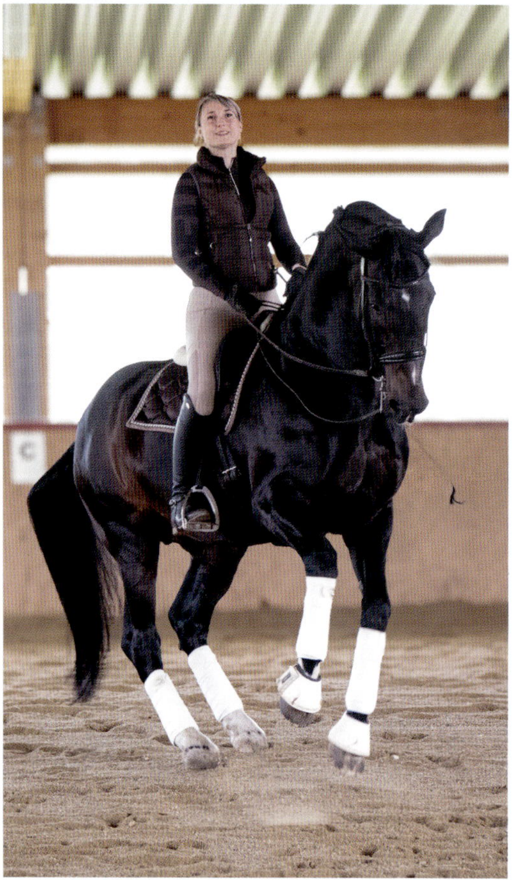

Tiefe Hankenbeugung mit Dantano und leichtester Zügelführung. (Sonja auf Dantano)

mit dem Kopf zu schlagen, eine stete, leichte und mäßige Anlehnung hat, so sagt man: Es hat volle Anlehnung oder das beste Maul.[27]

Die gängige Übersetzung ist in sich widersprüchlich, sobald gleichzeitig von durchhängendem Zügel und steter Anlehnung die Rede ist.

Der Informationsaustausch zwischen Reiterhand und Pferdemaul ist eine Art Zwiegespräch. Erst die Anglomanie (Verherrlichung alles Englischen) samt Umgestaltung der Reitkunst in einen Reitsport mit geringerer Ausbildungstiefe machte es nötig, dass sich eine Anlehnung in Form stetiger Zügeleinwirkung etablieren konnte. Wie weiter oben bereits erwähnt, ist dieser stetige Zug im Maul auf lange Sicht extrem schmerzhaft. Durch eine feste Anlehnung wird dauerhaft die Halsbasis gestaucht, das ist das Gegenteil der Rumpfhebung, wie sie in der Alt-Klassik praktiziert wurde.

Baucher sieht den damit häufiger auftretenden Widerstand des Vierbeiners gegen das Gebiss allerdings nicht im Zügeleinsatz selbst verortet, sondern anderswo:

Für mich gilt das Prinzip, dass alle Pferde im ramener, bei Flexibilität im Genick und Beizäumung, gleich leicht sind und dass sie alle, je weiter sie sich von dieser Position entfernen, umso mehr und alle immer in demselben Grad Widerstand zeigen. (...) Gewisse Pferde sind schwer auf der Hand, aber das ist darauf zurückzuführen, dass sie lang im Rücken oder schwach in den Lenden sind, dass sie kurze Kruppen haben, schwach bemuskelte Schenkel, allzu gerade Sprunggelenke oder dass sie – was sehr wichtig ist – im Verhältnis zum Widerrist hinten zu hoch oder zu niedrig sind. Darin sind die eigentlichen Ursachen ihrer Widerstände zu suchen, Verkrampfungen im Kiefer oder Verspannungen im Hals sind bloß die Folgen.[28]

Für ihn besteht kein Zweifel darin, dass sich Pferde grundsätzlich leicht führen lassen, sofern die dafür notwendigen Grade der Versammlung erfolgreich erarbeitet wurden. Die FN stellt die Anlehnung in ihrer Skala nun eher an den Beginn der Ausbildung, während die Versammlung das Finale darstellt. Das ist besonders für Pferde mit sogenannten Gebäudefehlern überaus ungünstig. Sie verschleißen dann eben besonders schnell und landen häufig weit vor ihrer Zeit auf der Rentnerweide.

Ein ergänzender, aber enorm wichtiger Punkt ist dieser hier:

Ein solider Kontakt hat einen möglichen Vorteil, denn er macht das Reiten um vieles einfacher. Je leichter ein Pferd ist, umso besser

[27] La Guérinière in Krischke 2015: S. 130ff

[28] Baucher 2009: S. 65

muss des Reiters Sitz sein und ein guter Sitz ist eine selten anzutreffende Sache.[29]

Das Reitpferd in möglichst straffem Tempo um die Bahn zu hetzen und dabei mit kräftigem Zügelgriff die Anlehnung mehr oder minder stark zu erzwingen oder vom dahineilenden Pferd aufgezwungen zu bekommen, war sicherlich nicht im Sinne der Alten Meister. Ein guter Sitz ist die Voraussetzung für den geringstmöglichen Zügeleinsatz bei gleichzeitig höchstmöglicher Versammlung.

#4 Geraderichtung/Balance

Jedes Pferd ist auf gewisse Weise schief. Was nichts anderes bedeutet, als dass es eine bevorzugte Seite hat. Wie der Mensch ja auch, der häufig mit dem Lieblingsfuß die Treppenstufen zuerst nimmt und völlig aus dem Takt gerät, sobald er den bevorzugten Fuß mal nicht zuerst aufsetzen kann.
Die natürliche Schiefe ist aber eine, die für gesunderhaltenes Reiten unter Reitgewicht problematisch wird. Zumindest dann, wenn Pferde nicht ordentlich in der Symmetrie geschult werden, wenig aufgemuskelt sind und lediglich zum Zentrifugieren an der Longe im Kreis herumgetrieben werden.

In der Ausbildungsskala der Reiterlichen Vereinigung findet sich die Geraderichtung kurz vor Abschluss der gesamten Ausbildung. Während man vorher also schon diverse andere wichtige Schritte absolviert haben sollte, kommt der wichtige Part des korrekten symmetrischen Ausbalancierens auf allen vier Gliedmaßen vergleichsweise spät zum Zuge. Stattdessen lassen wir die unbalancierten Pferdchen jahrelang ohne jede Symmetrie in der Bahn herumtraben und wundern uns am Ende noch, wenn die bevorzugte Seite, sprich rechtes oder linkes Vorderbein, schneller verschleißt.

Die FN definiert die Bedeutung der Geraderichtung folgendermaßen:

Das Geraderichten dient dazu, die natürliche Schiefe auszugleichen, die jedes Pferd von Natur aus mitbringt. Ein Pferd, das geradegerichtet ist, bewegt sich mit Vorder- und Hinterbeinen auf einer Hufschlaglinie, das heißt also, dass das jeweils gleichseitige Beinpaar auf einer Linie geht und die Längsachsen aufeinander ausgerichtet sind.[30]

Die Umschreibung spricht dafür, dass sich das Ausbalancieren einer Remonte als wichtiger Part in der Ausbildung entpuppt. Es steht also absolut außer Frage, dass die Geraderichtung ein wichtiger Teil, wenn nicht sogar mit der wichtigste Teil neben der Versammlung sein sollte. Wobei die Relevanz im Sinne der FN nur dann besteht, wenn der Vierbeiner regelmäßig Reitgewicht im Kreis herumtragen soll. Dabei geht es vor allem darum, die Überladung einzelner Gliedmaßen zu reduzieren.

Unglücklicherweise verliert das Pferd, sobald es geritten wird, seine gesegnete Leichtheit (gemeint ist seine Balance, A. d. A.); sein Gleichgewicht wird, wenn der Reiter es sich selbst überlässt, nicht länger jenes Gleichgewicht sein, das es in Freiheit hat.[31]

Das Reitgewicht knapp hinter dem Widerrist und den Vordergliedmaßen verändert den Schwerpunkt des Pferdes, sodass das Tier auf die hierdurch entstehende Unsicherheit mit verstärkter, natürlicher Schiefe reagiert.

Nun ist der Gelenkknorpel einer gesunden Remonte kaum anders aufgebaut als der eines gesunden 15-jährigen Reitpferdes. Die gleiche Knorpelstruktur und ein grundsätzlich identischer Bänder- und Sehnenaufbau dienen unabhängig vom Alter der möglichst ausbalancierten Fortbewegung. Der einzige Unterschied an dieser Stelle ist die Frage, wie viele Jahre das Tier bereits mit Reitgewicht knapp hinter dem Schultergürtel ohne entsprechende Geraderichtung verbringen musste, bevor es endlich alt genug für die

[29] Racinet 2009: S. 68

[30] Reiterliche Vereinigung, pferd-aktuell.de

[31] Baucher 2009: S. 65

nach heutiger moderner Reiterei fortgeschrittene Technik der Versammlungsreiterei sei.

Versammelnde Lektionen wie Schulterherein und teils auch das Schenkelweichen werden in der modernen Ausbildung recht spät und eher spärlich eingesetzt. Die natürliche Schiefe bleibt also über weite Teile des Reitpferdelebens unbearbeitet bestehen. Das wirkt sich massiv auf seinen Bewegungsapparat aus.

Dressur wird in der Regel als Mittel angepriesen, um die Gesundheit des Reitpferdes zu konservieren. Warum sich das ausschließlich auf das ältere Pferd beschränken sollte, bleibt für mich unverständlich. Gerade die jüngeren, noch in der Ausbildung befindlichen Remonten profitieren doch von einer versammlungslastigen, sprich einer hinterhandlastigen in Slow-Motion ausgeführten Lektionsvermittlung.

Der zugegeben umstrittene Baucher hat in Bezug auf die Anlehnung des Pferdes eine deutliche Meinung, die sowohl die Maultätigkeit als auch die Balance umschließt:

> *Hätte man sich ein wenig die Mühe gemacht, die Ursachen der Widerstände (gegen das Gebiss, A. d. A.) zu ergründen, so wäre man bald darauf gekommen, dass die Steifheit im Kiefer nicht die Folge des Baues der Laden ist, sondern auf ein fehlerhaftes Gleichgewicht zurückzuführen ist. Sich an den Zügeln anzuhängen oder dem Pferd ein mehr oder weniger mörderisches Gebiss ins Maul zu stecken, wird ein für alle Mal ein eitles Unterfangen sein und bleiben.*[32]

Ein ausbalanciertes Pferd wird üblicherweise über Schulterherein und weitere Seitengänge erreicht.

[32] Baucher 2009: S.65

Ein hoch konzentrierter Lusitano in der Piaffe.

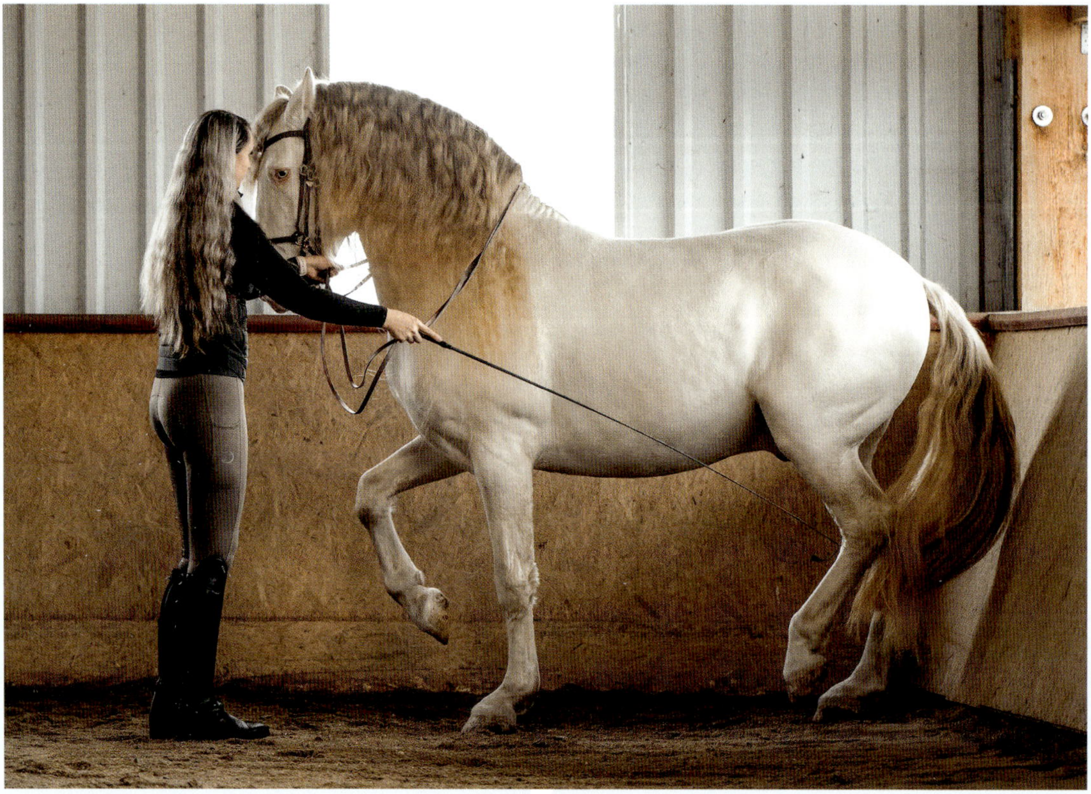

Schulterherein ist das Aspirin der Reitkunst (...).[33]

La Guérinière drängt in seinen Schriften dazu, dass Schulterherein als das erste und das letzte anzusehen, in dem man das Pferd schulen solle. Dass die Bedeutung des Schulterherein in der modernen Reiterei so an Ansehen verloren hat, ist mindestens bedauerlich.

Ebenso bedauerlich wie der Glaube, Geraderichtung sei vielleicht gar nicht so sehr nötig, schließlich hätten die Vierbeiner auf der Koppel ja auch niemanden, der sie bei jedem Schritt ausbalanciere.

„Man wird vielleicht einwenden, dass ein Pferd in Freiheit keiner Versammlung bedarf und trotzdem auf verblüffende Art prunkvoll herumspringen kann. Warum vertrauen wir nicht auf das dem Pferd angeborene Gleichgewichtsgefühl und überlassen es sich selbst?"[34]

Na warum wohl. Weil es auf der Koppel – oder gar als Wildpferd in der Steppe – eben kein Reitgewicht auf dem Rücken herumschleppen muss. Sobald sich der Mensch in das empfindsame körperliche System des Pferdes einmischt und mit seinem Gewicht die Notwendigkeit des Ausbalancierens auf ein völlig anderes Niveau hebt, ist Versammlung und zu diesem Zwecke eben auch die Geraderichtung unverzichtbar.

Im allgemeinen nimmt man zwar an, daß man nach dem Gang des Pferdes seine Gewichtsverteilung beurteilen könne, daß nämlich in dem gerade das stärkere Gewicht auf den Schultern ruhe als die Hinterfüße im Schritt und Trab über die Huftritte der Vorderfüße hinwegtreten, da es im Gleichgewicht sei, wenn der Hinterfuß genau in die Spur des Vorderfußes trete, und daß in dem Maße das stärkere Gewicht auf dem Hinterteile ruhe als die Hinterfüße mit ihren Huftritten hinter denen die Vorderfüße zurückbleiben.

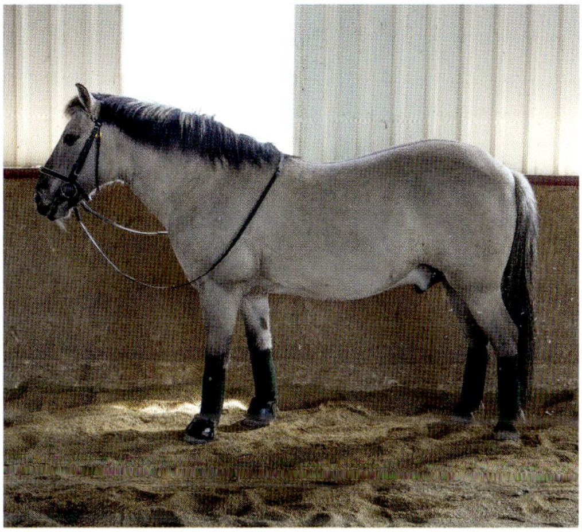

Smokey ohne Versammlung.

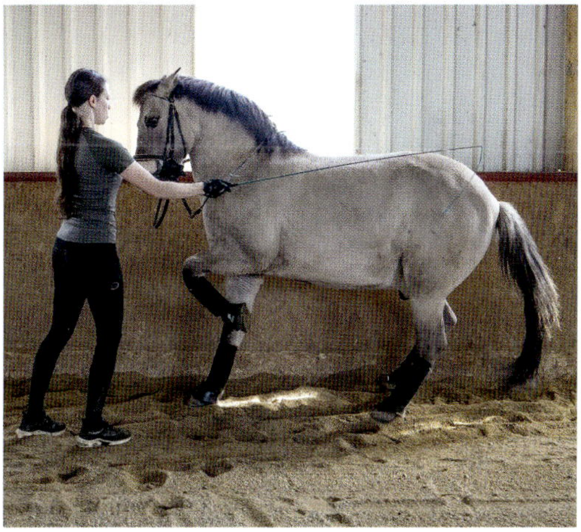

Smokey bringt von Haus aus einen leichten Überbau mit. In der Versammlung zeigt er sich mit optimaler Widerristhebung. (Anna Hainziger mit Smokey)

Indessen ist diese Regel doch nur auf korrekt und gut gebaute Pferde anzuwenden,[35]

Baucher zieht zuvor den Schluss, dass sich Pferde mit einem optimalen Gebäude quasi per se ideal ausbalancieren, sobald sie versammlungslastig gearbeitet werden. Zu kurze oder zu lange Rücken und dergleichen Gebäudefehler erfordern dagegen wesentlich mehr Taktgefühl bei der versammelnden Arbeit durch die ausbildende Person.

[33] Oliveira
[34] Baucher 2009: S. 89
[35] Steinbrecht in Racinet 2009: S. 15

#5 Légèrreté – Losgelassenheit

Ich lasse wieder zunächst die Definition der FN für sich sprechen, die bei Losgelassenheit folgendermaßen charakterisiert: **„Losgelassenheit – das ist das unverkrampfte An- und Entspannen der Muskulatur, bei innerer Gelassenheit.“**[36]
Leistungsbereit und körperlich unverkrampft, wach, zufrieden und mit dem Kopf absolut bei dem, was der Mensch mit den Zügeln gerade von einem will. So lässt sich die Losgelassenheit viel korrekter erklären.

Messen lässt sich Losgelassenheit allerdings nicht. Das eher introvertierte, äußerlich ruhige Pferd kann durchaus ebenso unter Strom stehen wie der Torpedo-Warmblüter, der mit großer Showeinlage seinen Stresspegel nach außen trägt. Misst man den Cortisol-Wert als Marker für Stress bei Pferden, so steigt der etwa bei einer Transporttour mit dem Hänger stetig an. In Studien zeigte sich dabei, dass auch introvertierte, also nach außen hin ruhigere Tiere erhöhte Cortisol-Werte aufgrund der Transportsituation aufwiesen. Sprich: Was von außen entspannt und ruhig aussieht, kann innerlich unter totaler Hochspannung stehen. Es sieht nur keiner.[37]

Nun soll sich das Pferd entsprechend der Skala der Ausbildung zunächst entspannt der Arbeit unter dem Reitgewicht widmen, um sich dann der Anlehnung hinzugeben. Entspannung, also Lockerheit ist mit Blick auf den Muskeltonus gesundheitlich bedenklich. Genau diese entspannte, also gelockerte Muskulatur wird unter dem Oberbegriff Losgelassenheit aber gern verstanden. Wie allerdings der passive Bewegungsapparat in Form von Gelenken, Bändern und Sehnen das eigene sowie das zusätzliche Reitgewicht ausreichend stabilisieren soll, wird dabei nicht mitgedacht. Zur Stabilisierung werden im Bewegungsapparat ja eigentlich die **tätigen Muskeln** genutzt, sprich die erhöhte Körperspannung wird zur Verringerung der Erschütterungen im Rahmen der Bewegung eingesetzt. Entspannte, also **lockere Muskeln** ohne schützende Spannung kommen dieser Aufgabe aber gar nicht nach.

[36] Reiterliche Vereinigung, pferd-aktuell.de
[37] Schmid 2010

Je schneller das Pferd sich bewegt, desto stärker vervielfacht sich die Körpermasse des Pferdes und das Gewicht des Reiters ebenso, das aufgrund der einwirkenden Geschwindigkeit verstärkt nach unten drückt. Pure Physik ist das, die wir uns als Reitfans gern häufiger vor Augen führen sollten.

> *Das losgelassene Pferd dehnt sich vertrauensvoll an das Gebiss heran – es bewegt sich in Dehnungshaltung und lässt den Hals aus dem Widerrist heraus fallen. Diese Dehnungsbereitschaft ist die Grundvoraussetzung für das Erarbeiten einer korrekten Anlehnung und nimmt damit eine Schlüsselfunktion ein. Die Losgelassenheit äußert sich für den Reiter darin, dass er auf dem Pferd zum Sitzen und Treiben kommt. Losgelassene Pferde bewegen sich fleißig, ohne eilig zu sein. Auf einem Pferd, das losgelassen über den Rücken arbeitet, kommt der Reiter gut zum Sitzen und Treiben.*[38]

Also im Grunde soll es zunächst freudig mitarbeiten, um dann ausgedehnten Kontakt zum Gebiss zu suchen. Im Sinne der Alten Meister ist letzteres keinesfalls eine Stufe auf dem Weg zur Versammlung, sondern höchstens ein Stolperstein zur Vermeidung selbiger!

Das Pferd soll, so ist die Definition der FN sicherlich auszulegen, jedem Angebot der Rahmenerweiterung (freudig) folgen. Daran ist nichts verkehrt, wir wollen natürlich einen langen, gewölbten Oberhals sehen. Wie das Tier aber Freude daran empfinden soll, permanenten Zug am und Druck auf den Laden zu verspüren, erschließt sich nicht.

Der Punkt der Dehnung ist bestenfalls fraglich, denn kaum ein aktiver Sportler wird während seiner aktiven Trainingseinheit parallel vereinzelte Muskelgruppen dehnen. Wozu auch? Wer joggt, dehnt nicht nebenher den Nacken- und Rückenmuskel. Dass ausgerechnet die Muskelgruppe in entspannter Dehnungshaltung verbleiben soll, die maßgeblich mit dem Widerrist das Reitgewicht knapp hinter dem Schulterblatt anhebt,

[38] Reiterliche Vereinigung, pferd-aktuell.de

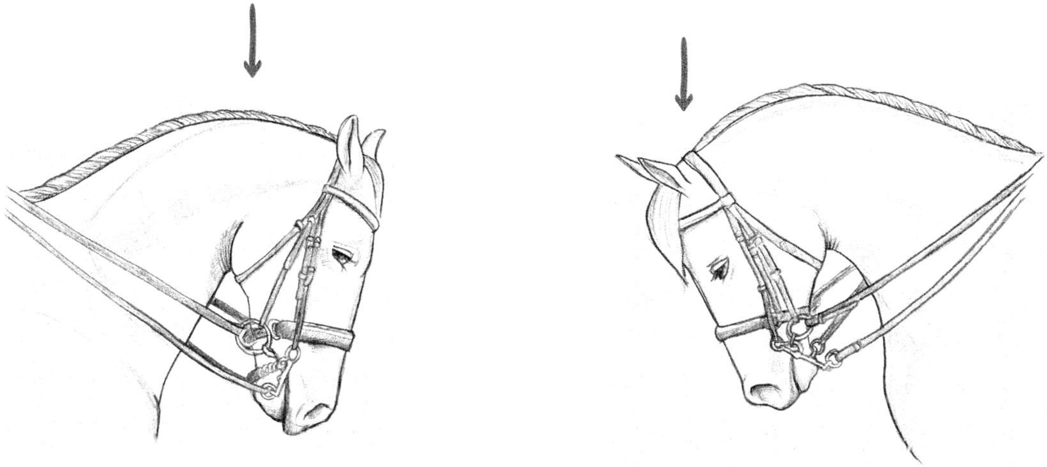

Zwei Pferde in Beizäumung. Wollen wir eine gewölbte halbe Regenbogenlinie sehen, ist die linke Seite nicht das, was wir erreichen wollen.

lässt alle Logik vermissen. Dehnung findet wenn, dann höchstens im Stand statt. Ganz sicher aber nicht während der Vorwärtsbewegung! Ob sich Dehnung überhaupt lohnt, das wird im nachfolgenden Kapitel noch ganz genau besprochen.

Am Ende darf auch nicht unerwähnt bleiben, dass über mehrere Jahrhunderte hinweg die Dehnungshaltung keinerlei Beachtung fand. Kein Pluvinel, kein la Guérinière, kein Steinbrecht praktizierte die sogenannte Dehnungshaltung, um seine Tiere leicht und schön an der Hand zu führen.

> *(...) Losgelassenheit, oder nennen wir es besser Légèrreté, das Gegenteil von und unvereinbar mit dem ist, was man heute unter Anlehnung versteht.*[39]

Versammelte Pferde lassen sich in der Regel wunderbar sitzen aufgrund der Tatsache, dass sie den Rücken generell eher katzenbuckelartig beugen. Weder jahrelanges Suchen von Losgelassenheit noch Dehnungshaltung sind dafür notwendigerweise erforderlich. Die heutige Reiterei setzt oft auf langes Arbeiten im flotten Tempo. Die Pferde werden müde gearbeitet und erst dann kommt der Reiter infolgedessen ins Treiben.

Torpedo-Pferde kannst du via Seitengängen wunderbar ausbremsen, ganz ohne ewig langes Arbeiten in schnellem Tempo auf der Bahn. Die muskulär anstrengendere Bewegung reduziert die Energie und am Ende kommst du ebenso zum Treiben, wie es sich die FN im Rahmen der Losgelassenheit vorstellt.

Die Frage, wann ein Pferd über den Rücken geht, stellt sich zusätzlich noch. Die Definition der FN, dass das Tier den Hals aus dem Widerrist fallen lassen müsse sowie raumgreifende Schritte zur Hohlkreuzvermeidung laufen solle, bleibt unverständlich.

Im späteren Abschnitt zur Widerristhebung wird deutlich, warum das Doppel aus gesenktem Kopf und Geschwindigkeit kein Hohlkreuz verhindern kann.

Nehmen wir das Wort Losgelassenheit und deuten es um als Zeichen für ein grundsätzlich vertrauensvolles und auf die Mitarbeit gespanntes Pferd, dürfte sich die Bedeutung schon viel eher erschließen. De facto stellt sich Losgelassenheit aber oft anders dar, nämlich so:

> *Die Losgelassenheit wird in der Praxis viel zu oft mit entspannter, also ungespannter Muskulatur verwechselt. (...) Ein Pferd braucht eine Grundspannung in den Muskeln, um sich schadlos fortbewegen und den Reiter tragen*

[39] Krischke 2015: S. 132

zu können. Wenn die Muskeln nicht ausreichend gespannt sind, stabilisieren sie die Gelenke nicht, und Bewegungsimpulse können in den passiven Halteapparat durchschlagen. Daraus resultieren zum Beispiel Gelenkschäden und Bänderzerrungen.[40]

Die Forderungen der FN nach Reitpferden, die sowohl körperlich als auch seelisch entspannt sind, entspannte Bewegungen samt schwingendem Rücken zeigen und mit nach vorne gedehntem Hals geritten werden sollen, benennt Christin Krischke im weiteren Verlauf ganz zurecht „äußerst tückisch".

[40] Krischke 2015: S. 132

Ich neige deshalb dazu, von einem **unverkrampften Zustand** respektive einer **Unverkrampftheit** zu sprechen. Körperspannung selbst ist gesund und gut und ein unverzichtbarer Teil der Versammlung eines in klassischen Lektionen geschulten Reitpferdes. Nur aufgrund seiner hohen Körperspannung ist es überhaupt in der Lage, ebendiese Lektionen auszuführen.

Mit der Anglomanie (Verherrlichung alles Englischen) nahm der Vollblüter den Platz des versammlungsfähigeren Iberers in fast ganz Europa ein. Der moderne Sportwarmblüter übernahm bald daraufhin das Zepter, um den gleichzeitig aufkeimenden Dressurwettbewerb mit anglomanen Anforderungen gerecht zu werden.

Nichtsdestotrotz setzen wenige ausgewählte Pferdeausbilder aus dem spanischen Raum tapfer weiterhin auf Iberer, um in modernen Dressurwettkämpfen anzutreten.

Für die Dressurkunst macht sich das in der Ausbildung ebenfalls bemerkbar. Auffallend oft setzen die Spitzen des Dressursports auf ewig langes Abtraben, um das Pferd zu lösen. Sprich: Das Pferd wird übers Joggen schön müde gemacht. Hat sich sein Temperament halbwegs in Schweiß aufgelöst, wird ernsthafte Dressurarbeit geleistet. Aber nur kurz, denn dann muss ja wieder sofort wieder fleißig nach vorne geritten werden.

Iberer sind in der Regel aufgrund ihres etwas sensibleren Gemüts sofort startklar für Dressurlektionen, auch gern mit konkreterem Nachdruck, ohne dabei massive Gegenwehr erwarten zu müssen. Diese Unterschiede im Pferdetemperament wirken sich - natürlich - auch auf die Qualität der Schulungen aus. Es sollte dich aber nicht davon abhalten, dein Pferd gesunderhaltend zu gymnastizieren.

PHYSIOLOGISCHE GRUNDLAGEN

KURZ UND KNAPP:

- Knochen, Faszien, Muskeln und Sehnen arbeiten für optimale Bewegungsfolgen zusammen. Du kannst sie nicht getrennt voneinander schulen!
- Faszien sind kein Modewort, sondern elementar für eine umfassende Beweglichkeitsschulung des Pferdes.
- Losgelassenheit tritt erst ein, wenn die Versammlung gemeistert wird, ohne gute Reitpferdebalance existiert keine echte Losgelassenheit.
- Gesprächige Pferdemäuler sind gut.
- Balance muss gelernt werden, denn eigentlich sind alle irgendwie schief.
- Ein tiefer Kopf, insbesondere wenn Reitgewicht auf dem Rücken dazu kommt, macht dauerhaft krank.

Gleich gehts los mit der Frage, wie sich gesunderhaltenes Pferdetraining umsetzen lässt. Bevor das startet, biege ich allerdings für einen Moment ab und starte mit einem kurzen Rundumschlag zur Physiologie des Pferdes.

Denn vieles, was sich in der modernen Reiterei eingebürgert hat, widerspricht eigentlich dem Ziel eines lange rittigen Pferdes. Das klassische *Das haben wir schon immer so gemacht* schwingt gern mit in den Reithallen und auf den Parcouren dieser Welt.

Wie du in den vorangegangenen Kapiteln gesehen hast, ist die aktuelle Reiterei aber gar nicht so althergebracht. Ganz im Gegenteil. Deshalb tauchen wir jetzt erst einmal gemeinsam ab in die faszinierende Welt der Zellen sowie allem, was darüber hinaus für die Gesundheit der vierbeinigen Schützlinge von enormer Bedeutung ist.

Das Zusammenspiel aus Knochen, Muskeln und Sehnen

Das kommt jetzt wahrscheinlich etwas überraschend, aber **Muskelzellen sind Muskelzellen sind Muskelzellen**. Ob du Pferd, Schwein oder Mensch bist, spielt für das Funktionieren einer Muskelzelle keine große Rolle.
In jedem Fall sind die Muskeln zusammen mit dem Skelettsystem dafür zuständig, den gesamten Körper zu bewegen. Über diese Muskelarbeit gelangt vermehrt arterielles Blut samt Sauerstoff und Nährstoffen in die einzelnen Zellen. Abbauprodukte des Stoffwechsels werden mit venösem Blut entsorgt, das kannst du durch Pausen unterstützen. Muskelpakete sind weit entfernt davon, einfach nur nett auszusehen. Sie sind wahre Kraftwerke und beeinflussen die Gesundheit über die reine Beweglichkeit hinaus.

Denn das Vorhandensein von ausreichend trainierter Muskulatur wirkt sich auch auf die Stoffwechselfunktion aus und beeinflusst damit die Funktionsfähigkeit der Knochen. Zumindest beim Menschen

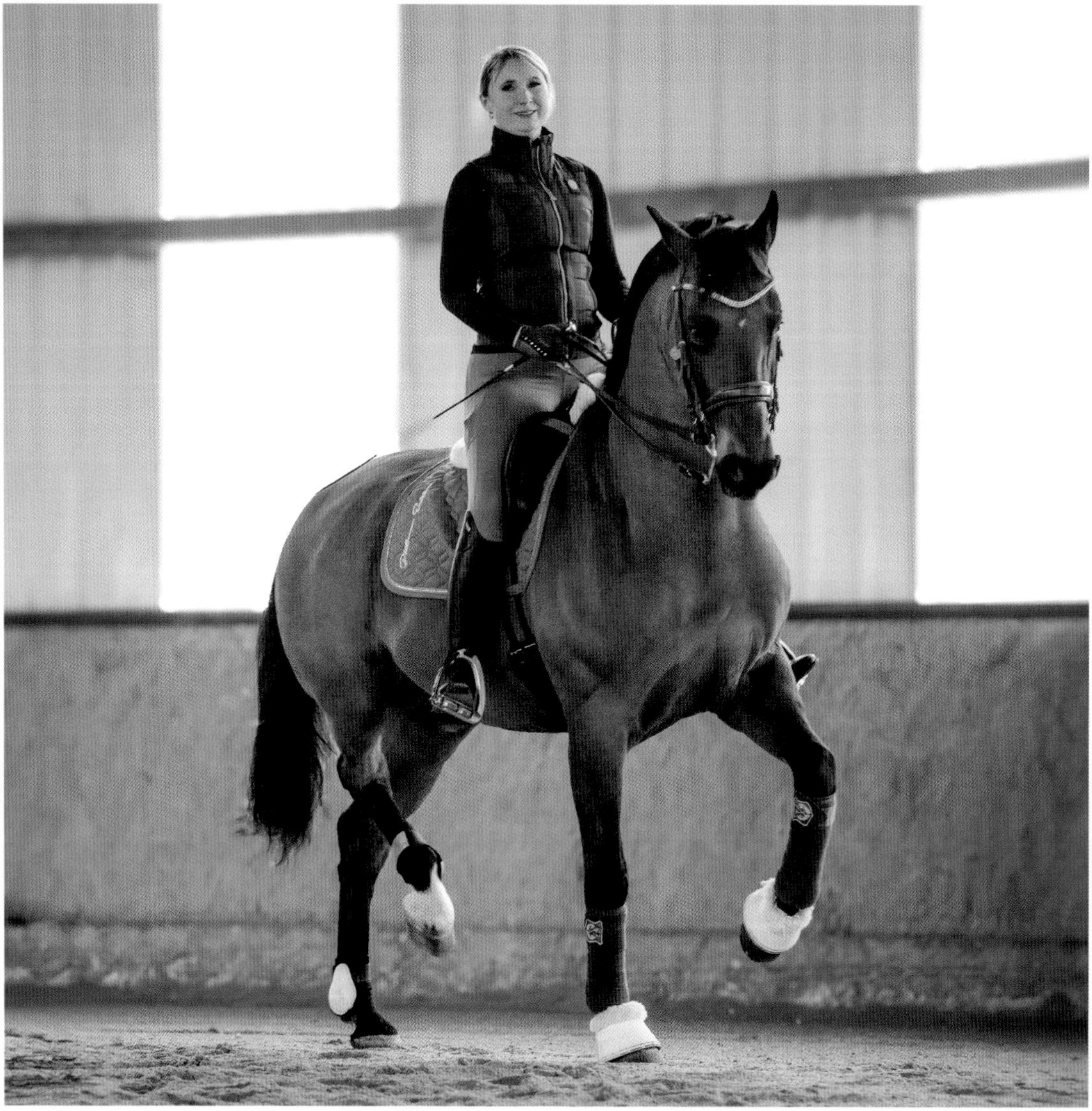

Aufmuskelung gelingt nur, wenn das Training aus geeigneten Schulungen besteht und die Fütterung stimmt. (Sonja mit Leo)

ist das bereits wissenschaftlich fundiert belegt. Aber Zellen sind Zellen sind Zellen, sodass wir uns die Erkenntnisse aus der Humanmedizin zunutze machen, um die Bedeutung der Muskeln für die Gesundheit herauszuarbeiten.

Apropos Stoffwechselfunktion: Ist dein Pferd (etwas) zu dick? Dann wird dir wahrscheinlich dazu geraten, seine Bewegungszeiten durch reichlich Zentrifugieren, sprich durch ausgedehntes Kardiotraining in der Bahn und an der Longe, auszubauen.

Nun ist aber längst bestens erforscht, dass sich anabolikafreies sprich natürliches Krafttraining wesentlich besser dazu eignet, dauerhaft Fettdepots ab- und Muskelmasse aufzubauen und damit den Grundumsatz zu erhöhen.

In einer 18-monatigen Studie konnten Forschende nachweisen, dass sich eine kalorienreduzierte Ernährung plus Krafttraining positiv auf den Verlust von Körperfettdepots auswirkte, ohne dass sich dabei fettfreie Körpermasse abbaut. Bei den

Studienteilnehmenden, die anstelle von Kraftsport auf Ausdauersport setzen sollten, ließen sich diese Effekte nicht verzeichnen.[41]

Aber zurück zur Grundstruktur des Bewegungsapparats. Einzelne Muskelzellen sind in feinsten Sarkomeren zusammengeschlossen. Sie bilden die Grundlage für Muskelfibrillen, die sich als einzelne Fasern zu den kräftigen Muskelfasern formen. Unzählige Muskelfaserbündel bilden schließlich einen einzelnen Muskel. Dabei unterscheiden wir in Slow-Twitch-Fasern (Typ I) und in Fast-Twitch-Fasern (Typ II).

Typ-I-Muskelfasern: reichlich Mitochondrien zur Umwandlung von Sauerstoff in Energie, starke Durchblutung und zahlreiche Blutgefäße, viele lokale Sauerstoffspeicher (Myoglobin). Fettsäuren dienen als Hauptenergiequelle, benötigen zur Umwandlung aber viel Sauerstoff. Typ-I-Muskelfasern liefern über lange Zeit Kraft.

Typ-II-Muskelfasern: unterteilen sich weiter in Typ-IIa- und Typ-IIx-Fasern.

Typ-II-A-Fasern: ähnlich aufgebaut wie Typ-I-Fasern, nutzen aber Kohlenhydrate zur Energieumwandlung. Diese Fasern generieren mehr Kraft im Vergleich zu Typ-I, über einen ähnlich langen Zeitraum hinweg.

Typ-IIx-Fasern: geringere Mitrochondriendichte, weniger Blutgefäße und kaum lokale Sauerstoffspeicherkapazitäten. Die Energiegewinnung erfolgt durch Glukose. Typ-IIx-Fasern generieren viel Kraft über einen sehr kurzen Zeitraum und sind sofort einsatzbereit.

Bei jeder Bewegung werden diese unterschiedlichen Muskelfasertypen je nach Bedarf angesprochen.

Die Mitochondrien sind die Kraftwerke der Zellen.

[41] Eavers et al. 2017

Jeder kennt diesen Satz aus dem Biologieunterricht. Die Bedeutung der Mitochondrien für die Energiegewinnung in den Muskeln geht bei der schulischen Erklärung aber gern mal unter. Ohne die aerobe, also sauerstoffbetriebene Energiegewinnung mittels Mitochondrien würden Muskeln wesentlich schneller ermüden. Jeder Gang in den fünften Stock wird damit zur Tortur! Für ein gesunderhaltendes Training werden diese Zusammenhänge später noch wichtig.

Zusätzlich gelangt der Körper aufgrund der stetigen kraftraubenden Betätigung in die Lage, beschädigte Mitochondrien zeitnah zu identifizieren und auszutauschen. Das erhält das Energielevel und sorgt dafür, dass besagte Stoffwechselprozesse rund laufen.

Also jedes Mal, wenn man seine Muskulatur voll einsetzt und sehr viel Gewicht bewegt oder beispielsweise ein High Intensity Intervalltraining macht, erkennt der Körper, ob genügend ATP (Adenosintriphosphat – die kleinste Energieeinheit unseres Körpers) vorhanden ist.

Wenn davon nicht genügend zur Verfügung steht, muss der Körper Anpassungen durchführen, damit beim nächsten Mal genug ATP da ist. Er fängt dann an, die fehlerhaften Mitochondrien auszusortieren und in der Folge in den nächsten ein bis zwei Wochen bessere zu produzieren.[42]

Im Fütterungskapitel gehe ich noch genauer auf die Schlüsselfunktion der Mitochondrien ein. Wichtig ist für dich an dieser Stelle: Der Körper erhält nur die Strukturen, die auch wirklich genutzt werden. Kennst du den Spruch „Use it or loose it?" Wenig beanspruchte Muskulatur verschwindet im Lauf der Zeit nach exakt diesem Prinzip.

Ist das schon alles? Natürlich nicht. Für eine reibungslose Zusammenarbeit braucht es noch mehr, dafür sind die Proteinfäden (Filamente) Aktin und

[42] Koch 2021

Myosin zuständig. Sie durchziehen als elementarste Bestandteile die Muskelfasern. Feines Bindegewebe umhüllt alle Segmente des Muskels, von der Zelle bis zu den Filamenten. Sogenannte Ursprungssehnen verankern den gesamten Muskelstrang am Knochen an seinem proximalen Haltepunkt. Am anderen Ende, dem distalen Haltepunkt, ist die Endsehne oft länger. Knochen, Sehnen und Muskeln bilden an den Haltepunkten ein feines und im Grunde untrennbares Geflecht. Nur massive Gewalteinwirkung plus jahrelanger Verschleiß plus eine aus Sicht des jeweiligen Organismus vorliegende Mikronährstoffunterversorgung lässt die Sehne wortwörtlich reißen!

Proximale Haltepunkte bezeichnen Strukturen, die zur Körpermitte hinweisen.

Distale Haltepunkte weisen von der Körpermitte weg.

In der Medizin kommen beide Begriffe zum Tragen, um Richtungsangaben für Körperstrukturen möglichst exakt zu benennen. Ausgangspunkt ist dabei immer der Körperstamm, auch Rumpf oder Körpermitte genannt.

Die einzelnen Muskelfaserstränge strecken oder ziehen sich entlang ihrer Sehne zusammen, um Gliedmaßen zu bewegen und komplexe Bewegungsabläufe umzusetzen. Logischerweise müssen Knochen, Sehnen und Muskeln fein aufeinander abgestimmt zusammenarbeiten, um Bewegung zu ermöglichen.

Das Vorhandensein ausgeprägter Muskelmasse entscheidet langfristig über die Gesundheit der Knochen. Studien zeigen, dass sich eine zu geringe Knochendichte sogar bei moderatem Krafttraining und damit verbundener höherer Muskelmasse und -stärke leicht erhöhen lässt.[43] Ausreichend vorhandene Muskelmasse wirkt zudem anti-entzündlich, immun-modellierend und stimmungsaufhellend[44].

[43] Han et al. 2023
[44] Koch 2021: S. 80f

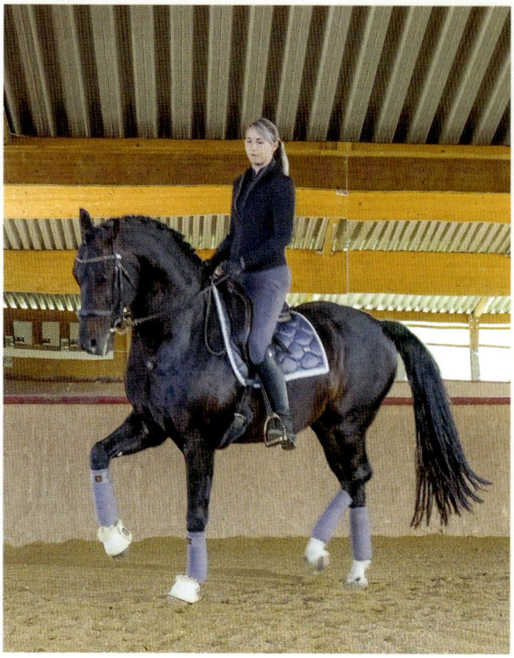

Nur durch ausreichende Reitpferdemuskulatur wird das Pferd nicht in die Fehlhaltung gezwungen. (Sonja mit Vancouver)

Je größer die Muskelmasse, desto größer die daraus entstehenden positiven Effekte.

Physiologisch unterscheiden sich die Muskeltypen nach Einsatzort:

- glatt gestreifte Muskeln als Basis für Organe
- Herzmuskulatur
- quer gestreifte Muskeln für willentliche Bewegungsabläufe

Die **glatten Muskelfasern** rund um die Organe stabilisieren selbige und ermöglichen unter anderem dem Darm, per Darmbewegung (Peristaltik) Nahrung aufzuspalten. Sie lassen sich nicht willentlich ansteuern, sondern leisten ganz still und unbewusst ihren wertvollen Dienst im Organsystem.

Zumindest theoretisch ist keine willentliche Steuerung möglich. Praktisch beeinflusst die Art und Weise, wie du dein Pferd beim Reiten mit dem Maul kommunizieren lässt, eben doch die Verdauung und damit weite Teile seines Stoffwechsels. Die mit zahlreichen sensorischen Nervenenden gespickte sensible Zunge liefert wertvolle Impulse ans Gehirn, die über sensory priming das Lernen erleichtern. Der im Maul mit einmündende Vagusnerv ist maßgeblich an der Stressregulation über das vegetative Nervensystem beteiligt. Diese Zusammenhänge erkläre ich später noch genauer im Kapitel zum Maulschlecken und Kauen.

An dieser Stelle deshalb nur ganz kurz: Selbst nicht willentlich steuerbare Muskeln lassen sich optimal aktivieren, wenn die äußeren Umstände passen.

Die **quer gestreiften Fasern der Herzmuskulatur** arbeiten ähnlich unermüdlich und lassen sich im Großen und Ganzen nicht willentlich steuern. Obwohl sich durch bewusste Atmung der Herzschlag zwar senken lässt, ist die Muskulatur des Herzens nicht im selben Maße steuerbar wie die, um die es uns hauptsächlich geht. Training stärkt aber natürlich insgesamt den Organismus inklusive der Herzmuskulatur, sodass regelmäßiges natürliches Krafttraining auch mit einer hervorragenden Herzgesundheit belohnt wird.

Im Gegensatz dazu lässt sich die Skelettmuskulatur willentlich steuern und durch gesunderhaltendes Training ausbauen. Bei den Organen sowie der etwas speziellen Struktur des Herzens ist das ausgeschlossen. Sprich: Wir konzentrieren uns ab hier auf die **quer gestreiften Muskelfasern der Skelettmuskulatur.**

Die Rundreise durch die Wunderwelt der quer gestreiften Muskulatur startet mit dem klassischen Set aus **Agonist** und **Antagonist**. Ersterer ist der aktive Muskel, der angespannt wird. Letzterer muss im gleichen Moment loslassen und sich entspannen. Erst durch dieses Zusammenspiel wird mehr oder weniger kraftvolle Bewegung möglich. Das gilt für Menschen genauso wie für die vierbeinigen Schützlinge, um deren Gesunderhaltung es sich hier in diesem Buch vorrangig dreht.

Zusammengehörige Muskeln **(Synergisten)** arbeiten für einfache bis komplexe Bewegungsmuster als Team zusammen. Sie fungieren als Gruppe, um anspruchsvolle Bewegungsfolgen zu ermöglichen. Bestes Beispiel: Um ein Set an Kniebeugen zu absolvieren, werden sowohl die Oberschenkelmuskeln als auch die großen Gesäßmuskeln benötigt. Nur gemeinsam gelingt die Aufgabe, die Knie zu beugen und parallel den Hintern abzusenken. Nun spricht beim Pferd kaum jemand von Kniebeugen, die passende Bezeichnung für diesen Bewegungsablauf im Pferdebereich ist dann natürlich die Hankenbeugung.

Skelettmuskeln sind zusätzlich, wer hätte das gedacht, häufig als Paare angelegt. Linker und rechter Bizeps oder linker und rechter Gluteus sind nicht nur hübsch anzuschauen, sie bieten auch den überaus wichtigen Rahmen für eine ausbalancierte Bewegungsfolge. Bei gleichmäßiger Belastung sind die in Paaren angelegten Muskelgruppen einigermaßen symmetrisch ausgebildet. Einseitige Belastung oder Fehlhaltungen führen dagegen zu ungleichmäßiger Muskulatur, die sich in direkter Folge auf die Haltung auswirkt. Entsprechende Trainingseinheiten sollten dann auf diese aus der Balance geratene Muskelverteilung eingehen, um die muskulär

Die Passage ist das federnste Traben und damit gelenkschonend. (Sonja mit Vancouver)

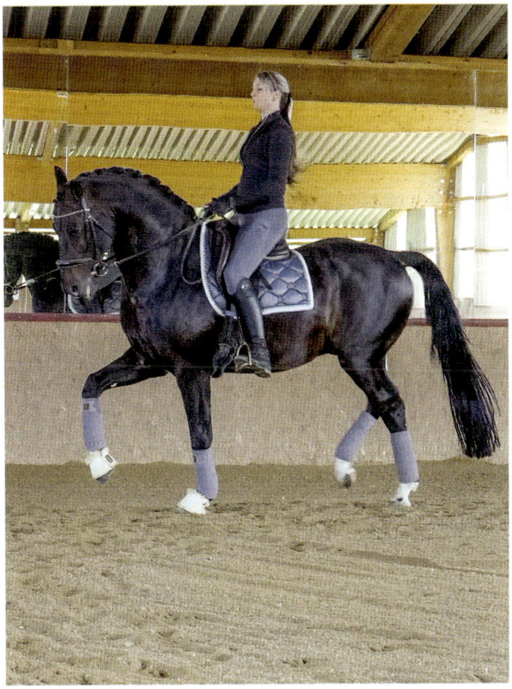

schwächere Seite aktiv zu stärken. Sonst gerät das fein austarierte System aus zusammenarbeitenden Muskelsträngen wortwörtlich aus dem Takt.

Viele Reitsportfans lösen ihre Pferde gern so lange, bis der Vierbeiner aufgelöst ist, zumindest sein passiver Bewegungsapparat. Bewegung ist natürlich nie verkehrt, nur die Art und Weise der Umsetzung darf hier und da bemängelt werden. Bei einem Tier, welches ein instabiles Zusatzgewicht auf dem Bereich knapp hinter dem Schulterblatt spazieren zu tragen hat, wird ohne muskelverstärkende Versammlungsschulung und mangels Schlüsselbein die Belastung der Vorhand aber immer wesentlich stärker sein, als beispielsweise bei einem menschlichen Joggingfan.

Gelegentlich kommt in entsprechenden Kreisen die Frage auf, ob bei der Hankenbeugung ausschließlich die Gliedmaßenbeuger und -rückführer muskelaufbauend trainiert würden, während die restlichen umliegenden Muskelgruppen nur durch

Dressur nach Art der Alten Meister ist Ganzkörper-Krafttraining. Sonst könnte Hengst Dantano wohl kaum eine derartig schönen spanischen Schritt zeigen. (Sonja mit Dantano)

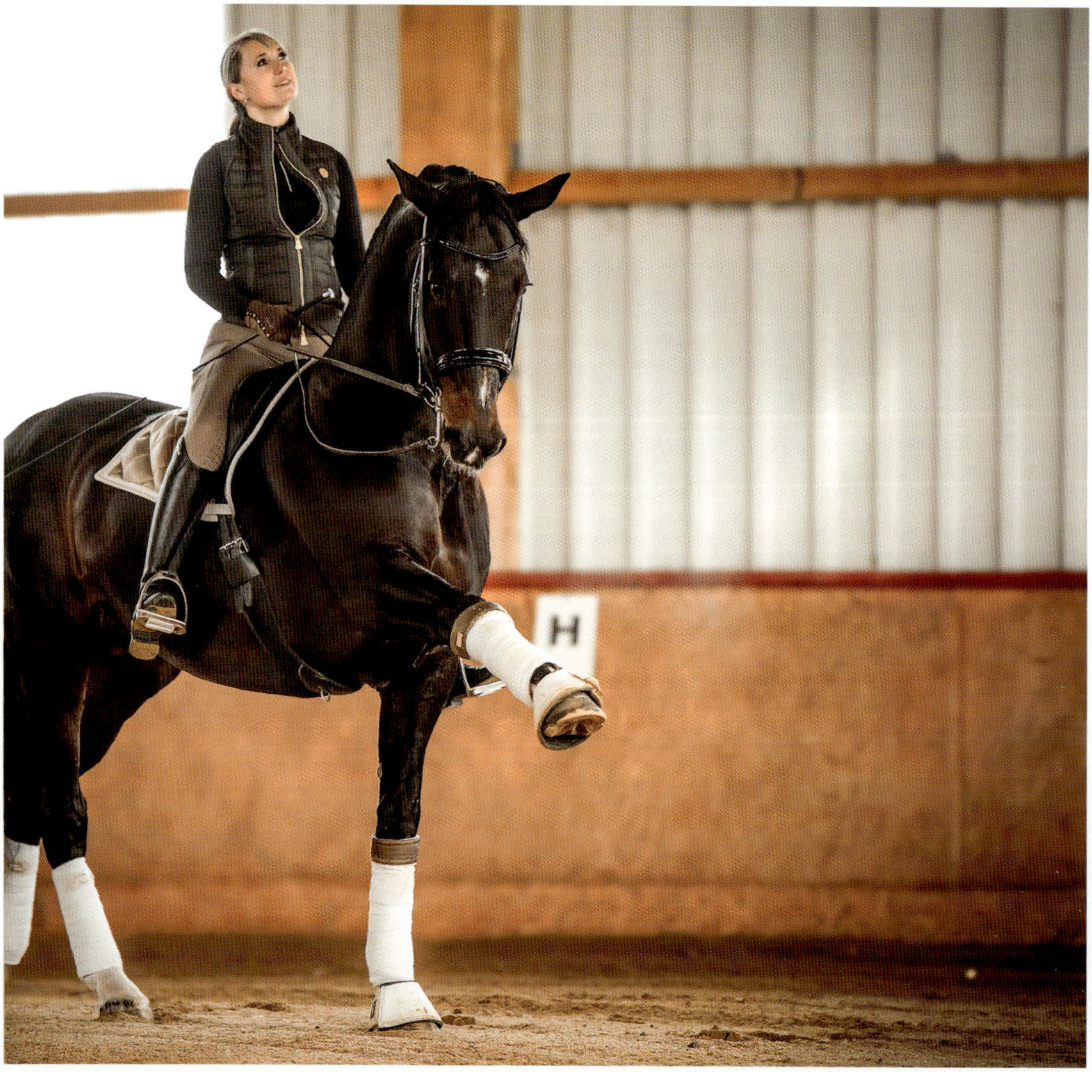

Schub trainiert würden. Wie sich das anatomisch anhand der eben beschriebenen Zusammenhänge umsetzen ließe, bleibt aber offen.

Um beim Beispiel der Kniebeuge zu bleiben: Wenn du täglich zwanzig Kniebeugen absolvierst, trainierst du bei der Gelegenheit nicht nur den Gluteus Maximus, also den großen Muskel im Po. Selbstverständlich arbeitet hier auch der vierköpfige Quadrizeps Femoris, also der Oberschenkelmuskel mit!

Um tatsächlich eine willentliche Bewegung möglich zu machen, ist die Muskulatur nicht nur paarweise, sondern auch noch in Schichten angeordnet. Die **tiefe Rumpfmuskulatur** stabilisiert den Körper und sendet dem Gehirn regelmäßig Updates zum Anspannungszustand und empfängt auch Signalreize für wichtige Zustandsveränderungen. Stichwort Fluchttier, denn Pferde sind ja prinzipiell immer bereit, in den Fluchtmodus zu wechseln. Von innen nach außen liegen weitere Muskelschichten auf, die sich schließlich als äußerste Schicht bei Massagen und Streicheleinheiten direkt ertasten lassen. Was du als zuckende Bewegung der Haut direkt unter dem Fell erlebst, ist nur ein Bruchteil der Muskulatur, die das gesamte Tier umhüllt und für seine Bewegungen verantwortlich ist.

Übrigens ist es ein Warnzeichen, wenn dein Pferd beim Putzen im Rücken nachgibt und zittert. Weitgehend verspannungsfreie Reitpferde dürfen sich beim Striegeln gern gegen die Hand stemmen, werte das ruhig als positives Zeichen. Dafür muss allerdings eine eher massiv ausgeprägte Rückenmuskulatur vorhanden sein. Je dünner die schützende Muskelschicht im Rückenbereich, desto intensiver spürt das Tier Irritationen. Dann zuckt es bereits beim minimalen Druck von knapp zwei Kilogramm unter dem Striegel. Bei einem potenziellen Reitgewicht von 40 Kilogramm bis 100 Kilogramm darf die muskuläre Polsterschicht zwischen Rippen und Sattel schon kräftig, um nicht zu sagen, schön voluminös ausfallen.

Damit alle beteiligten Muskeln ihre Arbeit also richtig im Sinne einer gesunderhaltenden Aufgabe bewältigen, müssen sie gemeinsam trainiert werden. Nur so gelingen die volle Kraftentfaltung und eine optimale Stützung des gesamten Bewegungsapparats.

Es gibt keinen Muskel, der schiebt.[45]

Dieser wichtige Punkt wird dir in der Debatte um Halslinien und wie sie einzustellen sind mehrfach begegnen. An dieser Stelle deshalb nur so viel: Muskeln schieben nicht. Sie sind nicht dazu gemacht, Körperteile nach oben zu schieben. Muskeln werden gedehnt, also gestreckt – oder verkürzt, ziehen sich also zusammen. Dieser Bewegungsablauf bedingt immer einer äußeren Ursache. D. h., eine Muskelgruppe zieht sich zusammen, um die Streckung eines anderen Muskels auszulösen.

Im Trainingsalltag steht die Sorge vor verkürzten Muskeln oft im Vordergrund, weshalb ständig gedehnt wird. Dehnung bedeutet für die moderne Reiterei vorzugsweise Kopf runter und das auch noch bei der flotten Vorwärtsbewegung. Im Humansport käme dagegen niemand auf die Idee, während des Trainingsintervalls auf parallele Dehnung zu setzen. Die steigende Unfallgefahr springt einem nahezu ins Auge, man denke nur an die Tour de France mit dem Rad. Wenn da ein Radsportler während der Talfahrt damit begänne, kräftig seine Kopf- oder Halsmuskeln zu dehnen, wäre der Jahrhundertsturz vorprogrammiert.

Und was ist mit dem Dehnen vor oder nach einer Lektion?

Vor der Lektion noch kalte und damit im Normbereich durchblutete Muskeln in ausgiebige Dehnungshaltung zu bringen, hat keinen Nutzen. Es kann aber durchaus für Belastungen in den Muskelgruppen sorgen. Sobald mit der Bewegung gestartet wird, sorgt die damit leicht ansteigende Körpertemperatur bereits für eine bessere Beweglichkeit, weil die Durchblutungsfähigkeit bei Wärme steigt. Am besten legst du Übungen mit geringerer Intensität an den Beginn der Arbeit, um die Muskulatur entsprechend aufzuwärmen.

[45] Meagher 1987: S. 57

Aber nach dem Sport ist Dehnen doch prima gegen Muskelkater? Im Grunde genommen nicht. Bisherige Studien[46] können keine eindeutigen positiven Effekte nachweisen. Weder fällt bei ordentlichen Dehnsessions der Muskelkater kleiner aus, noch wird nachhaltig die Beweglichkeit aufgrund ausgiebigen Dehnens vergrößert. Die Leistungsfähigkeit wird ebenfalls nicht gesteigert.

Dehnen in Verbindung mit Mobility- oder Beweglichkeitstraining bei extremen Reha-Fällen ist da allerdings ausgenommen. Bei körperlichen Einschränkungen und vorhandener Muskelatrophie kann angepasstes Beweglichkeitstraining aus physiotherapeutischer Sicht hilfreich sein. Und Beweglichkeitstraining meint an dieser Stelle Krafttraining mit großem Bewegungsradius.

Wenn du dir nicht sicher bist, ob du Beweglichkeitstraining machen solltest, stell dir folgende Frage: Kann ich die Positionen erreichen, die mein Alltag/meine Sportart von mir verlangen? Ist die Antwort ja, benötigst du vermutlich kein ausgiebiges Beweglichkeitstraining. Lautet die Antwort nein, macht zielgerichtetes Beweglichkeitstraining Sinn.[47]

Dabei ist es wichtig, zu verstehen, dass sich Muskeln im Grunde kaum verkürzen. Fehlbelastungen führen viel eher zu einer Schutzspannung, in Auftrag gegeben vom zentralen Nervensystem (ZNS). Diese den gesamten Körper umfassende Schaltzentrale registriert dank der Rückmeldungen aus Nervenbahnen und Gewebe den Zustand jedes einzelnen Bereichs des Körpers. Droht Überlastung, wird der Muskeltonus erhöht. Der muskuläre Bereich steht damit unter (Schutz-) Spannung. Kurzfristig schützt die Verspannung, sprich die Erhöhung des Muskeltonus, in dieser Region den empfindlichen Bewegungsapparat vor irreparablen Schäden. Langfristig bedeutet der erhöhte Muskeltonus aber eine verhärtete überlastete Muskulatur, die die Fehlbelastung nur weiter verstärkt, wenn nicht dagegen gearbeitet wird. Der Muskel ist schlicht nicht stark genug ausgeprägt, um die Fehlbelastung dauerhaft aufzufangen, deshalb erhöht der Körper künstlich den Muskeltonus, um für Stabilität zu sorgen.

Gerne verwendet, aber kontraproduktiv ist das im **Übermaß eingesetzte Dehnen.** Ein Körper im angespannten Zustand mit aktivierter Schutzspannung zeigt deutlich, dass es ihm an der benötigten, aber nicht vorhandenen muskulären Kraft und Stabilität mangelt. Dehnen kann durchaus dabei helfen, gewisse Übungen oder Bewegungsabläufe zu meistern. Mit der sogenannten Neuromodulation lässt sich kurzfristig durch Dehnen die Schutzspannung auflösen. Dabei wird durch massives Dehnen ein Ablenkungsmanöver für das Nervensystem gestartet, damit es vom überhöhten Muskeltonus ablässt. Das ergibt geringe und kurzlebige Effekte, die tatsächlich durchaus funktionieren. Gewonnen ist damit aber nichts, das Nervensystem wird seinen Dienst in Sachen Schutzspannung wieder aufnehmen, sobald das Ablenkungsmanöver aka Dehnung beendet ist.

Das Dehnen selbst ändert aber nichts an der mangelhaften Bemuskelung, die wiederum für die Schutzspannung verantwortlich zeichnet. Sinnvoller wäre zum Auflösen der verspannten Muskulatur (mit hohem Muskeltonus) ein Mix aus Krafttraining, gezielter und gut dosierter Belastung der verspannten Regionen auf die verspannten Regionen plus Lifestyle-Veränderungen wie Stressreduktion und Verbesserung des Schlafmanagements, empfiehlt der Trainer Ole Foerster.[48]

Was an dieser Stelle also zu tun wäre, ist der Einsatz von muskelaufbauenden Schulungseinheiten im moderaten Tempo bei aktuell höchstmöglichen Krafteinsatz. Was stattdessen oft genug passiert ist gemächliche Schonung bei übermäßiger Dehnung, die dem weiteren Abbau der kraftspendenden Muskulatur Deckung gibt.

Was für Menschen gilt, gilt logischerweise auch für Pferde. Hier aber noch mal besonders, denn die sollen ja mit ihrem Reitgewicht auf dem Rücken auch noch durch die Halle tänzeln oder über Gräben hüpfen.

[46] Afonso 2021
[47] Foerster 2024
[48] Foerster 2024

Schreckgespenst Atrophie

Mangelnde Belastung und Bewegung im Alltag führt bei Menschen – oder vierbeinigen Schützlingen – zu Muskelschwund (Atrophie). Das heißt im Kern, dass die Muskulatur an Kraft verliert und ihrer Aufgabe, nämlich den Körper bei mehr oder weniger anspruchsvollen Bewegungsfolgen durch die Gegend zu tragen, nicht länger gerecht werden kann. **Atrophien** sind im Reitsport wohlbekannt, der Pferderücken wird immer spitzer (wie ein Dach), die Dornfortsätze stehen einsam herum, ohne nennenswert in Muskelmasse eingebettet zu sein. Im Rahmen der versammlungslastigen Ausbildung formt der sich aufgemuskelte Pferderücken dagegen eher in eine Fassform. Schön rund, voluminös mit gesunden Muskeln gepolstert und damit auch im hohen Reitpferdealter noch leistungsfähig und weitestgehend schmerzfrei.

Kraftverlust lässt sich nicht röntgen! Statt an der Ursache zu arbeiten, werden häufig genug nur Symptome wegmassiert.

Wenn Muskelmasse verloren geht, startet der Schmerz – und genau diese Schmerzen werden behandelt. Dabei wird das Symptom (= Schmerz) behandelt, die Ursache (= Kraftverlust durch Muskelatrophie) aber nicht.
Das beste Mittel gegen den Muskelabbau ist intensiver Kraftsport, der die Leistungsfähigkeit der Muskulatur wiederherstellt. Das gilt sowohl für Menschen als auch für Pferde.

Sarkopenie ist eine altersbedingte Reduktion der Muskelmasse. Die Muskelkraft geht spürbar zurück, Bewegungen fallen immer schwerer. Sarkopenie tritt insbesondere bei Menschen jenseits der 70er auf und ist auf den Nichtgebrauch von Muskeln mangels ausreichender Bewegung zurückzuführen. Zusammen mit Osteoporose (sinkende Knochendichte) führt Sarkopenie zu einer erhöhten Sturzgefahr mit gesteigertem Risiko für schwere Verletzungen.

Forschungen zeigen, dass sich die Knochendichte von Osteoporose-Betroffenen durch maßvolles Krafttraining erhöhen ließ.[49] Der gesundheitliche Zustand der Knochen wirkt sich direkt auf die Gesundheit der umliegenden Muskelfasern aus. Für eine gesunde Muskulatur sind damit auch möglichst gesunde Knochen vonnöten.

Im Kapitel zur Fütterung gehe ich noch genauer auf die notwendige Nährstoffversorgung für einen optimalen Knochenzustand und Bemuskelung ein. An dieser Stelle musst du vor allem wissen, dass die Muskulatur eine immunmodulierende Wirkung aufweist. Gesunde, wohlproportionierte und regelmäßig bewegte Muskeln schütten Myokine aus, die wiederum für verschiedene gesundheitsfördernde Prozesse im gesamten Körper von großer Bedeutung sind. Entzündungen heilen effizienter ab, das Stoffwechsel- und Immunsystem konzentriert sich vorrangig auf die Gesunderhaltung und tauscht dafür benötigte kleinste Einheiten wie die Mitochondrien regelmäßig aus. Das hält jung und fit und macht auch noch gute Laune.

Muskelatrophie und Sarkopenie sind keineswegs normale Begleiterscheinungen des Alterns, sondern lassen sich mit geeigneten Schulungseinheiten aufhalten.

Regelmäßiges Cardio und aerobe Trainingseinheiten inklusive Krafttraining reduzieren nicht nur das Risiko für Muskel- und Knochenabbau. Sie unterstützen auch nachweislich die Behandlung von depressiven Verstimmungen bis hin zu klinisch diagnostizierten Depressionen. Die Bewegungsabläufe kurbeln den Ausbau von Verknüpfungen im Gehirn an. Diese neuen Verknüpfungen wirken sich positiv bei der Bekämpfung der depressiven Verstimmung aus. Die Synthese der Botenstoffe Dopamin und Serotonin steigt ebenso an. Da Dopamin und Serotonin die körpereigenen Profis für gute Laune sind, ist das natürlich positiv zu bewerten.

[49] Benedetti 2018

Plus: Die Konzentration von Testosteron und Endorphin erhöht sich, beides kann sich neben einer primär schmerzlindernden Wirkung auch positiv auf den Gemütszustand auswirken.

Diese Erkenntnisse stammen aus einer Metaanalyse[50], die auf den Menschen abzielt. Aber wenn du schon mal im Einzelstall vergessene traurig dahindämmernde Pferde beobachtet hast, die durch eine neue Reitbeteiligung oder Besitzwechsel spontan zu jeder Menge Bewegung gekommen sind und seitdem wie ausgewechselt fröhlich durch die Gegend springen, liegt eine Übertragung auf die vierbeinigen Schützlinge nahe.

Schlüsselbein? Gibt's nicht!

Einen immens wichtigen Unterschied zwischen Pferd und Mensch gibt es noch: Pferde haben kein Schlüsselbein. Dabei wiegt der Pferdekopf allein bereits um die dreißig Kilogramm. Kopf, Schulter- und Vorhandbereich machen rund zwei Drittel des gesamten Pferdegewichts aus. Da muss der Schultergürtel aber ordentlich was aushalten!

Dieses fehlende Schlüsselbein bedeutet, dass der Rumpf zwischen den Schulterblättern nach unten abtaucht, sobald Reitgewicht obendrauf sitzt. Beim trageerschöpften Pferd komm der Rumpf auch nach dem Absitzen nicht mehr auf seine normale Höhe. Schon deshalb sollten wir über versammelnde gute Arbeit immer wieder versuchen, den Rumpf nach oben ziehen zu lassen, dafür wird insbesondere der gezahnte Rumpfheber (M. serratus ventralis) benötigt.

Bei aller Konzentration auf die für ein gesundes Bewegungsmuster unverzichtbaren Muskeln dürfen die **Sehnen** nicht vergessen werden.

Diese festen Strukturen aus Bindegewebe sind je nach Platzierung an der Skelettmuskulatur wahlweise rund oder flach ausgeprägt. Sie nehmen die Zugbelastung des Muskels während einer Bewegung auf. Damit Sehnen flexibel und leistungsfähig bleiben, müssen sie regelmäßig Reize vom Muskel empfangen. Einseitige Bewegungsmuster können dazu führen, dass Sehne an Flexibilität einbüßt.

Massive Gewalteinwirkung durch Stürze oder anderweitige Belastung sorgt im schlimmsten Falle für einen Sehnenabriss. Beim Menschen bedeutet das monatelange Rekonvaleszenz und auch beim Vierbeiner sind Sehnenschäden langwierig.

Perfekte Sehnenpflege besteht aus einem korrekten Training von Anfang an. Jung- und Reha-Pferde profitieren von einer erschütterungsreduzierten Arbeit, um Sehnenschäden gar nicht erst entstehen zu lassen oder bestehende Schäden nicht noch zu verschlimmern.

Stechtrab in maximaler Geschwindigkeit ist nur dann perfekt, wenn du deinem Reitpferd die Sehnen möglichst nachhaltig kaputtreiten willst. Das ist übrigens reine Physik, denn hohe Geschwindigkeit vervielfacht die Körpermasse, also die Belastung für die Sehnen.

Eine grundsätzlich fehlende oder nicht hinreichend gesunderhaltende, sprich versammlungsfreie Arbeit am Pferd kann die Sehnen schädigen, die dann die Mehrbelastung aufgrund fehlender Rumpfhebung und stärkerer Stoßbelastung auf der Vorhand plus die in der heutigen Reiterei übliche Geschwindigkeitsfixierung ausgleichen müssen. Eine echte, also muskuläre Rumpfhebung ist nur mittels Versammlung erreichbar.

Was das unkontrollierte Vorwärtsstürzen mit beschädigten Sehnen mit dem weniger gut bemuskelten Reitpferd macht, dürfte klar sein. Trotzdem ist es gängige moderne Lehrmeinung, dass sich das Tempo immer noch mal verschärfen ließe. Racinet sah das als falschen Weg an und hielt fest, dass beim in der Ausbildung angestrebtem Ziel des Gleichgewichts das genaue Gegenteil, also eine Verlangsamung notwendig sei.

Dazu kommt, dass die Sehnen ungemein von einer optimalen, aufs individuelle Pferd angepassten Fütterung profitieren. Stimmt die Fütterung nicht, landen die vom Vierbeiner benötigten Nährstoffe nicht dort, wo sie so unbedingt gebraucht werden. In den Knochen, Sehnen und Bändern sowie der Muskulatur natürlich. Wie gut dein Tier sein Futter verwertet, ist übrigens sowohl von seiner Genetik

[50] Xie 2021

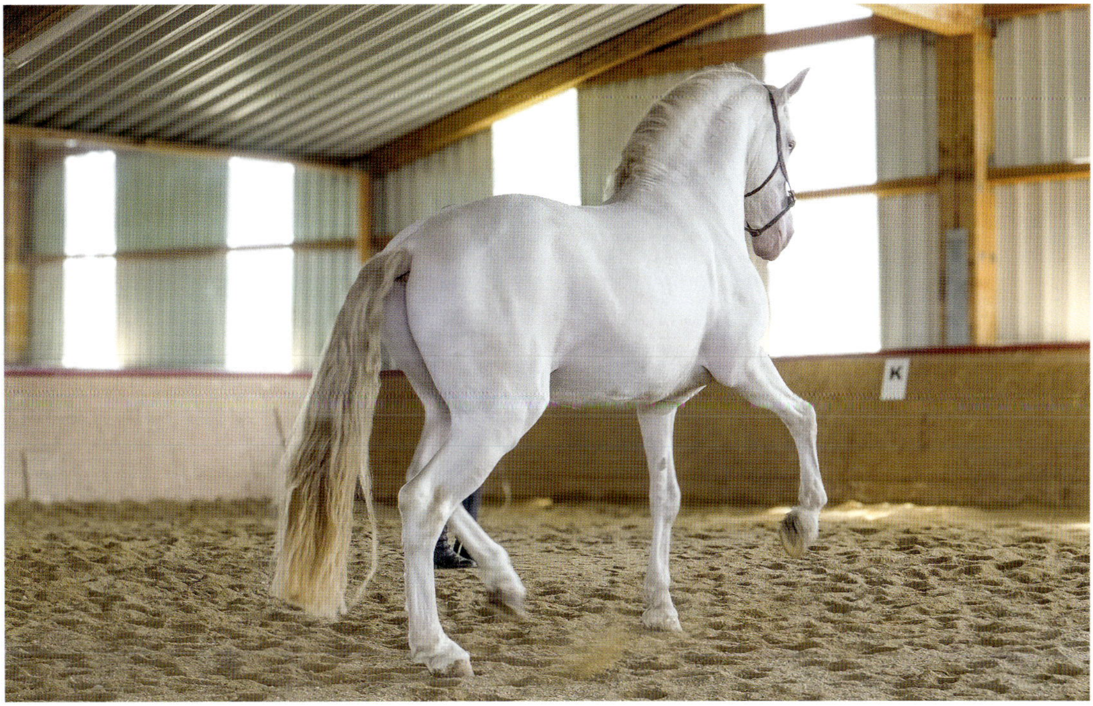

Aus der versammelten Slow-Motion-Bewegung entstehen Lektion für Lektion flüssige Bewegungsabläufe, die den Pferdekörper gesundheitsfördernd stärken. (Sonja mit Lusitano)

als auch von seiner Umgebung, der Stressbelastung und seinem gesundheitlichen Zustand abhängig. Da lohnt es sich, statt auf die allgemeinen Vorgaben zur Pferdefütterung zu hoffen, ganz genau aufs einzelne Pferd und seinen Bedarf zu achten.

Um nach einer zwangsweisen Ruhepause die Elastizität der Sehne plus die volle Einsatzkraft des dazugehörigen Muskels wiederherzustellen, ist Kraftsport erforderlich. Das als geheilt deklarierte Pferd nach Sehnenschaden stumpfsinnig an der Longe in der Halle im Kreis zu schleudern ist dagegen nicht hilfreich.

Wie oben beschrieben, ist vor allem im Reha-Bereich möglichst Slow-Motion angesagt. Mit der Zeit werden die anfangs etwas schlaffen Bewegungen an Kraft zulegen, ohne dass ich das Durchschnittstempo deutlich erhöhen muss. Das gilt zwar grundsätzlich für jedes Pferd, für Vierbeiner nach Verletzungen aber ist der Slow-Motion-Ansatz extrem wichtig für einen auf lange Sicht gesunderhaltenen Bewegungsapparat, der schmerzfrei eingesetzt werden kann.

Muskeln und Sehnen stimmen sich übrigens aufeinander ab. Joggen allein genügt nicht, um die Sehne zu flexibilisieren oder den verkümmerten Muskel anzuregen. Ordentliches Training mit Bodybuilding-Charakter hat einen zusätzlichen positiven Effekt. Denn die Stabilität der Sehne scheint sich durch eine Veränderung der Sehnenzusammensetzung aufgrund der sportlichen Herausforderung zu erhöhen. Dabei werden die elastischen dicken Kollagenfasern bei intensiver sportlicher Belastung durch weitaus dünnere kollagene Fibrillen ersetzt. Die kollagenen Fibrillen sind etwas weniger elastisch, stabilisieren die Sehne aber weitaus besser.

Ganz zum Schluss ist mir ein Punkt noch besonders wichtig.

Muskelaufbau im Sinne eines gesunderhaltenen Trainings geschieht nicht über Nacht.

Geduld ist vonnöten, sowohl für das Training vom Menschen als auch bei Schulungslektionen deines geschätzten Vierbeiners.

Muskelaufbau braucht Zeit

Eine durchschnittliche gesunde Frau benötigt knapp ein Jahr, um überragende zwei Kilogramm Muskelmasse mittels Krafttraining aufzubauen. Selbstverständlich vorausgesetzt, dass keinerlei Anabolika oder Ähnliches eingeworfen werden, um die körperlichen Rahmenbedingungen auszutricksen. Knapp 70 Prozent der modernen Reiterei ist weiblich und die allermeisten Ställe beherbergen Stuten - und Wallache. Da scheint mir die Bezugnahme auf Frauen doch angemessen.

Ein fortgeschrittener Trainingszustand verlangsamt den Zuwachs der Muskulatur, es geht also keinesfalls fleißig Jahr für Jahr mit jeweils zwei Kilo Muskelmasse weiter. Stattdessen landest du in einer Zeitlupenversion des Trainings: Zwar fit und aktiv, aber mit einem Muskelzuwachs im gefühlten Schneckentempo.

Männer respektive Hengste haben es durch das geringfügig abweichende Hormonprofil etwas leichter, durch Krafttraining produktive Muskelgruppen aufzubauen. Grund dafür ist das bei Männern erhöhte Testosteron, während bei Frauen die Hormone Östrogen und Progesteron überwiegen. Alle drei Hormone treten allerdings auch jeweils beim anderen Geschlecht auf, sind also nicht einseitig begrenzt. Die Testosterondominanz beim Mann begünstigt lediglich einen durchschnittlich besseren Muskelaufbau. Die Varianz des Hormonlevels innerhalb der Gruppe Mann ist allerdings groß, sodass nicht grundsätzlich jeder Mann mit drei Besuchen im Fitnessstudio sofort zum Muskelberg mutiert.

Zurück zum Pferdestall, denn hier haben Wallache im Vergleich zu den zugegebenermaßen selten vorkommenden High-Testo-Stuten mit hohem Testos-

Aufmuskelung braucht seine Zeit. Zum Glück ist die Impulsreiterei mit ihren Dressurlektionen so abwechslungsreich. Da vergeht die Zeit wie im Flug!

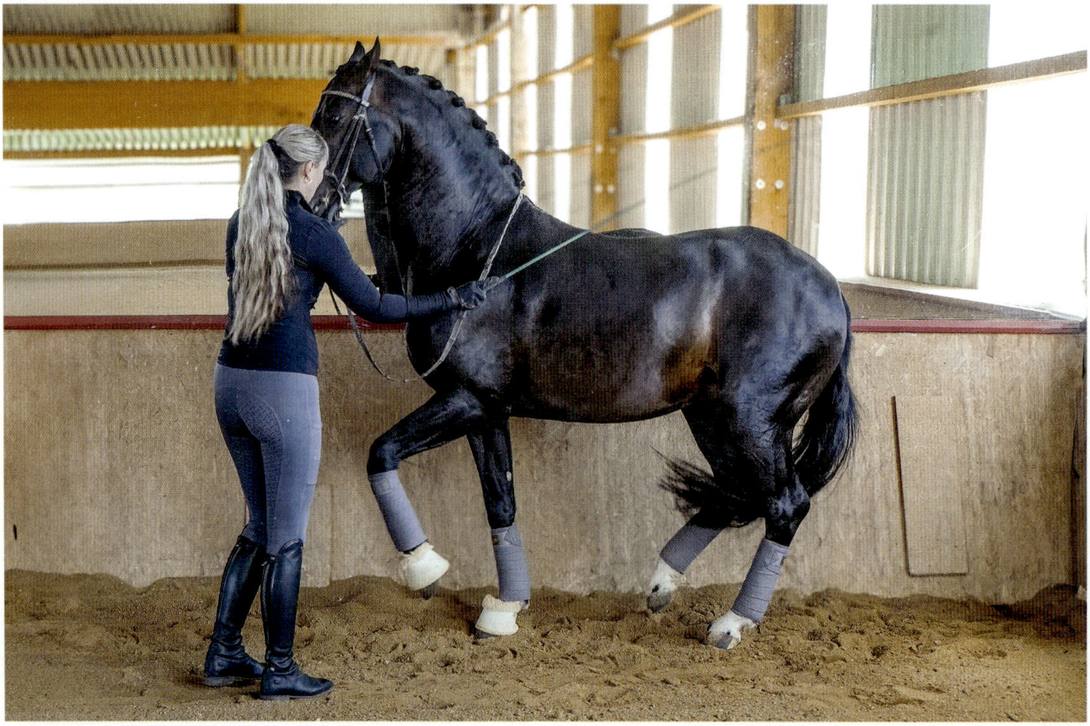

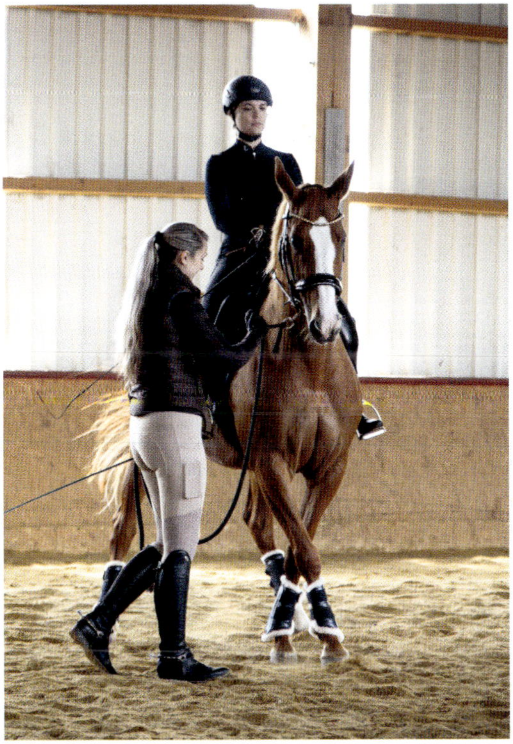

Wohlproportionierte Brustmuskeln bei der Stute Valentina.
(Ramona Kopold mit Valentina)

teronlevel den noch schlechteren Stand. Sie bauen weniger gut die dringend benötigten Muskeln auf und sind zugleich oft devoter.

Das Thema Hormone nimmt leider bei der Arbeit mit und am Pferd noch vergleichsweise wenig Raum ein. Wie sich Stress, Geschlechtshormone und der Stoffwechsel auf die Pferdegesundheit auswirkt, bespreche ich im Fütterungskapitel noch genauer.

Prachtvolle Muskeln für machtvolle Schritte

All das Wissen über Muskulatur nützt dir nichts, wenn du am Ende nicht zuordnen kannst, welche Muskelgruppe durch Piaffe und Co. besonders beansprucht wird. Und beansprucht meint an dieser Stelle natürlich gesunderhaltend trainiert!
Ich liste dir die Hauptgruppen übersichtlich auf und ordne an dieser Stelle passende Kunstgangarten zu.

Wichtig: Das bedeutet keinesfalls, dass sich Muskelgruppen singulär, also ohne Beteiligung des gesamten restlichen Reitpferdekörpers trainieren lassen. Dressur ist immer Ganzkörperarbeit, ohne Kompromisse.

Tab. Extrem vereinfachte Darstellung der Muskelgruppen und dazugehöriger Kräftigungsmöglichkeit

	Muskeltätigkeit	**geeignete Schulungen**
Halsmuskulatur Oberhals- & Unterhalsmuskulatur	Oberhals = Kopfheber	Reiten in korrekter Aufrichtung inklusive Rumpfhebung
	Unterhals = Kopfsenker, Vordergliedmaßenvorführer und Halsseitenneiger	in natürlich angedachtem Gebrauch in Grand Passage Spanischer Schritt/Trab
Langer Rückenmuskel (Musculus longissimus dorsi)	Vorhandheber & Hinterhandheber	Jede Bewegung mit deutlicher Rumpfhebung und Bergauftendenz des Pferdes
Bauchmuskulatur	Rückenbeuger	Alle Lektionen in Hankenbeugung
Hinterhandmuskulatur	Adduktoren = Heranführer Abduktoren = Abspreizer	Seitengänge & Hankenbeugung
	Rückführer der Hintergliedmaße	Hankenbeugung
	Vorführer der Hintergliedmaße	

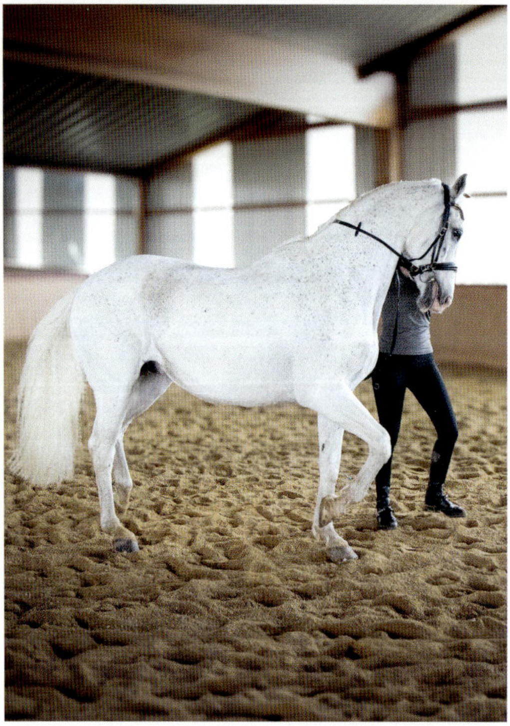

In der Versammlung, bei Piaffe und Passage wird die Muskulatur des Schultergürtels und der Hinterhand stark beansprucht. (Anna Hainziger mit Rubens)

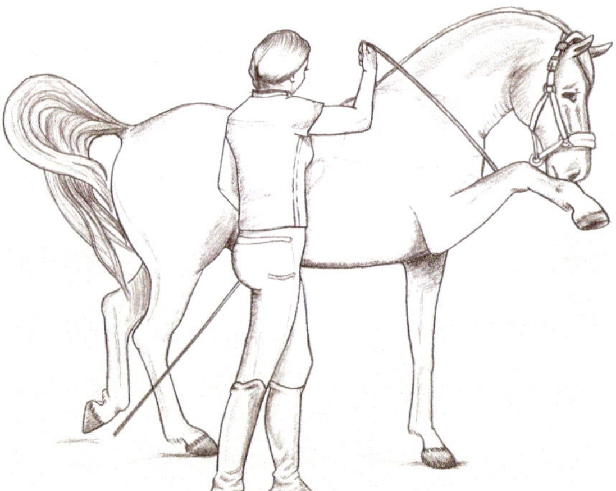

Der spanische Schritt wird in der Hohen Schule gern etwas abschätzig belächelt. Dabei eignet er sich optimal für das ganzheitliche Training insbesondere des Schultergürtels.

Faszien verklebt, verfilzt, gleitfähig

Lange herrschte die Lehrmeinung, dass Faszien ausschließlich in Form einer Art Schutzhülle die Organe samt Skelettmuskulatur einhüllen. Inzwischen ist bekannt, dass sich selbst durch einzelne Muskelstränge Spuren des passiven Bindegewebes ziehen. Von der vermuteten passiven Konstruktion einer Art Trennschicht sind die Faszien aufgestiegen zu einem aktiven Gewebe mit zahlreichen Nervenverästelungen, welches vielfältige Aufgaben erfüllt. Aus wissenschaftlicher Sicht herrscht noch enormer Forschungsbedarf um zu klären, was die Faszien denn nun genau leisten.
Sicher ist: Das myofasziales Gewebe (eng miteinander verwobenes Muskel- & Fasziengewebe) schützt unter anderem die Muskelzellen samt Eiweißen bei Kontraktion und Dehnung vor den enormen Zugkräften. Zusätzlich übertragen sie die eigentliche Kontraktion auf Sehnen und Knochen. Im Grunde stellt das fasziale Bindegewebe den Übergang zwischen Knochen und Muskel dar, zieht sich also durch die gesamte Skelettmuskulatur!

Die Muskulatur ist ein stark durchblutetes Gewebe. Beim Training kann die Kapazität der Durchblutung kurzzeitig um das 20- bis 50-fache[51] gesteigert werden, um das Gewebe mit dem erhöhten Sauerstoff- und Nährstoffbedarf effizient und hinreichend zu versorgen. Das Bindegewebe verfügt nicht über eine ähnliche Kapazität, ist aber über kleinste Verzweigungen mit der Muskulatur verknüpft.

Auf diese Weise erhalten die Zellen zügig Sauerstoff sowie benötigte Nährstoffe und entstehende Stoffwechselabbauprodukte werden schneller aus den beanspruchten Bereichen abtransportiert.

Zusammen mit dem jeweiligen Muskel wird auch das umgebende sowie im Muskel integrierte Bindegewebe bei jeder Anspannung komprimiert und bei Entspannung gedehnt.

Regelmäßige Bewegungsanreize wie Kontraktion und auch Dehnung sorgen also dafür, dass das

[51] Stecco 2023

muskuläre Bindegewebe seine schützende und stabilisierende Funktion langfristig erfüllt.[52]

Das gesamte Bindegewebe kann als Netzwerk[53] angesehen werden. Die alles durchdringenden Kollagenfäden der Faszien verfügen über zahlreiche Rezeptoren, die mechanische Bewegungen, Temperaturänderungen oder Veränderungen in chemischen Prozessen weiterleiten. Seitengänge und der spanische Schritt sind übrigens wunderbar dazu geeignet, um das myofasziale Gewebe elastisch zu halten.

Eine **nachhaltige Veränderung** ist durch eine reine Dehnung aber nicht umsetzbar. Zum Vergleich: Um die Faszienstruktur eines menschlichen Oberschenkels um nur ein Prozent zu dehnen, braucht es um die 800 Kilogramm Zugkraft[54]. Diese gewaltige Energie wird kaum jemand aufbringen. Erste Forschungsergebnisse deuten aber darauf hin, dass sich anstelle des Fasziengewebes der Muskeltonus durch die Krafteinwirkung ändert. Genau diese Änderung wird dann bei der Manualtherapie als Erfolg der Faszienlockerung verkauft, ist aber im Grunde auf Kurzfristigkeit angelegte **Neuromodulation**.

Auf Pferde umgerechnet dürfte der Wert der erforderlichen Zugkraft für spürbare Dehnung am Muskel noch deutlich höher ausfallen.

Gesunde Faszien werden als **gleitfähig** beschrieben, um in ihrer Funktion für reibungslose Bewegungsabläufe zu sorgen. Via Neuromodulation lässt sich die Beweglichkeit einzelner Muskelgruppen inklusive der Faszien kurzzeitig erhöhen. Die Dehntoleranz des Gewebes steigert sich. Profis im Sport nutzen intensive Dehnübungen, um für kurze Momente diesen Effekt zu erzielen. Lange hält das aber nicht an, denn das neuronale System stellt so schnell als möglich den ursprünglichen Zustand wieder her. Die Bewegungsrange schnellt zurück auf den vorherigen Wert. Selbst massives Dehnen hat also keine nachhaltigen Effekte.

Bewegungsabhängige Mikroverletzungen oder mangelnde Bewegung können aber, so heißt es, für **Verklebungen** sorgen. An dieser Stelle kommt dann in der Regel die Manualtherapie ins Spiel. Die wohlbekannten harten Schaumstoffrollen sind aber auch sehr beliebt, um wirklich bestehende Verklebungen zu lockern und die myofaszialen Strukturen wieder gleitfähig zu machen. Leider werden die passiven Therapieansätze von außen in ihrer Wirkungskraft oft massiv überschätzt. Der tatsächliche Erfolg dieser Therapieformen fällt oft verschwindend gering aus.

Eine wissenschaftliche Evidenz für die Existenz von verklebten Strukturen[55] im lebenden Körper steht derzeit noch aus. Gesichert gilt aber, dass sich erhöhte Schutzspannungen im Muskel negativ auf das gesundheitliche Wohlbefinden auswirken. Das wird dann oft mit verklebten Faszien in Verbindung gebracht.

Die Schutzspannung wird aber nahezu immer vom Nervensystem ausgehen, welches wiederum durch diesen erhöhten Muskeltonus des für diese Beanspruchung noch zu schwach ausgebildeten Muskels den passiven Bewegungsapparat vor Überbeanspruchung schützen muss.

Ich sage an dieser Stelle nahezu, denn natürlich kann auch Zugluft und damit eine dauerhafte Unterkühlung des betreffenden Bereichs für einen erhöhten Muskeltonus sorgen.

[52] Froböse S. 28
[53] Benias 2018
[54] Chaudhry et al. 2008
[55] Suda 2022

VOM MAUL ZUM SCHWEIF: LASS LOCKER!

KURZ UND KNAPP:

- Maulschlecken ist gut und kein absolutes Zeichen für negative Aufregung.
- Schief ist normal, Balance ein willentlicher Kraftakt und Körperspannung für ein ausbalanciertes Reitgefühl notwendig.
- Wer den Kopf hängen lässt, wird depressiv.

Physiologie kurz erklärt: Maulschlecken und Kauen

Maulschlecken ist verpönt. Genau genommen ist es so ziemlich das Erste, was einer Remonte im Reittraining abgewöhnt wird. Nur nicht zu viel kauen, schlecken oder mit dem Maul arbeiten, lautet die heutige Devise. Es zeuge von Unruhe und Ablenkung, dabei solle das Tier beim Training doch entspannt, ruhig und voll bei der Sache sein. Diese Forderung ist angesichts der Anstrengungen, die dem Pferd im Reitsport abverlangt werden, etwas absurd. Anspannung ist nichts unbedingt Schlechtes. Sie kann für volle Aufmerksamkeit stehen, für absolute Leistungsbereitschaft und den Wunsch deines Vierbeiners, mit dir die vor ihm liegenden Aufgaben zu meistern.
Ein normal sozialisiertes rohes Pferd ist mit einer Vielzahl an körpersprachlichen Signalen aufgewachsen, die auf einen möglichst konfliktfreien Alltag in der Pferdeherde abzielen. Die Mimik, die Kopfhaltung, die ausdrucksstarken Ohren und auch das Maul sind deutliche Signalgeber für den Gemütszustand des Pferdes und seiner Bereitschaft, im Konfliktfall mal klein beizugeben. Oder auch dafür, wie wahrscheinlich es sich eine kleine Keilerei auf der Weide vorstellen kann.

Kein Pferd ist gleich, wenn du also ein Pferd vor dir hast, das tatsächlich kaum oder nur sehr selten körpersprachliche Signale mit seinem Maul senden mag, ist das durchaus im Rahmen. Andersherum kann es gut sein, dass du ein überaus gesprächiges Exemplar erwischt, das sich nur zu gern verbalisiert. Bestes Beispiel dafür ist die Veiga-Linie der Lusitanos, die sich durch die Bank weg überaus gesprächig zeigen.

Werden Reitpferde regelmäßig über längere Schulungen in Seitengängen im gemäßigten Tempo geritten, starten selbst die relativ stoischen, wenig Maultätigkeit zeigenden Vierbeiner sehr häufig mit ersten Kautätigkeiten. Das Maul wird weicher, sie reagieren feinfühliger auf kurze Impulse, statt im Kiefergelenk einfach dichtzumachen. Gleiches gilt für die Arbeit im gemäßigten Schritt. Grund dafür ist die Mobilisierung der ventralen Muskelkette (Bauchmuskulatur) in Verbindung mit einem wunderbar hohen Konzentrationslevel im Rahmen der versammelten Seitengänge.

Ein gutes Zeichen für einen entspannten Kiefer- und Zungenmuskel ist eine gute Speichelproduktion. Auch das häufig als negativ

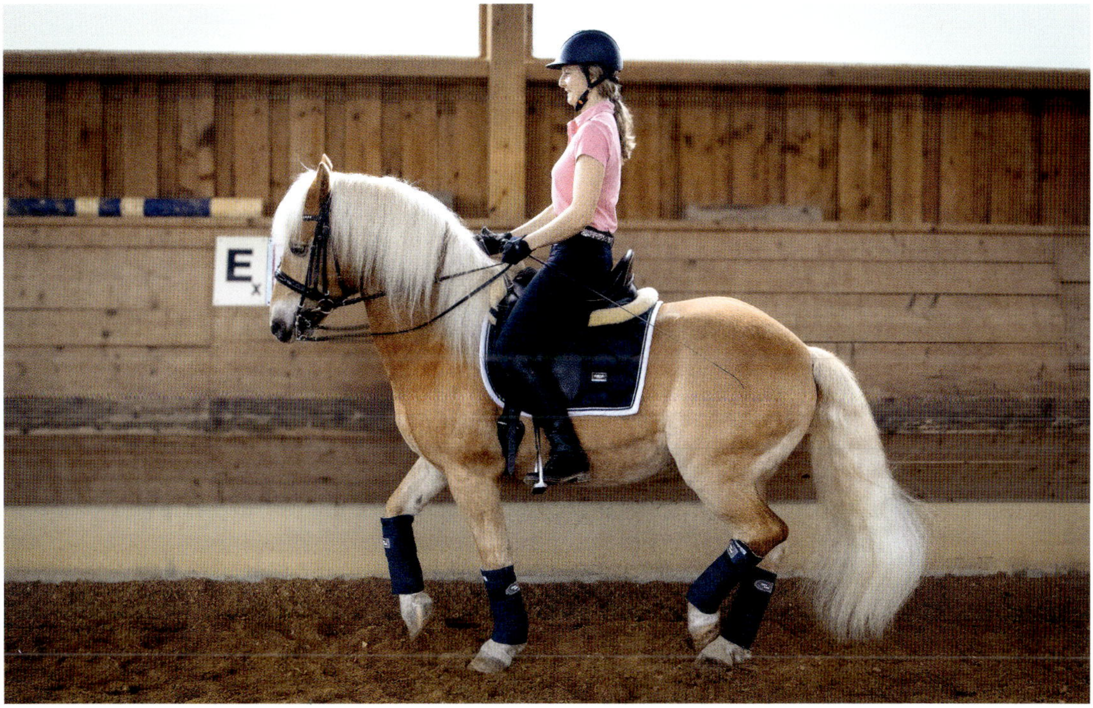

Die Ohren richten sich auf die Reiterin aus. (Kathrin Meinikheim mit Nico)

empfundene Klappern (nicht das Knirschen) mit den Zähnen (sofern es der Nasenriemen erlaubt!) ist ein gutes Zeichen für einen entspannten Kiefer. Es ist wichtig, dieses Klappern zu erlauben, speziell in höheren Lektionen (Piaffe und Passage).[56]

Viele meiner Kolleginnen und Kollegen erwarten, dass das Reitpferd nur Kauschläge zeigen soll, wenn es auf einen aktuell gegebenen Zügelimpuls mit Nachgeben im Kiefer reagiert. Selbsttätiges Kauen ist maximal unerwünscht. Witzigerweise entstehen aber die Kauschläge, sobald man die ventrale Muskelkette vermehrt in Arbeit setzt, beispielsweise durch Seitwärtsbewegungen mit kreuzenden Hinterbeinen. Die rufen bei längerer Durchführung in gemäßigtem Tempo bei fast neunzig Prozent aller Reitpferde Kauschläge hervor. Und das selbst ohne Mundstück!

Die berühmte Hundeflüsterin Turid Rugaas[57] macht ganz deutlich, dass domestizierte Tiere ihre Fähigkeit der sozialen Konfliktvermeidung oft aufgrund menschlicher Intervention (sprich: Erziehung) verlieren. Normal sozialisierte Hunde zeigen beispielsweise eine Vielzahl an feinen Beschwichtigungsgesten, bevor es zum dramatischen Beiß-Showdown kommt. Selbst erfahrene Hundemenschen erkennen die ersten Stufen dieser kommunikativen Signale meist nicht - oder reagieren zu spät darauf.

Pferde verfügen ebenfalls über eine Vielzahl an feinen Gesichtsausdrücken, die ihren Gemütszustand deutlich zeigen. Das typische Freizeitpferd hat aber unter Umständen schon in sehr frühen Jahren gelernt, dass pferdetypische Signale wie Kauen, Schlecken und Zunge heraus strecken hart bestraft werden. Dann hat der Vierbeiner keine Chance auf eine eigenständige Regulation seines Nervensystems und kann sich kaum voll und ganz auf die Lektionen einlassen.

[56] Kleven 2009: S. 47

[57] Rugaas 2001: S. 18

Gelegentlich wird sein entspanntes Maulschlecken und nervensystemberuhigendes Kauen im Takt seiner abfußenden Hinterbeine fälschlicherweise als ein unbedingt zu unterbindendes Stresssignal gedeutet.

Es passiert viel zu oft und viel zu häufig, dass ausgewiesene Pferdemenschen diese pferdetypischen Signale für Entspannung oder konzentrierte Mitarbeit völlig falsch interpretieren. Pferde zeigen wahnsinnig viel ihres inneren Erlebens über das Maul. Ist es zugeschnürt, wird diese Ausdrucksform komplett blockiert. Apropos blockiert: Blockierte Kiefergelenke wirken sich ja auch auf jedweden Bewegungsablauf aus. Erst per engem Nasenriemen alles zuschnüren und dann ein optimal mitarbeitendes Pferd erwarten, ist ja wohl völlig widersinnig.

Warum diese Anforderung des geschlossenen, vorgeblich ruhigen Mauls ans junge Pferd eher fragwürdig ist, zeigt sich selbst beim oberflächlichen Blick in die Physiologie des Muskel- und Nervensystems. Beides funktioniert wenig überraschend recht deckungsgleich zum menschlichen zentralen Nervensystem.

Parasympa … was?

Das zentrale Nervensystem (ZNS) nimmt sowohl Reize aus der Umwelt als auch vom Körperinneren auf und ordnet sie entsprechend der Dringlichkeit ein. Der aufflatternde Vogel im Sichtbereich oder das Zwicken im Bauch deines vierbeinigen Schützlings liefern Signale, die das ZNS in wenigen Millisekunden auswertet und je nach Brisanz an die passende Empfangsstation weiterleitet.

Während der aufflatternde Vogel im Grunde keine Gefahr darstellt, schaltet das ZNS bereits das vegetative Nervensystem (VNS) ein. Sicher ist sicher, zum Überlegen und Dreimal-Nachgucken hatten die Pferdevorfahren schließlich keine Zeit. Wer zu lange auf verdächtige Geräusche im Gebüsch lauschte, wurde womöglich gefressen.

Mit dem vegetativen Nervensystem steht ein Mittel zur Verfügung, verschiedene Körperfunktionen im Millisekunden-Bereich wahlweise anzukurbeln oder abzusenken.

Der **Sympathikus** wird über den Hypothalamus und die Nebennieren angesprochen und ist für die gängigen Stressreaktionen des vegetativen Nervensystems zuständig. Er lässt sich am besten als eine Art Gaspedal beschreiben: volle Pulle, jederzeit.

Der **Fight, Flight or Freeze-Modus** wird aktiviert, indem Herz- und Atemfrequenz, Blutdruck, Blutzucker und der Muskeltonus gesteigert werden. Der gesamte Pferdekörper ist im Alarmmodus. Die Verdauung und das Immunsystem fahren während des aktivierten Sympathikus herunter, um Energie für die überlebensnotwendige Flucht bereitzustellen. Stattdessen wird **Cortisol** ausgeschüttet.

Cortisol ist ein Stresshormon, das katabole (nährstoffabbauende) Stoffwechselvorgänge aktiviert, der Körper verfügt mit aktivierter Cortisolausschüttung binnen weniger Momente über energiereiche Verbindungen für den sofortigen Einsatz. Cortisol belastet, wenn es dauerhaft aktiv ist und stetig weiter ausgeschüttet wird, das gesamte Stoffkreislaufsystem. Die Speicher leeren sich, die Resistenz gegenüber Krisen nimmt ab. Im Fütterungskapitel führe ich das noch weiter aus. An dieser Stelle musst du nur wissen: Zu viel Cortisol ist schädlich. Zu wenig aber auch, denn ohne sterben wir. Außerdem kann es den Körper für begrenzte Zeiträume zu Spitzenleistungen antreiben!

Der flatternde Vogel ist fort, der vierbeinige Schützling kommt wieder zur Ruhe? Dann ist der **Parasympathikus** am Werk. Er stellt Ressourcen für das Immunsystem und die Verdauung parat und sorgt dafür, dass sich Herzschlag, Atmung, Blutdruck und Muskeln wieder entspannen. Der Parasympathikus agiert als die Bremse im Nervensystem. Außerdem ist er unverzichtbar für die Regeneration und auch für die Konzentration.

Das Zusammenspiel aus Sympathikus und Parasympathikus wird durch eine Vielzahl an Hormonen reguliert. Allen voran das Stresshormon Cortisol, das zur Bewältigung herausragender Leistungen unbedingt benötigt wird. Aber auch Adrenalin und Noradrenalin gehören in diese Reihe der Aktivitätshormone, die zur Konzentration und für eine erhöhte Leistungsbereitschaft unbedingt ausgeschüttet werden müssen.

Die Menge macht das Gift, das gilt auch für das Gleichgewicht zwischen Sympathikus und Parasympathikus.

Ein dauerhaft aktivierter Sympathikus ist eine massive Belastung für den Organismus. Menschen, die kontinuierlich Stress ausgesetzt sind, sind wesentlich häufiger müde und erschöpft, weniger aufnahmefähig und selten in der Lage, dauerhaft Höchstleistungen zu erbringen. Bei Pferden ist die Reaktion vergleichbar, immerhin arbeitet das vegetative Nervensystem mit gleichen Nervenbahnen und anhand vergleichbarer Reizweitergabe.

Reitpferde lassen dann wortwörtlich den Kopf hängen, zeigen eine eher devote Körperhaltung mit leerem Blick und gelten im Alltag als wunderbar zufriedene, überaus ausgeglichene Tiere. Im Kern ist ihre Stressachse, also das System aus Hypophyse, Hypothalamus und Nebenrindennieren, aus dem Gleichgewicht geraten. Wie beim Menschen mit stark ausgeprägtem Burn-out schleppt es sich so durchs Leben, wird aufgrund seiner ruhigen Natur oft auch für glücklich und zufrieden gehalten, ist innerlich aber längst von Magengeschwüren zerfressen.

Ein stetig unter Strom stehendes Pferd mit dem sprichwörtlichen Bleifuß auf dem Gaspedal kann weder gesunderhaltend trainiert werden noch dauerhaft rittig bleiben. Früher oder später erleidet es gesundheitliche Folgeschäden, sofern es keine Chance auf echte Erholungspausen erhält.

Den hochsensiblen Bereich der Pferdezunge dauerhaft durch einen starken Hilfeneinsatz zu überlasten, kann man an der Stelle zumindest unklug nennen.

Die Alten Meister dagegen sprachen sich für eine umsichtige und wohldosierte Hilfestellung mittels Zügel aus, egal ob auf Nasen- oder Mundstück. Warum wohl?

Das heißt übrigens nicht, dass der Zügel nicht eingesetzt werden soll – oder darf. Natürlich braucht es den Impuls vom Zügel am Pferdegebiss. Nur darf der Einsatz eben entsprechend der Impulsreiterei kurz sein. Im Sinne der heute gängigen Anlehnungsreiterei ist das natürlich nicht, denn hier wird der stetige, ungebrochene Kontakt zwischen Pferdemaul und Reithand immer weiter ausgedehnt, um die erhoffte Anlehnung herzustellen.

Vier gute Gründe für die freie Pferdezunge

Ein entspanntes und freudig mitarbeitendes Pferd braucht die Option, das Maul zu öffnen, dabei seine Zunge zu bewegen und hier und dort etwas auf dem Gebiss herum zu kauen. Und zwar für echte Kauschläge, nicht nur für simple kleine Mahlbewegungen. Die gezackten Backenzähne des Pferdes erfordern Bewegungsfreiheit!
Die heute gängigen engen Nasenriemen treffen auf genau diese gezackten, also nicht gleitfähigen Backenzähne. Aufgrund der ebenfalls gängigen abgesenkten Kopfhaltung erhalten weder Zunge noch Unterkiefer ausreichend Platz, um sich auszubreiten. Beim Menschen spräche man in dieser Zusammenstellung von logischerweise auftretenden Kopfschmerzen, wird doch der Kiefer ohne Entlastungsoptionen zusammengepresst.

Grund Nummer eins: Das Nervensystem verlangt es

Das Nervensystem besteht im Grunde aus elektrischen Impulsen und Chemorezeptoren, die via Nervenleitbahn Informationen vom Gehirn an den Körper und zurück leiten. Ohne aktive Impulsweitergabe keine Auswertung der Körperfunktion und vor allem:

keine Bewegungsaufforderung! So weit so gut. Was hat das nun mit dem Maulschlecken zu tun? Dafür müssen wir uns mal eben mit dem **Vagusnerv** beschäftigen.
Er zählt zu den Hauptnerven des Parasympathikus und gehört sowohl zu den Hirn- als auch zu den peripheren Nerven. Seine Ausläufer erstrecken sich über den Mund- und Rachenraum hinweg bis in den Rumpf hinein. Über verschiedene Verästelungen werden Informationen und Handlungsanweisungen vom Gehirn an das Herz, die Lunge, das Verdauungssystem und selbst an die empfindsamen Ohren weitergereicht. Von dort erhält das Gehirn dann Feedback in Form von Bestandsaufnahmen zur Atmung, vom Blutdruck oder was sich so in Sachen Verdauung tut. Über verschiedene Rezeptoren registriert der Vagusnerv konstant unterschiedliche Biomarker wie Sauerstoffgehalt, pH-Wert und Temperaturveränderungen.

Lienhard und Schmid-Fetzer fassen das so zusammen: „Über die Informationen aus dem Vagusnerv erschafft sich das Gehirn quasi ein Bild davon, was genau in den unbewusst ablaufenden Prozessen im Inneren des Körpers geschieht."[58]

Dieser Vorgang nennt sich Interozeption und beschreibt die Wahrnehmung der körpereigenen Vorgänge im Gehirn plus die daraus folgende Regulation der situationsangemessenen Reaktion.

Das Gehirn benötigt u. a. die präzisen Informationen des Vagusnervs, um angemessene körperliche Regulationen für innere und äußere Stressoren einzuleiten.

Ein aktivierter Vagusnerv sorgt also im Zweifel dafür, dass sensible Vierbeiner die innere Rückmeldung erhalten, das im Grunde alles o.k. ist. Atmung, Verdauungsstatus und Temperaturentwicklung sind normal. Es gibt gar keinen Grund für nervöses Herumgehampel während der ersten Seitengangslektionen. Gleichzeitig setzen die Bewegungsfolgen der Seitengänge eine muskuläre Kettenreaktion in Gang, die unter anderem in einer verstärkten Maultätigkeit münden.

[58] Lienhard/Schmid-Fetzer 2021: S. 19

Und die wiederum sorgt für eine weitere Aktivierung des Vagusnervs, der für die anhaltende Ansprache des Parasympathikus benötigt wird.

Beim Menschen ist Kaugummikauen ein akzeptiertes Mittel zur Beruhigung bei gleichzeitiger Konzentrationsverstärkung - wer beim Lösen von komplexen Aufgaben Kaugummikauen darf, schneidet oft besser ab.

Zungenruhelage und aktivierter Vagusnerv

Beim Menschen ruht die Zunge in Ruhelage am oberen Gaumensegel, diesem leicht geriffelten Part des Mundraums direkt hinter der oberen Zahnreihe. An dieser Stelle befinden sich auch feinste Verästelungen des Vagusnervs und markieren hier einen der zahlreichen Endpunkte. Gegen genau diese Stelle wird beim korrekten Saugen durch das Säugetier Mensch auch die Brustwarze geschoben. Leichter Druck an dieser Position wirkt sich beruhigend aus. Wellenförmige Saug-Schluck-Muster mit Druck aufs Gaumensegel (gleich Vagusnervstimulation) bis hin zu Kaubewegungen in Stresssituationen beobachten wir in der gesamten Säugetierwelt.

In einer umfassenden Studie[59] wurden verschiedene Möglichkeiten der Vagusnervstimulation an Ratten und Menschen getestet, um die Stressbelastung durch u. a. Angststörungen, posttraumatische Belastungsstörung, Depressionen oder Epilepsie bei Menschen mit Autismus-Spektrum-Störung zu untersuchen. Im Studiensetting wurde der Vagusnerv mittels eines elektrischen Kontaktgebers direkt aktiviert. Statt Kau-, Zungen- oder Saugmuster zu beobachten, schickten die Forschenden allerdings elektrische Impulse direkt entlang des Vagusnervs auf die Reise.

Dabei zeigte sich: Ein aktivierter Vagusnerv scheint die Belastung durch Stress merklich zu senken.
Das standardmäßig angelaufene Stresssystem der untersuchten autistischen Personen fährt herunter, Kreislauf und Stoffwechsel erhalten eine Chance auf Erholung.

[59] Shivaswamy et al. 2022

These findings suggest that VNS (Vagus nerve stimulation, A. d. A.) could reduce the sympathetic stress response in ASD (Autism spectrum disorder, A. d. A.) by increasing parasympathetic nervous system signaling at peripheral cholinergic receptors and thus, in addition to enhancing extinction of learned fears, VNS can reduce conditioned stress responses in the minutes after it is administered.[60]

Zu Deutsch: „Diese Ergebnisse legen nahe, dass die VNS (Vagusnervstimulation, A. d. A.) die sympathische Stressreaktion bei ASD (Autismus-Spektrum-Störung, A. d. A.) reduzieren könnte, indem es die Signalübertragung des parasympathischen Nervensystems am peripheren cholinergen Rezeptor erhöht und somit fördert die VNS nicht nur das Aussterben erlernter Ängste, sondern kann auch konditionierte Stressreaktionen in den Minuten nach der Verabreichung reduzieren."

Schlecken als Blitzableiter

Schlecken und Kauen dienen beim Vierbeiner als zusätzlicher „Blitzableiter". Genauer gesagt als Teil der Übersprungshandlungen, die Pferde instinktiv zeigen, um zwischen instinktgesteuertem und erlerntem Verhalten umzuschalten.

Die instinktgesteuerte Reaktion auf einen sich nähernden Hund auf dem Reitplatz ist ohne Frage Abwehr. Abhängig vom Temperament des Pferdes kann es auch durchaus die Flucht mit wehenden Fahnen sein, die sich beim Kontakt mit einem potenziellen Raubtier automatisch einstellt. Nun hat der sensible vierbeinige Schützling aber wahrscheinlich gelernt, dass diese kleinen Raubtiere kein Grund zum Ausflippen sind.

Die meisten geraten wohl trotzdem instinktiv in den Freeze-Modus, stellen also schlagartig jede Bewegung inklusive der Maultätigkeit ein.

Die mutigeren unter ihnen, die eher mit Flucht- oder Abwehrreaktionen zu kämpfen haben, zeigen weiterhin Bewegungsmuster. Schweifzucken, Kopfschütteln, Kauen und Schlecken sind dann Anzeichen dieses Verarbeitungsprozesses. Statt dem instinktiven Gefühl nach Flucht zu folgen, bleibt der Vierbeiner immerhin brav stehen.

Abtrainierte Selbstregulation in der modernen Reiterei

Beim Reitpferd müssten Maul und Zunge aber zunächst mal Raum erhalten, um sich entsprechend zu bewegen. Ein zugezurrtes Pferdemaul hat gar keinen Spielraum, um die lange Zunge ordentlich zu beherbergen. Wie soll sich das Tier dann selbst regulieren? Woher soll die Entspannung nach der Anspannung kommen?

Raum für Selbstregulation, sprich Raum für Maulbewegung, Kauen und Zungenbewegung klingt da doch einfach nur logisch. Das gilt nicht nur für die Situationen vor oder nach den Schulungseinheiten. Sondern natürlich auch für die Momente mittendrin!

Obwohl in der deutschen Sportreiterei bereits beim kleinsten Aufblitzen der Zunge gern von einem Zungenfehler gesprochen wird, tritt dieser wertungsrelevante Fehler streng genommen erst bei seitlich heraushängender Zunge auf, die dort auch noch über längere Zeit hinweg sichtbar sein müsste.

Ein kurzer Zungenblitzer ist kein wertungsrelevanter Zungenfehler, sondern Anzeichen für ein optimal arbeitendes Pferd. Das gilt vor allem für das sichtbare Kauen.

Kauen sollte im Idealfall im Rhythmus der abfußenden Hinterbeine geschehen. Dies beweist eine effiziente Arbeit der ventralen Muskelkette, die am Kiefergelenk und in der Zungenbeinregion startet.

Immer wenn ein Hinterhuf den Erdboden verlässt, sollte ein Kauschlag erfolgen. Die Slow-Motion Bewegung in der Halle spiegelt sich dann beispielsweise auch im Rhythmus der Hinterhandbewegung als Slow-Motion-Kauen wider. Bei einer Piaffe mit bewusst schnell gewähltem Rhythmus erfolgen die Kauschläge schneller. Arbeitest du dein Reitpferd

[60] Shivaswamy et al. 2022

in einer Slow-Motion-Bewegung durch die Piaffe, wirst du auch langsamere Kauschläge im Takt der Hinterhandbewegung beobachten.

Grund Nummer zwei: Spannungsabbau durch bewegliche Zungen

Wer keine Ahnung von Dressur hat, der zurrt das Pferdemaul zu und nennt das ästhetisch. Klingt harsch? Ist aber Teil der gängigen Reitausbildung, wenn wild schleckende und kauende Pferde durch Hilfszügel und auf Anschlag zugezogene Reithalfter in Form gebracht werden. Der Hals ist hübsch aufgerollt und das Maul bleibt geschlossen. Wohin die sensible Zunge im solchermaßen fest verpackten Maul soll, ist aber unklar und wird auch selten hinterfragt. Hauptsache, die für das moderne Dressurauge erforderliche geschlossene Außenansicht der Lippen ist hergestellt. So sind dann nur noch Mahlbewegungen mit dem Kiefer möglich. Kurz zur Erinnerung: Die Backenzähne des Pferdes sind gezackt. Eine Bewegung nach vorne geht durch das Zuschnüren nicht, der Spielraum für das eigentlich so sinnvolle Kauen und nach vorn gerichtete Schlecken verringert sich erheblich. Da bleibt dem Pferd nur, den Spannungskopfschmerz auszuhalten, der sich zwangsläufig einstellen wird.

Beim Menschen lässt sich bereits nachweisen, dass bewusste Zungenübungen Stressmarker im Speichel reduzieren. Das lässt die Schlussfolgerung zu: Zungengymnastik entspannt!

> *This result suggests that the tongue rotation exercise may inhibit stress activation. Notably, the tongue rotation exercise employs many stomatognathic muscles, which in turn stimulate the vagus nerve and the parasympathetic nervous system such that the salivary amylase activity would be inhibited.*[61]

Zu Deutsch: „Dieses Ergebnis legt nahe, dass die Zungenrotationsübung die Stressaktivierung hemmen kann. Bemerkenswert ist, dass bei der Zungenrotationsübung viele stomatognathe Muskeln beansprucht werden, die wiederum den Vagusnerv und das parasympathische Nervensystem stimulieren, sodass die Aktivität der Speichelamylase gehemmt wird."

Der Begriff stomatognathe Muskeln beschreibt hier alle Strukturen des Mund- und Kieferbereichs.

Wenn die Zunge schön weit nach vorne in den Maulraum ragt, wirkt sich das sehr günstig für die Aktivierung des Vagusnervs aus. Das ist genau das, was wir haben möchten, um ein in sich ruhendes und gleichzeitig aufnahmebereites Reitpferd zu erhalten.

Philippe Karl bezeichnet die Verwendung eines zugezurrten Reithalfters als gewaltvolle Knebelung[62], die einzig wegen dem Festhalten an einer tiefen Handhaltung nötig sei. Mit weitreichenden Folgen, denn ein geknebeltes Pferd wird zwangsläufig im vorderen Rumpfbereich Verspannungen aufweisen. Am Zungenbein sind Zunge, Rachen und Kehlkopf befestigt. Die Mobilisierung der Zunge wird wiederum durch die Muskelgruppen bestimmt, die das Zungenbein mit dem Kopf, den Schultern und dem Brustbein verbinden. Das sensible Konstrukt aus Zunge und Zungenbein ist damit entscheidend für die Funktionalität des vorderen Rumpftrageapparats. Wer hier festzurrt und wegschnallt, schränkt bei weitem nicht nur das scheinbar lästige Kauen und Schlecken ein.

Während das Pferd solchermaßen festgezurrt den Kopf einrollt, um dem Druck der nach dauerhafter Anlehnung suchenden tiefen Hand zu entgehen, treiben es die Schenkelhilfen nach vorn. Die Bewegung nach vorn klappt an dieser Stelle oft nur noch ausschließlich via Schubkraft, denn die Vorderbeine sind dank blockiertem Zungenbein der Möglichkeit beraubt, ihre aufwärtsdrückende Kraft umzusetzen.

Was der Grund sein dürfte, dass Baucher sich in seiner zweiten Manier so ausdrücklich für die zeitversetze Verwendung von Zügel und Schenkel als Hilfestellung aussprach. Die heute so selbstverständlich gängige Methode der Hilfszügel in der Dressurausbildung zusammen mit heutiger sportlicher und durchaus fester Anlehnung, zusammen mit tiefer ziehender Hand und grundlos treibenden

[61] Mizuhashi 2020

[62] Karl 2006/2007: S. 40f

Schenkelhilfen dürfte sich für das durchschnittliche Reitpferd wie eine Fahrt mit angezogener Handbremse anfühlen, während der Fuß stetig auf dem Gaspedal liegt. Handfeste Gründe, die für das Pferdewohl sprechen, sind weit und breit nicht zu finden.

Volle Kraft voraus mit angezogener Handbremse (sportlich feste Anlehnung) und Bleifuß (permanent treibende Schenkelhilfe) ruiniert den Kontakt zum Pferdemaul.

Der Weg zur gesundheitsfördernden Selbsthaltung gelingt nur über eine nicht zurückgestauchte Halsbasis. Also das ziemlich genaue Gegenteil zur typisch deutschen starken Anlehnung, die offensichtlich besagte Halsbasis stark komprimiert sehen will. Die durchschnittliche Verbindung zwischen Hand und Pferdemaul muss immer wieder leicht werden. Erst in dieser Leichtwerdung hat dein Pferd die Chance, die Halsbasis mit nach oben zu nehmen und eine **Widerristhebung inklusive Halsbasis** durchzuführen. Frei nach Nuno Oliveiras berühmten Satz: „Gib dem Pferd die Haltung (die es für die Bewegung braucht) und lass es gewähren" würde ich das ganze einkürzen auf Anfassen – Formen – Alleine lassen.

Ein Pferd, das über das Maul gearbeitet wird, kann bei leichtestem Kontakt mit den Fingerspitzen am Zügel geritten werden, während eines, das über das Genick gearbeitet wird, dauernd angespannte Zügel und Arme benötigt. Deshalb besteht das erstere Reitweise ganz aus Feingefühl, letztere ganz aus Kraft.[63]

Die Krönung dabei ist wohl, dass sich in den Heeresdienstvorschriften aus der Kaiserzeit verschiedene Übungen fanden, die der Mobilisierung des Unterkiefers dienten. Erst mit der H.DV 12/37 ändert sich das, als derartige aufs Pferdewohl ausgerichtete Übungen rigoros zugunsten des schneller ausgebildeten Truppentransportpferdes wegrationalisiert wurden. Da sich die heutige Ausbildungsskala auf genau dieses Skelett einer Ausbildungsleitlinie beruft, ist der Mangel an Mobilisierungsübungen in der modernen Dressur keine große Überraschung.

Am Ende steht das Reitpferd mit gestauchter Halsbasis, gesenktem Blick und einem erhöhten Stresslevel da, kann ohne passende Schulungen keine Rumpfhebung aus eigener Kraft meistern und sich dementsprechend nicht seiner vollen physiologischen Stoßdämpfungsfähigkeit in der Vorhand und zur optimalen Lastaufnahme und -verteilung bedienen. Das Gleichgewicht aus Sympathikus und Parasympathikus kann bei einem versperrten Pferdemaul nicht in dem Maße selbstwirksam reguliert werden, wie es das bei lockerem Nasenriemen und einer besonders feinen Hilfengebung könnte.

Grund Nummer drei: Kauen beschleunigt die Verdauung

Menschen mit Verdauungsbeschwerden sollen Kaugummi kauen. Den zögerlichen Darm animiert das kaugummiinduzierte Schein-Essen dazu, sich auf das eintreffende Essen vorzubereiten. Die Darmbewegungen steigern sich und im Darmtrakt vorhandene halb verdaute Speisen werden so besser aufgespalten. Am Ende erwartet die verdauungsgeplagten Menschen – dank des Kaugummikauens – eine verbesserte Nährstoffverarbeitung im Darm. Blähungen, Verstopfung und Durchfall werden seltener.

Forschende der Virgina Tech[64] kombinierten moderne Videotechnologie und mit Apfelgeschmack aromatisierte Gebissstücke, um an neun Pferden die Theorie der besseren Verdauung durch Schein-Kauen zu prüfen. Kauen meint hier übrigens keine seitliche Mahlbewegung bei geschlossenen Lippen, sondern ausdrücklich die Möglichkeit, bei sich voneinander lösenden Lippen die Zähne deutlicher voneinander zu entfernen und dann wieder aufeinandertreffen zu lassen. Das ist Kauen!

Siehe da: Das Futter bewegte sich deutlich schneller durch den Darm, als es das ohne extra anregendes Kauen auf dem Gebiss tun würde. Weitere Forschung steht noch aus, aber vorläufig lässt sich hier schon der Schluss ziehen, dass es nun zumindest nicht schaden dürfte, kaufreudige Pferde einfach kauen zu lassen.

[63] James Fillis in Karl 2006/2007: S. 44

[64] Patton 2023

Magenpatienten und koliklabile Pferde dürften davon ganz besonders profitieren. Die Konditionierung auf das Gebissstück ist an dieser Stelle aus gesundheitlicher Sicht absolut sinnvoll. Häufige Abkauübungen sind enorm hilfreich, um vorhandene **Magengeschwüre** in den Griff zu bekommen. Das im Speichel enthaltene Bicarbonat ist nämlich bestens dazu geeignet, die bei Pferden sehr aggressive Magensäure auf ein normales Maß herunter zu puffern. Alles, was es dazu braucht, ist reichlich abgeschluckter Speichel.

Tipp: Setze auf **Pump-Kandare** bei magenkranken Pferden. Die Vierbeiner können das Mittelstück mit der Zunge anheben und fallenlassen, wobei klirrende Geräusche entstehen. Speziell Hengste und Wallache leben ihren höheren Spieltrieb wahnsinnig gern mit dem Maul aus. Wenn sich beim Herumspielen mit der Zunge diese netten Klinggeräusche produzieren lassen, animiert das die Tiere zusätzlich, die Maultätigkeit samt Speichelproduktion anzukurbeln.

Aber bitte, setz die Pump-Kandare nicht in der heutigen üblichen Daueranlehnung ein, sie verliert ihren therapeutischen Zweck.

Zu eng geschnallte Nasenriemen verhindern das Kauen übrigens nicht nur effizient, sondern sind auch noch offiziell erlaubt.

Alle Reitlehren fordern für das Pferd die Möglichkeit des „Kauens" am Gebiss während des Reitens. Kauen, ebenso wie die Aufnahme einer Belohnung, ist aber nur möglich, wenn die Kiefer voneinander entfernt werden können. Genau das verhindern zu eng geschnallte Nasenriemen. Maßgeblich ist hierbei der am engsten verschnallte Riemen, wobei es völlig belanglos ist, wo dieser liegt, d. h. ob oberhalb des Gebisses „englisch" oder unterhalb des Gebisses „hannoversch" verschnallt.[65]

Kienapfel und Preuschaft fordern in einem bereits älteren, nichtsdestotrotz aber lesenswerten Artikel eine klare Regelung für lockere Nasenriemen, um Reitpferden die Möglichkeit zu richtigen Kaubewegungen zu bieten. Der an die FN herangetragene Wunsch, eine verbindliche Regelung beziehungsweise geeignete standardisierte Messmittel im Wettkampfeinsatz zu verwenden, mündeten in Ergänzungen der LPO, die das richtige Kauen mit offenem Maul weiterhin regelmäßig nicht ermöglichen.

Grund Nummer vier: Schlecken erleichtert das Lernen

Die gesteigerte neuronale Gesamtaktivität des motorischen Lernens verbessert sich, wenn der Vierbeiner aktiv kauen und schlecken darf. Und das drastisch! Dahinter steckt das Prinzip des **sensory primings**, bei dem der sensomotorische Bereich des Gehirns aktiv durch eine vermehrte Zungenaktivität angesprochen wird.

Im Profisport wird diese Form des Gehirntrainings unter dem Stichwort Neuroathletik bereits hier und da eingesetzt. Erste Forschungsergebnisse scheinen die Idee, per Zungenbewegung erfolgversprechende Ergebnisse erzielen zu können, auch zu bestätigen.[66]

Idealerweise wird das sensory priming direkt vor oder beim Erlernen neuer Bewegungsmuster angewendet. Das Hergeben des Mauls, wie es die Alten Meister praktizierten, schuf damit ideale Voraussetzungen für das Erlernen der Schulungslektionen!

Parallel dazu wird aber auch klar: Die von den Alten Meistern hochgeschätzte feine Hilfengebung ist bei der aktuell üblichen geforderten starken Anlehnung ans Gebiss nicht gegeben. Oder anders gesagt: Wenn dein Reitpferd beim durch die Halle schlurfen aussieht, als würde es die komplette Zeit über grinsen, ist es in Wahrheit alles andere als glücklich!

[65] Kienapfel/Preuschaft 2010

[66] di Vico et al. 2014

Kopf hoch!

Wir erinnern uns: Pferde waren ursprünglich vor allem damit beschäftigt, mit tiefem Kopf Stunde um Stunde stehend zu grasen. Der Druck der Organe im Bauchraum musste entsprechend aufgefangen werden. Da hat sich der feste Nackenstrang bewährt, der das Gewicht entsprechend gut stabilisiert. Der Strang selbst ist nicht sonderlich elastisch, sondern straff und fest. Er liegt auf den Dornfortsatzspitzen auf, die wiederum auf der empfindsamen Wirbelsäule sitzen. Aufgrund dieser Anordnung drückt der Zug des Nackenbands beim Absenken des Kopfes den Widerrist nach unten. Im Stand beim Grasen ist der nach vorwärts-abwärts gezogene Widerrist natürlich kein Problem. Dabei bewegen sich Pferde üblicherweise ultralangsam. Stoßdämpfung ist da schlicht unnötig. Das schaut beim Stechtrab oder bei Galopprunden natürlich völlig anders aus!
Beim Großpferd bewegen sich die Dornfortsatzspitzen übrigens um gute dreißig Zentimeter nach vorne-unten, wenn das Tier stehend grast.

Zwischen diesen ausgiebigen Futterphasen mit gesenktem Kopf ist selbiger allerdings hoch erhoben. Dann hat das Fluchttier den besten Überblick über die Umgebung, um eventuelle Raubtiere blitzschnell zu entdecken und um sich - im Falle des Falles - zügig vom Acker zu machen. Das binokulare Sehen, also die Überlappung der Sehfelder von rechtem und linkem Auge, ist bei hoch erhobenem Kopf und offenem Genick optimal zum Scan der gesamten näheren Umgebung.

In der sportlichen Dressur wird der Kopf aber gern tief und eng eingestellt. Manchmal drängt sich der Eindruck auf, je wichtiger das Turnier für den jeweiligen Reiter ist, desto tiefer und enger sitzt der Kopf. Nun gibt es genug Menschen, die freiwillig mit dem Smartphone vor der Nase und darüber gebeugtem Kopf, ohne nach links und rechts zu schauen, Straßen überqueren. Sichtfeld gleich null, die Außenwelt ist auf den kleinen Ausschnitt vor und unter dem Körper beschränkt.

Pferde tun das in aller Regel nicht von allein, schon gar nicht über längere Zeiträume hinweg und auf unbekanntem Gelände. Der eine oder andere Sportreiter setzt diese Blickfeldbeschränkung bewusst ein, um das Tier auf diese Weise besser zu kontrollieren. Was das Reitpferd nicht sieht, auf das kann es auch nicht in mehr oder weniger unberechenbarer Art und Weise reagieren.

Das Einrollen des Halses zu Turnierzwecken erfordert vom ausgebildeten Pferd also, auf weite Teile seines Blickfeldes zu verzichten. Die oberen Bänder des Nackenbandes sind dabei übermäßig unter Zugspannung. Der Pferdekörper reagiert darauf mit einem Stabilisierungsversuch: Der Nackenbandursprung verkalkt, um ein vermeintliches Abreißen am Schädel aufgrund der aufgerollten Halslinie zu verhindern. Bei Röntgenaufnahmen von Sportpferden zeigen sich diese starken Verkalkungen gehäuft, leider auch vermehrt bei Freizeitpferden.

Dass es hier regelmäßig zu Entzündungen kommt, dürfte niemanden mehr wundern.

Auch die Ohren werden in Mitleidenschaft gezogen, denn der eingerollte Hals quetscht nicht nur die Ohrspeicheldrüse, sondern verhindert aufgrund der fixierten Position auch eine optimale Gleichgewichtsermittlung. Das Innenohr befindet sich bei eingerolltem Hals nicht in der idealen Stellung, um die Position im dreidimensionalen Raum zu bestimmen. Dafür sollte sie besser der Haltung ähneln, die wir früher bei Galopp- und Springpferden beobachten konnten. Dort wurde den Pferden bewusst die völlige Halsfreiheit gelassen, um ihm im Rahmen seines Sichtfelds die Chance zur Mitabschätzung des Parcours zu geben. Inzwischen zeigt sich die enge Einstellung des Halses ja auch leider in allen anderen Betätigungsfeldern jenseits der Dressur.

Fans des schönen Reitstils nach Westernart verweisen auf die unbedingt nötige tiefe Einstellung der Halslinie. Dabei wird aber oft vergessen, dass sich auch hier im Laufe der vergangenen Jahrzehnte die Einstellung zulasten der Pferdegesundheit verändert hat. Der alt-kalifornische Westernstil ist wesentlich schonender für Knochen, Sehnen und Bänder als die moderne Westernreiterei, bei der gerne mal die Pferdenase durch den Sand schleift.

Menschen mit Innenohrerkrankungen klagen oft über Gleichgewichtsprobleme. Stell dir vor, wie du auf winzig kleiner Trittfläche (Hufe) mit massivem Gewicht (~ 500 Kilogramm, gerne auch mehr) und gestörtem Gleichgewichtsempfinden versuchst, elegant aufzutreten.

Nun hat es sich mittlerweile fest etabliert, dass Reitpferde Runde um Runde im Vorwärts-Abwärts gearbeitet werden. Erhofft wird sich eine entspannte, gedehnte Haltung des Pferdekörpers, das Tier soll schön schwungvoll an die Hand herantreten.

Alle Alt-Klassischen Meister haben ohne Dehnungshaltung gearbeitet. Einige wenige altpreußische Reitmeister haben von einer Arbeit in der Tiefe gesprochen, wenn Probleme mit dem Pferd zu beobachten waren. Die Tiefe stand dann für eine Schnauze circa auf Hüftgelenkshöhe. Selbst im Rahmen der H. DV 12 war die Tiefe als natürliche Haltung der Remonte gemeint, die dann im Rahmen der Lektionen aufgerichtet werden musste.

Die Dehnungshaltung ist eine ganz und gar neuzeitliche Erfindung.

Das heutige Vorwärts-Abwärts ist eine überaus moderne Prozedur, die sich auch nicht mit den Auswirkungen heutiger Züchtungen erklären lässt. Die Pferde der klassischen Meister verfügten genauso wenig über ein Schlüsselbein wie die Pferde unserer Zeit. Auch heute lässt sich die echte Rumpfhebung nicht willentlich bei tiefer Halsbasis auslösen.

Die Idee, permanent an der Kopfhalseinstellung zu justieren, ist ein von mir wenig geliebtes Geschenk der Militärreiterei der Moderne. Wer seine vierbeinigen Truppentransporter nicht ständig für kleinere Erholungspausen anhalten lassen will, muss andere Wege zur Entlastung des Bewegungsapparats finden. Gerade die pferdeschonende Reitkunst der Alten Meister erfordert aber nun mal entlastende Ruhepausen, denn Versammlung ist Krafttraining und damit nicht unendlich am Stück praktizierbar.

Wer mit seinem Truppentransporter schlicht von A nach B gelangen will, hat weder für die zeitaufwendige Ausbildung der Versammlungsreiterei noch für die notwendigen Pausen in der versammelten Fortbewegung die dafür erforderliche Zeit zur Verfügung.

Die Lösung der kaiserlichen Reiterei bis hin zur Wehrmacht bestand in einer gedehnteren offenen Haltung, die uns auch heute noch ordentlich Ärger macht. Für ihren ursprünglichen Zweck, nämlich zu kurz ausgebildete Pferde unter mittelmäßig engagierten Soldaten weite Strecken zurücklegen zu lassen, war die damalige Fassung der Dehnungshaltung vielleicht gar keine schlechte Idee. So konnte die nicht ausreichend ausgebildete Muskulatur noch weitgehend mit den Anforderungen Schritt halten. Wobei natürlich die Dehnungshaltung dieser Zeit den Kopf auf maximal Buggelenk sah, während heutzutage die Kopfhaltung weitaus tiefer angesetzt wird.

Heutzutage steht einer Impulsreiterei mit kurzen Lektionen und am Pferd orientierten Pausen aber nichts im Wege. Die stetige Dehnerei kann aber getrost wegfallen, denn aus sportmedizinischer Sicht ist sie mindestens nutzlos, teilweise sogar schädlich.

Was ist eigentlich Schwung?

Schwung tritt nur in schwunghaften Gangarten auf, sagt die FN. Der Rumpf passt sich dabei dem Rhythmus der Gangart mit auf- und abwärtsfedernden Bewegungen an.

*Schwung - das ist die **Übertragung des energischen Impulses aus der Hinterhand über den schwingenden Rücken auf die Gesamt-Vorwärts-Bewegung des Pferdes.** Schwung entsteht erst, wenn der Rücken losgelassen schwingt. Es besteht also ein wichtiger Zusammenhang zwischen Losgelassenheit, Rückentätigkeit und Schwung.*[67]

[67] Reiterliche Vereinigung, pferd-aktuell.de

Bei einem gesunden Pferd federt der gesamte Rumpf logischerweise aufgrund des fehlenden Schlüsselbeins auf und ab. Sobald das Reitgewicht auf dem Rücken Platz nimmt, wird das Federn verringert. Optimal gelingt das beim ausgebildeten Pferd vor allem in der Grand Passage, die der Definition von Schwung am nächsten kommt sowie - natürlich - in der Versammlung.

Versperrte Pferdeköpfe und eine tiefe auf Dauerzug erzwingende Hand erschweren das freie Schwingen, denn das Kiefergelenk und das Zungenbein mit ihrer Anbindung an die kräftige Muskulatur der Vorhand nimmt direkten Einfluss auf das Verhalten der Hinterhand.

Die tiefe Kopfhalseinstellung samt niedergedrücktem Widerrist lässt das Pferd seine Balance verlieren. Das auf dem Rücken hockende instabile Reitgewicht treibt und fordert raumgreifende Schritte. Das führt dazu, dass das Tier ständig von hinten schieben muss, um seinem Körperschwerpunkt hinterherzujagen.

Nun wird das gängige Vorwärts-Abwärts einem gut aufgemuskeltem Reitpferd bei gelegentlichen Hallenrunden nicht viel ausmachen. Sinnvoll ist es nun aber auch nicht. Bei einem schlecht bemuskeltem und untrainierten Tier ohne Reitpferdemuskulatur dagegen oder einem, das bereits zunehmend mit Trageerschöpfung zu tun hat, ist diese Arbeitshaltung die Garantie für weitere Verschleißerscheinungen.

Dabei gilt natürlich sowohl für das hübsch mit Muskeln bepackte Tier als auch für das Pferd ohne passende muskuläre Ausstattung, dass eine physiologische Arbeitshaltung mit gehobenem Widerrist langfristig das beste Mittel gegen Verschleißerscheinungen ist.

Zumal sich viele Pferde, insbesondere diejenigen, die mit einem leichten Genick bestückt sind, bei Einforderung der deutlichen Dehnungshaltung lieber im Hals aufrollen, um trotz Reitgewicht irgendwie auf den Hufen zu bleiben. Mit aufgerolltem Hals klappt das nämlich weitaus besser, da der schwere Kopf durch dieses Verhalten näher am Rumpf bleibt und damit der Schwerpunkt eher dort belassen wird, wo er hingehört.

Die Auswirkungen dieser Standardhaltung und weiterer selbst zusammengebastelter Methoden? Die Wahrscheinlichkeit erhöht sich, dass Reitpferde messbar kleiner im Stockmaß werden. Schuld daran ist die vom Nervensystem eingeforderte erhöhte Muskelspannung (Muskeltonus), die dadurch auf den immer stärker fixierten Rumpf einwirkt. Das führt dazu, dass der Rumpf immer weniger nach oben kann. Das Pferd schrumpft.

Wer ständig mit gesenktem Kopf durchs Leben schleicht, wird krumm.

Nicht nur krumm, mitunter auch depressiv. Aus der Verhaltensforschung ist bekannt, dass sich nonverbale Signale nicht nur auf das Gegenüber, sondern auch auf die Person - oder in diesem Falle, auf den vierbeinigen Schützling - auswirken.

In einer vergleichenden Studie hat Johannes Michalak an der Ruhruniversität von Bonn herausgearbeitet, dass Menschen mit depressiver Verstimmung ein charakteristisches Gangbild aufweisen: Weniger Schwung in den Armen, schlurfende Schritte, gesenkter Kopf und eine langsamere Schrittgeschwindigkeit zählten zu den Charakteristika.[68]

Sich versammelnde Reitpferde teilen zwar einige dieser Punkte in der Beschreibung, allerdings ist die langsame, anfangs noch wenig kraftvoll wirkende Ausführung erster versammelnder Lektionen aktives Bewegungslernen. Die Haltung ist wesentlich stolzer, immerhin stellt die Versammlung grundsätzlich das Imponiergehabe des Tieres dar. Die Gliedmaßen sind vertikaler, der Kopf mindestens leicht erhoben. Da zeigt sich die Unterscheidung zu depressiven Charakteristika doch deutlich.

Das tatsächlich phlegmatische bis depressive Pferd dagegen schlurft gern mal mit gesenktem Kopf und leblosem Blick durch die Halle.

[68] Michalak 2009

Die amerikanische Psychologin Amy Cuddy brachte in einem millionenfach gestreamten TED-Talk[69] das Thema der Körperhaltung in Form von Power-Posen auf. Ihre These: Wer sich breit aufstellt, Kopf erhoben, Schultern gerade und Hände in die Hüften oder nach oben gerichtet, der schüttet mehr Testosteron aus. Das wirke sich dann positiv auf die Außendarstellung aus - der neue Job und das höhere Gehalt seien einem damit sicher. Die zugrunde liegende Studie war aus wissenschaftlicher Sicht nicht haltbar, die Erhöhung des Testosteronspiegels ließ sich nicht reproduzieren. Anders sieht es bei erlebten Emotionen aus: Mit diesen Power-Posen *fühlten* sich die befragten Personen in Studien[70] wesentlich kraftvoller, lebendiger und energiegeladener. Aufs Pferd übertragen heißt das wohl: Korrekte Reitpferdeaufrichtung für eine bessere Stimmung! Diese Power-Posen entsprechen beim versammelten Pferd der Imponierhaltung, mit entsprechend positiver Auswirkung auf seine Gemütsverfassung.

Nun ist die subjektive Einschätzung des Gemüts- und Widerristzustands das eine, eine objektive Messung des Stockmaßes eine ganz andere.

Deine Messhilfe zur Ermittlung des Stockmaßes:

1. Pferdekopf tief einstellen, am besten etwas am Boden fressen lassen und das Stockmaß ermitteln.
2. Pferdekopf möglichst hoch einstellen und Messung wiederholen.

Hier **muss** ein unterschiedlicher Wert herauskommen! Bleiben die Messergebnisse gleich? Dann ist es Zeit, an der Haltung zu arbeiten. Denn ein identisches Stockmaß bei Messübung eins und zwei bedeutet leider auch: Das Reitpferd zeigt eine Schutzspannung im Schultergürtel, was für eine bereits deutlich erkennbare Trageerschöpfung spricht.

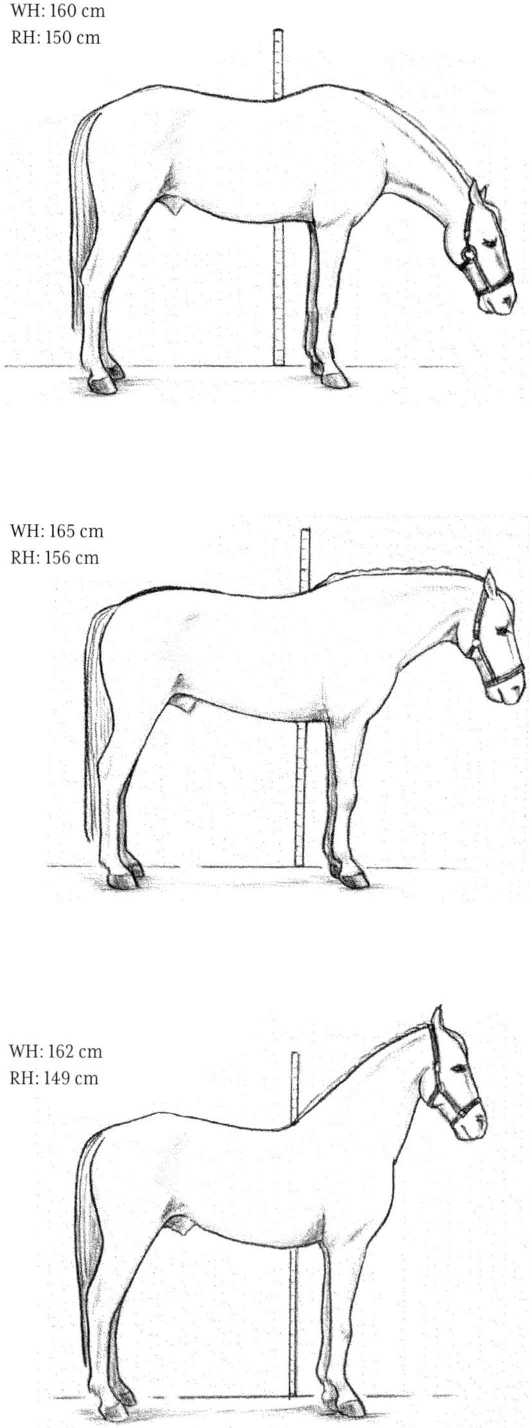

Tiefe Kopfhaltung (oben), entspannte Haltung (mitte), erhobener Kopf (unten) zur Ermittlung des Stockmaßes.

[69] Cuddy 2012
[70] Cuddy et al. 2018

Racinet beschreibt die Entwicklung des Widerrists unter Reitgewichtbelastung als unabhängig von der Kopfhaltung. Gemessen an seinem Reitpferd Rica beobachtet er eine generelle Stockmaßreduktion um zwei ganze Zentimeter, sobald sich ein Reiter mit 77 Kilogramm Gewicht in den Sattel schwingt. Unabhängig davon, wie der Kopf samt Halslinie eingestellt ist![71]

[71] Racinet 2009: S.55

Tab. nach Racinet, eigene Ergänzungen

	Halsstellung	Stockmaß	Stockmaßveränderung
	niedrige Halsstellung	166 Zentimeter	-2 Zentimeter
Ungeritten	„normale" Halsstellung	168 Zentimeter	0
	sehr hohe Halsstellung	170 Zentimeter	+2 Zentimeter
	niedrige Halsstellung	164 Zentimeter	-2 Zentimeter
Geritten	„normale" Halsstellung	166 Zentimeter	0
	sehr hohe Halsstellung	168 Zentimeter	+2 Zentimeter

Das Stockmaß verändert sich nicht nur aufgrund der Einstellung des Kopfes, sondern auch allein durch die Tatsache, dass du als Reitgewicht auf dem Pferdekörper Platz nimmst.

WH: 160 cm
RH: 150 cm

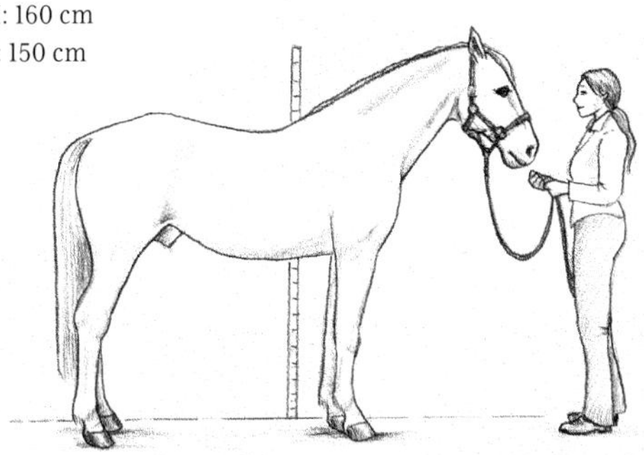

WH: 156 cm
RH: 146 cm

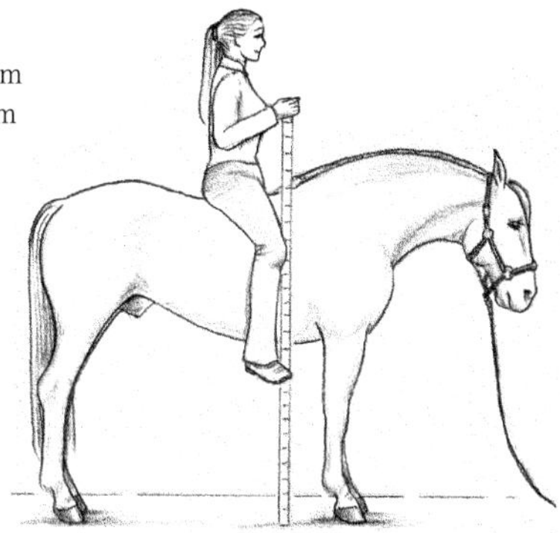

WH: 155 cm
RH: 145 cm

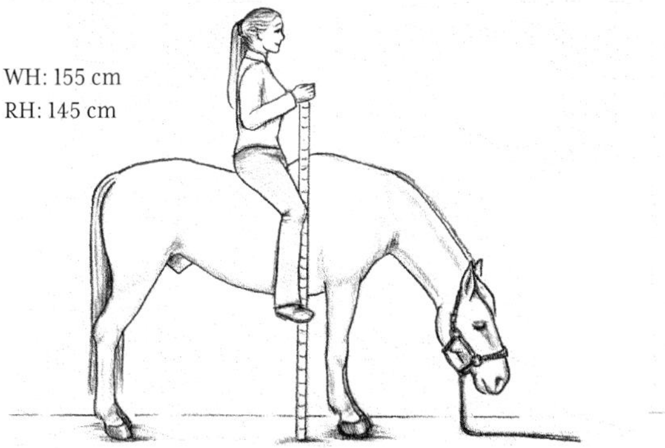

WH: 161 cm
RH: 148 cm

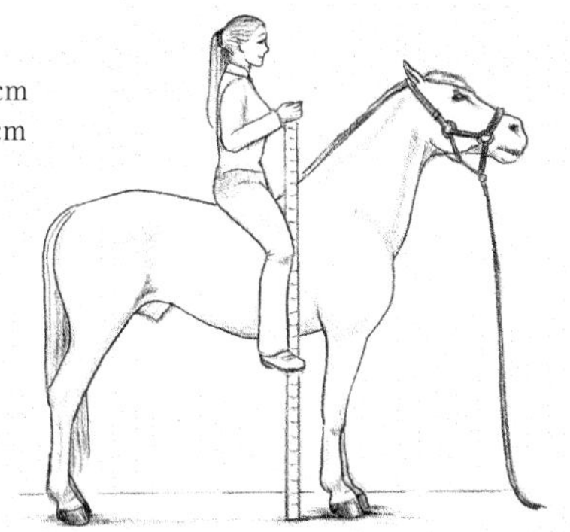

Robuste Rassen mit strafferem Bindegewebe sacken mit Reitgewicht etwas weniger stark ab. Vollblüter mit ihrem eher weicherem myofaszialem Gewebe können auch weit mehr als die von Racinet beobachteten zwei Zentimeter an Stockmaßhöhe verlieren. Heutige Warmblutzüchtungen sind so elastisch, dass sie zurecht mit dem Prädikat hypermobil versehen werden. Ihr Bindegewebe ist so nachgiebig, dass sich oftmals Stockmaßveränderungen von bis zu zehn Zentimetern beobachten lassen.

Racinets Einschätzung zur Ursache dieser messbaren Widerristveränderung kann ich mich im Übrigen nur anschließen:

> *Dieses Resultat ist darauf zurückzuführen und erklärt sich ausschließlich dadurch, dass die Verbindung zwischen dem Brustkorb des Pferdes und den Schulterblättern relativ schwach ist.*[72]

Die so bezeichnete Schwäche ergibt sich natürlich aus der anatomischen Besonderheit der fehlenden Schlüsselbeine. Oft wird das reiterliche Gewicht als Ursache für einen nach unten eingewölbten Rücken vermutet. Das fehlende Schlüsselbein spielt hier aber eine wesentlich größere Rolle, als ein paar Kilogramm mehr oder weniger beim reiterlichen Gewicht.

Für Racinet ist das Anheben der Halsbasis von „erstrangiger Wichtigkeit", um den Widerrist zu heben. Das heutige moderne Vorwärts-Abwärts wäre entsprechend die absolut falsche Wahl. Denn dann hebt sich ja die Halslinie nicht, sondern sinkt noch weiter gen Boden! Aus dieser Kopfsenkung folgt eine Vorverlagerung der Oberlinie nach vorn, was die Vorhand zusätzlich belastet und den Rücken flach legt. Zur Erinnerung: Die Vorverlagerung der Oberlinie bedeutet, dass die Dornfortsatzspitzen beim Großpferd locker um dreißig Zentimeter nach vorne-unten wandern.

Von rundem Rücken ist hier keine Spur zu sehen. Das solcherart gestreckte Nacken-Rückenband mündet am höchsten Punkt der Kruppe. Der muskuläre Zug der niedrigen, nach vorn-unten ausgerichteten Oberlinie stellt das Becken in eine eher horizontale Position. Um das dermaßen aus der natürlichen Haltung geworfene Pferd zu reiten, wird häufig auf lebhaften Trab gesetzt, um der Kettenreaktion von unerwünschten Effekten entgegenzuwirken und um das Umkippen des Beckens verhindern zu können.

Stattdessen muss das Pferd den Zug an beiden Enden ausgleichen, während es parallel das nicht unerhebliche Reitgewicht herumträgt.

> *Es ist eindeutig, dass das Anheben des Kopfes und das Hohlwerden des Kreuzes zwei verschiedene, in keiner Weise miteinander verbundene Phänomene sind.*[73]

Um den Hals zu heben, werden rein anatomisch die Multifidi nicht einmal ansatzweise benötigt. Das kann das Reitpferd ganz ohne Anspannung der vielgefiederten Muskeln in diesem Bereich.

Welche Alternative gibt es zur Standardhaltung? Nun, dieser Abschnitt heißt ja nicht ohne Grund „Kopf hoch!". Tatsächlich muss, damit das halbwegs trainierte Pferd den Schritt zu einem gut ausgebildeten Schulpferd bewältigen kann, die Aufrichtung und Selbsthaltung gefördert werden. Das kommt seinem Schwerpunkt entgegen, vor allem wenn es bereits Reitgewicht trägt! Genauer gesagt verlagert sich durch eine Anhebung der Front der Schwerpunkt nach hinten, die Lastaufnahme findet tendenziell auf der Hinterhand statt. Allein das Hochheben des Kopfes ist aber natürlich nicht das alleinige Ziel. Bei der Dressurkunst nach Art der Alten Meister geht es um das Umformen der Halswirbelsäule von einer S-Form hin zu einer geschwungenen halben regenbogenförmigen Halsbasis in maximaler Selbsthaltung bei gleichzeitig muskulär gehobenem Widerrist.

Ist das Pferd versammelt, dann sieht das in der Halle so aus: Bei vielen Lektionen verweilen die Hinterhufe

[72] Racinet 2009: S. 55

[73] Racinet 2009: S. 52

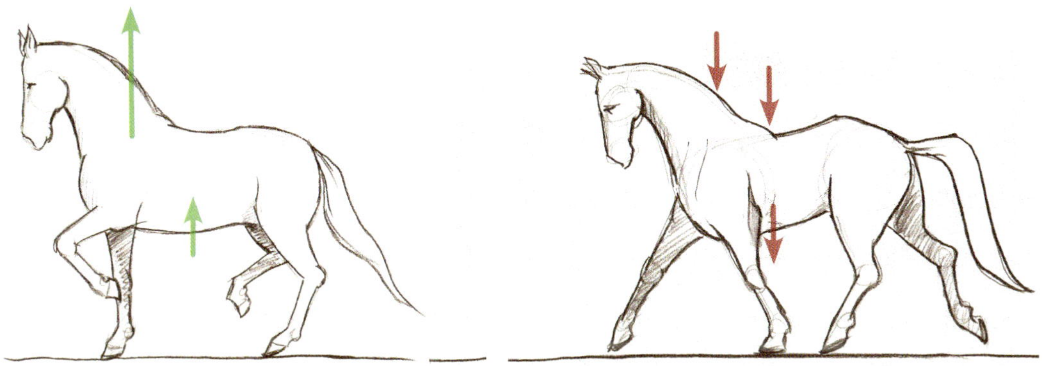

Links eine versammlungslastige Lektion, die die Gesundheit deines Vierbeiners langfristig erhält. Rechts eine versammlungsfreie Bewegung.

länger am Boden als die Vorderhufe. Ganz einfach eigentlich. Racinet erwähnte gern, das Pferd solle in der Versammlung laufen, als würde es an eine unterschwellige Levade denken.

Für ein gesundes, lange reitbares Tier empfiehlt sich eine Schwerpunktverlagerung nach hinten, zusammen mit einer Widerristhebung kombiniert und teilweise erzeugt in entsprechendem High-end-Krafttraining durch Piaffe, Passage, Mezair und Co.

Kopfhaltung auf Alt-Klassische Art

Wie sieht nun eine richtige Kopfhaltung aus? Kopf hoch alleine reicht nun ja nicht aus, um die Belastung durch das Reitgewicht knapp hinter den Schulterblättern optimal auszuhalten.

Eine **optimale Kopfhaltung** entsteht durch

1. ein in Richtung Vertikale gebeugtes Genick,
2. bei gleichzeitiger Wölbung der Halswirbelsäule in halber Regenbogenform
3. und das idealerweise in Selbsthaltung.

Mit der sportlichen deutschen Anlehnung landen wir am Ende wieder bei einer gestauchten Halsbasis, trotz aller Bemühungen, das Genick stark zu beugen. Stattdessen muss es Impulse im Sinn von Anfassen - leicht werden - erneut Anfassen geben, die am Ende zu ebendieser Selbsthaltung mit gebeugtem Genick und einer langen deutlichen Wölbung des Halses einhergeht. Die Alten Meister hatten mindestens das Ziel einer sogenannten Halbspannung an den Zügeln, will heißen: bei Kontakt zwischen Reiterhand und Pferdemaul möchte man nur das Gewicht des Zügels selbst spüren.

Die eigentliche S-Form der Halswirbelsäule sollte in eine lange halbe Regenbogenform übergehen, mit dem Gedanken, dass sich das Reitpferd mit seinem ersten Halswirbel vorwärts-aufwärts dehnt, ohne die Wölbung zu verlieren. So kannst du die Rückstauchung der Wirbelsäule vermeiden.

Der Bereich zwischen Hals- und Brustwirbelsäule wird als cervicothorakaler Übergang (CTÜ) bezeichnet. Der CTÜ weist eine v-förmige Haltung auf. Bei deutlicher sportlicher Daueranlehnung und damit einhergehender Rückstauchung des Halses sackt der Rumpf tendenziell ab und die V-Form wird spitzer. Das ist das genaue Gegenteil einer erwünschten Rumpfhebung!

Mit einem stattdessen aufgerichteten und lang gewölbten Hals bleibt dem Reitpferd ein Großteil seines Sichtfeldes erhalten, die empfindlichen Gehörgänge sowie die sensiblen Bereiche von Maul und Zunge werden nicht gequetscht, die Zügelhilfen können ohne tiefe, sportlich eingestellte Hand erfolgen.

Wie ist das eigentlich mit der Rollkur?

Eine sehr sportliche moderne Anlehnung ist mit den Lehren der Alten Meister unvereinbar. Stattdessen schätzen ein Pluvinel oder la Guérinière die Feinheiten der sanften Hilfengebung und eine möglichst natürliche Selbsthaltung in versammlungslastigen Schulungen hoch ein. Das Resultat dieser Schulungen waren lang rittige Pferde, die bis ins höhere Alter hinein herausragende Leistungen zeigen konnten.
Obwohl in den Werken der klassischen Reiterei die Stirn-Nasen-Linie immer bis maximal an die Vertikale definiert ist, hat sich im Laufe der Zeit eine immer tiefere Einstellung der Halslinie durchgesetzt. Schon allein deshalb, weil der moderne Pferdetyp dies aufgrund von noch weicherem Bindegewebe und noch mehr Ganaschenfreiheit zulässt.

Eingerollt und festgezurrt, soll das Dressurpferd im Wettkampf bestehen und dabei noch eine fabelhafte Durchlässigkeit präsentieren. Professor Heinz Meyer brachte die Bezeichnung Rollkur 1992 als erster auf und stieß damit immerhin eine weitreichende Diskussion an.

Von Rollkur (Hyperflexion) ist immer dann die Rede, wenn der Pferdehals mittels starker Zügeleinwirkung übermäßig gedehnt und überstark gebeugt wird.

Das üblicherweise vom Tier verlangte schnelle Arbeitstempo vervielfacht zugleich das Reitgewicht knapp hinter seinen Schulterblättern, während dieses Gewicht gleichzeitig nach vorne-unten drückt. Über das nach vorne unten gezogene Nackenband und die daraus entstehende horizontalere Stellung des Beckens wird eine Rumpfhebung unmöglich.

Verschiedene Kopfeinstellungen im Vergleich: LDR, Rollkur, Dehnungshaltung und das Pferd in normaler Aufrichtung.

LDR
(Low Deep Round)

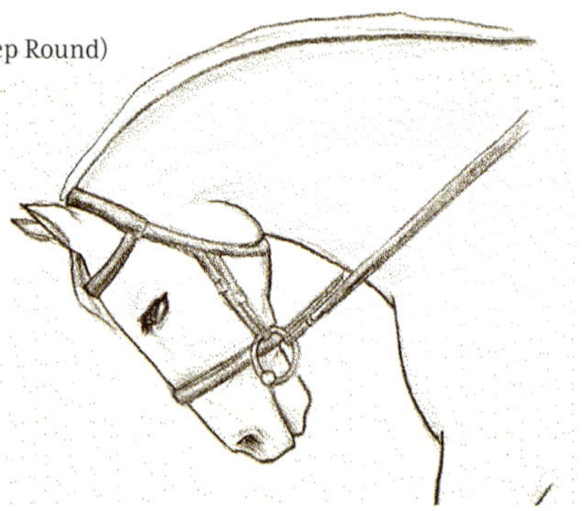

Rollkur

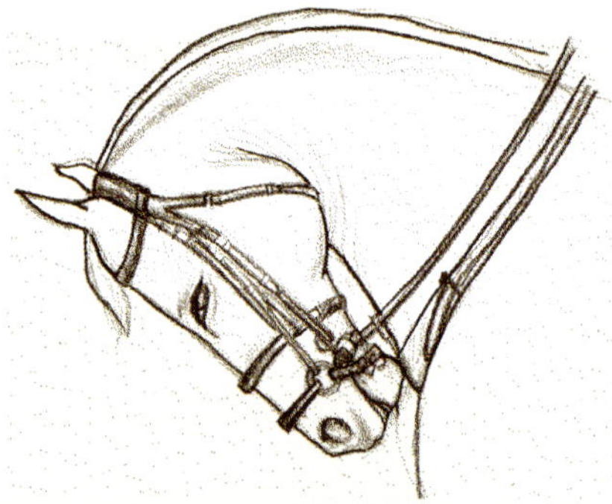

Dehnungshaltung

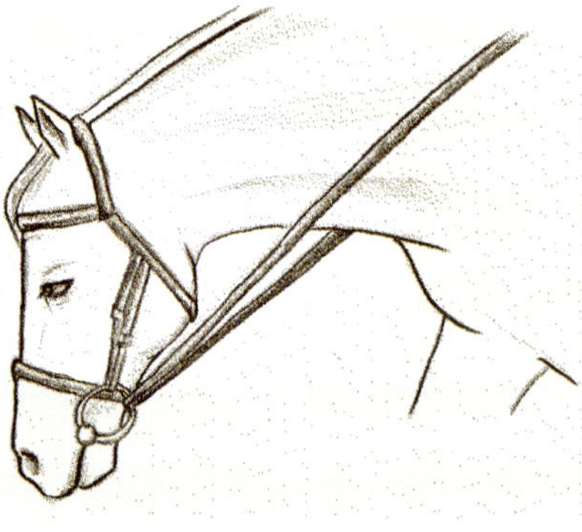

Aufrichtung

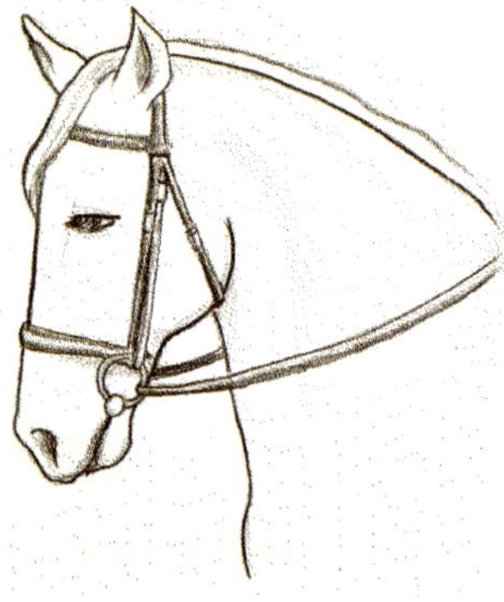

Stattdessen rennt das Pferd im Bemühen, trotz Balanceverlust nicht sofort umzufallen, immer schneller und verstärkt so noch die Stoßbelastung über die Vorderbeine.

Die Beckenstellung allein ist aber nicht zu einhundert Prozent ausschlaggebend, denn in der Grand Passage oder im spanischen Schritt beobachten wir ebenfalls eine etwas horizontalere Beckenstellung. Sind diese Lektionen deshalb weniger optimal, wenn gesundheitsfördernd trainiert wird? Nein, denn: Hier sehen wir ein Aufwärtsdrücken aus dem vertikalen Vorderbein. Das wiederum erleben wir weder beim klassischen Arbeitstrab noch bei der hier beschriebenen Rollkur.

Das Tier beißt sich nahezu selbst in die Brust, Kopf und Halslinie sind mittels starker Zügeleinwirkung fixiert. Das Pferd hat in dieser Position keine Möglichkeit mehr, den Kopf nach vorn und oben zu heben. Was diese Form der Haltung mit dem empfindlichen Maul, der sensiblen Zunge und dem Gleichgewichtssinn eines vierbeinigen Schützlings macht, sollte aufgrund der vorangegangenen Kapitel klar sein.

Dazu kommt die physiologische Unmöglichkeit der Widerristhebung bei aufgerolltem und eng gestelltem Hals. Das Nackenband samt Dornfortsätzen wird schmerzhaft nach vorne und unten gezogen. Die Überzäumung treibt das Pferd in die Überkompensation in Form eines überdehnten Rückens, der insbesondere in der Lende zum Hohlkreuz neigt. Weil ja, du erinnerst dich bestimmt, das Nackenband am höchsten Punkt der Kruppe befestigt ist. Vorwärts-Abwärts und im schlimmsten Falle auch die Rollkur sorgen für ordentlich Zug am Becken, sodass die Pferde dann nach hinten raustreten.

Der angebliche Effekt des vermeintlich gehobenen Rückens durch den runden Hals verkehrt sich ins Gegenteil.

Die Internationale Reiterliche Vereinigung (FEI) hat immerhin schon 2008 davon abgeraten, Pferdeköpfe unter starker reiterlicher Gewaltanwendung einzurollen. Die Empfehlung ging stattdessen zum Einsatz eines Low, Deep and Round (LDR), mit nahezu gleichem Ergebnis bei etwas geringerer Handeinwirkung der reitenden Personen auf dem Pferderücken. Der übermäßig eingerollte Hals hat sich in vielen Reitställen soweit etabliert, dass die Tiere diese Haltung kaum noch zu bemerken scheinen. Der Gewöhnungseffekt ist so stark, dass sich teils auch die Cortisolwerte trotz des physiologisch belastenden Zügeleinsatzes kaum weiter erhöhen. Das macht es nicht unbedingt besser, erklärt aber die fast schon gleichgültige Reaktion derartig gerittener Pferde.

Direkt verboten ist das Einrollen nach offizieller Vorgabe übrigens nicht.

Die Leitlinien für den Tierschutz im Pferdesport des Bundesministeriums für Ernährung und Landwirtschaft sind dagegen recht klar formuliert:

> *Maßnahmen, die zu einer Hyperflexion des Genicks oder Halses (sogenannte Rollkur) führen, sind tierschutzwidrig, da sie zu erheblichen Schmerzen, Leiden oder Schäden bei den betroffenen Pferden führen.*[74]

Die Schäden sind vielfältig und mittlerweile auch via Studienlage gut belegt.

In Hyperflexion kommt es zu einer deutlichen Verengung des Kehlkopfs, das zeigen endoskopische Untersuchungen.[75] Im Jahr 2013 wurde umfassend belegt, dass bei Hyperflexion **Stressparameter** ansteigen: Es wird vermehrt Cortisol ausgeschüttet, der Blutdruck steigt ebenso an [76]. Am Institut für Tierhaltung und Tierschutz der Universität Hohenheim[77] kamen Forschende zu vergleichbaren Ergebnissen, was die Auswirkungen der Rollkur auf die Ausschüttung von Stresshormonen angeht.

Die Rolle der Gewöhnung spielte bei diesen Forschungen (noch) keine große Rolle. Die Stressachse des Pferdes passt sich an umweltbedingte Belastungen an, sodass bekannte Stressoren wie der übermäßig

[74] Leitlinien BMEL, Stand Juli 2020
[75] Zebisch et al. 2013
[76] Zebisch et al. 2014
[77] Christensen et al. 2014

eingerollte Hals im Laufe der Zeit nur geringere Ausschläge im hormonellen Profil zeigen dürften. Das macht den Einsatz der Hyperflexion - wie oben schon ausgeführt - aber keinesfalls sinnvoll.

In einer weiteren Studie wies Prof. Dr. Aurich nach, dass die Rollkur die **Durchblutung der sensiblen Zunge** verminderte.[78] Negative Auswirkungen der Rollkur in Form einer **eingeschränkten Maultätigkeit** belegen Studienergebnisse aus der Freien Universität Berlin[79].

Inwieweit sich verschiedene Formen der Anlehnung auf die Atemwege auswirken, das untersuchte das Team von Bernhard Ohnesorge in Hannover[80]. Vorläufige endoskopische Untersuchungen bei ansonsten gesunden Pferden unter Trainings- und Wettbewerbsbedingungen zeigten recht schnell, dass sich die **Atemwege unter heutiger moderner Anlehnung verengen**. Das bedeutet eine grundsätzlich geringere Sauerstoffversorgung des Pferdes, während es doch gerade zu sportlichen Höchstleistungen angespornt wird!

Bei einer Kadaverstudie wurden verschiedene Kopfneigungen anlässlich des Drucks auf die Nackenschleimbeutel untersucht. Der Druck fiel in der Hyperflexion-Position am stärksten aus. Die Autoren der Studie raten bei Pferden mit sogenannter Nackenbeule und damit verbundenen Diagnosen deshalb zur Achtsamkeit bei der Beugung des Pferdegenicks.[81]

Zu guter Letzt noch eine Erkenntnis: Die Bauchmuskulatur verspannt sich bei Pferden in Hyperflexion wesentlich stärker als bei anderen Halspositionen, das zeigen Aufnahmen mittels Wärmebildkamera. Angespannte, d. h. stärker beanspruchte Bereiche werden vermehrt durchblutet.[82]

Angesichts der schon mehrfach beschriebenen anatomischen Zusammenhänge zwischen der Balancierstange Hals, dem Nackenband sowie der Aufhängung am höchsten Punkt der Kruppe ist die Verkrampfung der Bauchmuskeln zum Zwecke der Ausbalancierung unter Hyperflexion aber auch keine große Überraschung mehr.

Flach, flacher, Stressatmung

In der Regel ist die Atmung ein unbewusster Prozess, der autonom vom Körper gesteuert wird. Unter sportlicher Belastung wird aber mehr Sauerstoff für die Muskelarbeit benötigt. Die Atmung passt sich entsprechend an, die Frequenz wird schneller. Wichtige Biomarker wie Blutgaszusammensetzung, pH-Wert und die Sauerstoffbindungsfähigkeit verändern sich. Auf diese Änderungen reagiert der gesamte Organismus. Der Blutdruck steigt und Stoffwechselprozesse zur Kompensation der durch Belastung veränderten Atmung werden angepasst.

Nun ist das nichts generell Schlechtes, sondern hat sich über lange Zeiträume hinweg bewährt. Die Evolution wird sich gerade bei dem Fluchttier Pferd schon etwas dabei gedacht haben! Mit festgezurrter überbeugter Halsbasis und zugeschnürten Pferdemäulern als Resultat der Rollkur hat die Evolution aber eher nicht gerechnet. Bei nahezu allen Veranstaltungen quillt ober- und unterhalb des Sperrriemens alles heraus, was weicher als der blanke Knochen ist.

Die körpereigene stressbedingte flachere Atmung wird hier durch die Fehlhaltung von Kopf und Hals noch verstärkt. Der für die Interozeption (Innenwahrnehmung des Körpers) so immens wichtige Bereich des Mund- und Rachenraums kann nicht frei zur Signalverarbeitung genutzt werden. Er ist ja durch den Nasenriemen zugeschnürt und der Hals durch eine zumeist sportlich tiefe Zügeleinwirkung eingerollt. Die erwartete athletische Höchstleistung im Turnierfall sorgt damit für eine weitaus stärkere und vor allem unnötige körperliche Belastung, als es die Darbietung einzelner

[78] Aurich et al. 2012
[79] Hartmann/Reese 2022
[80] Ohnesorge et al. 2013: S. 49ff
[81] Dippl et al. 2019
[82] Wehnert 2010

Schulungslektionen erfordern würde. Natürlich sind Kraftsportübungen wie Piaffe oder Passage körperlich herausfordernd, gar keine Frage! Mit eingeschränkter Atmung, einer festgezurrten und damit blockierten Zunge sowie völlig überbeugtem Hals wird diese körperliche Herausforderung aber darüber hinaus auf eine, aus meiner Sicht komplett unnötige, Belastungsspitze getrieben.

In Basel wurden 2023 Auswirkungen verschiedener Hyperflexionsgrade bei Dressur- und Sprungpferden untersucht. Während bei einem 85-Grad-Winkel noch Anzeichen für Entspannung im Rahmen des Trainings verzeichnet wurden, änderte sich das bei einem 100 Grad Winkel signifikant. Bei einem stärker gebeugten Nacken zeigten sich häufiger negative Effekte auf die Atmung.[83]

Erkennbare positive Auswirkungen der Rollkur auf professionell gerittene Dressur- und Sportpferde finden sich in der aktuellen Forschung dagegen nicht. Was letztlich nur den Schluss zulässt, dass hervorragend ausgebildete Dressurportpferde höchstens trotz - und nicht wegen - der Hyperflexion herausragende Ergebnisse in Turnieren erzielen.

Kaum per Studienlage messbar dürfte der Vertrauensverlust sein, der durch treibende Hilfen und massiven Krafteinsatz entsteht. Zum Vergleich sei ein kurzer Blick ins Auto gestattet. Hier würde wohl kaum einer auf den Gedanken kommen, Gas- und Bremspedal parallel einzusetzen. Stattdessen wird in der Fahrschule sorgsam das wohldosierte Gasgeben erlernt. Baucher hat sich aus gutem Grund für einen bedächtigen Einsatz von Zügel- und Schenkeleinsatz ausgesprochen, sinngemäß nach dem Motto: Hand ohne Bein, Bein ohne Hand.

Die permanent eingeforderte moderne ständige Anlehnung macht natürlich vieles leichter für diejenigen, die den Weg in die Dressurkunst erst noch finden müssen. Sie verursacht dann aber einen immer weiter wachsenden Einsatz treibender Hilfen, um gegen diese fordernde Hand anzukommen.

Die sorgsam in den Schulungen erarbeitete und generell empfohlene feine Hilfengebung wird bei der eingesetzten Hyperflexion ad absurdum geführt, wenn das Tier trotz Mitarbeit keine Entlastung von der tiefen drängenden Hand erwarten kann. Im Sinne des vierbeinigen Schützlings ist das nicht.

Das Prinzip der Fairness im Sport muss beim Reiten nicht nur gegenüber den Kontrahenten sondern insbesondere gegenüber dem Partner Pferd gelten.[84]

Tierschutz und Tierwohl entwickeln sich entlang der geltenden Normen weiter. Dass das Reiten in seiner heutigen Form noch existiert, ist sicherlich dem professionellen Reitsport mit seinen Wett- und Schaukämpfen zu verdanken. Das sollte aber niemanden daran hindern, sich aktiv für gesundheitserhaltende und lebensverlängernde Schulungsmethoden einzusetzen.

[83] P. Tilley et al. 2023

[84] Voy-Swoboda 2011: S. 159

SCHULUNGSEINHEITEN IM DETAIL

KURZ UND KNAPP:

- Warum Seitengänge schlicht unverzichtbar sind.
- Rumpfhebung aktiv fördern: Seitwärts gehen.
- Body Building für Regenrinnenrücken: Seitengänge und mehr.
- Hankenbeugung für Fortgeschrittene: Piaffe, Galopppirouette, Schulgalopp und Schulhalt, Terre à Terre, Mezair, Levade.

Was unterscheidet den **Reitsport** von der **Reitkunst**?

Reitsport ist das Arbeiten schublastiger, versammlungs- und rumpfhebungsarmer Dauereinheiten, in denen es insbesondere sehr um Genauigkeit geht, statt um Leichtigkeit. Dieses schublastige Training diente historisch eher zur Ausbildung der Fahrpferde, Reitpferde wurden eher traditionell in der Versammlungsarbeit geschult.

Die meisten Sportpferde weisen, insbesondere in der Sattellage, für die Menge ihres Trainings wenig Muskelmasse auf. Selbst Olympiapferde zeigen viel öfter die wenig förderliche Dachform im Kreuz, anstelle eines gesunden, mit Muskeln bepackten Regenrinnenrückens. Diese nicht ausreichend aufgemuskelten Pferde werden in heimischen Hallen oftmals nach den schubbetonten Dressuraufgaben gearbeitet, was ihre mindere Muskulatur erklärt. Sie werden mit einer engmaschig einrahmenden und oft starken Hilfengebung zur absoluten Präzision der Linienführung angeleitet, aber durch die fehlende Ausbildung in langen Reprisen in der Versammlung bleibt insbesondere die Rückenmuskulatur auf einem eher enttäuschenden Niveau.

Da sich der allgemeine Freizeitreitfan am Reitsport orientiert und er sich in seinem reiterlichen Schaffen an dessen Vorgehen anpasst, steht im schlimmsten Fall am Ende ein trageerschöpftes Tier und resignierte, um ihre Ersparnisse gebrachte Pferdefreunde, die eigentlich nur gern ihrem Hobby nachgehen wollten. So weit zum Reitsport.

Reitkunst ist versammlungslastiges Arbeiten von Reitpferden, die auf Basis der Alten Meister geschult und dank der Lektionen hinreichend aufgemuskelt sind, um langfristig das Reitgewicht verschleißfrei tragen zu können. Reitkunst trägt dazu bei, die Gesundheit von Sport- und Freizeitpferden unabhängig von ihrer genetischen Veranlagung zu erhalten. Barockkostüme sind dabei übrigens nicht nötig und wahrlich kein Garant für gute Reiterei. Dressurkunst gelingt unabhängig davon, welche Form der Ausrüstung ich mir da als dressurkunstbegeisterter Mensch zulege – Hauptsache, sie ist funktionell und passend für ihren Einsatz.

Apropos genetische Veranlagung: Allzu oft lässt sich in den Reitställen hören, dass dieses oder jenes Pferd schon allein aufgrund seines wahlweisen langen oder kurzen Rückens, seines kräftigen Körperbaus oder seines Temperaments wegen nicht zur höheren Reitkunst tauge. Stimmt das überhaupt?

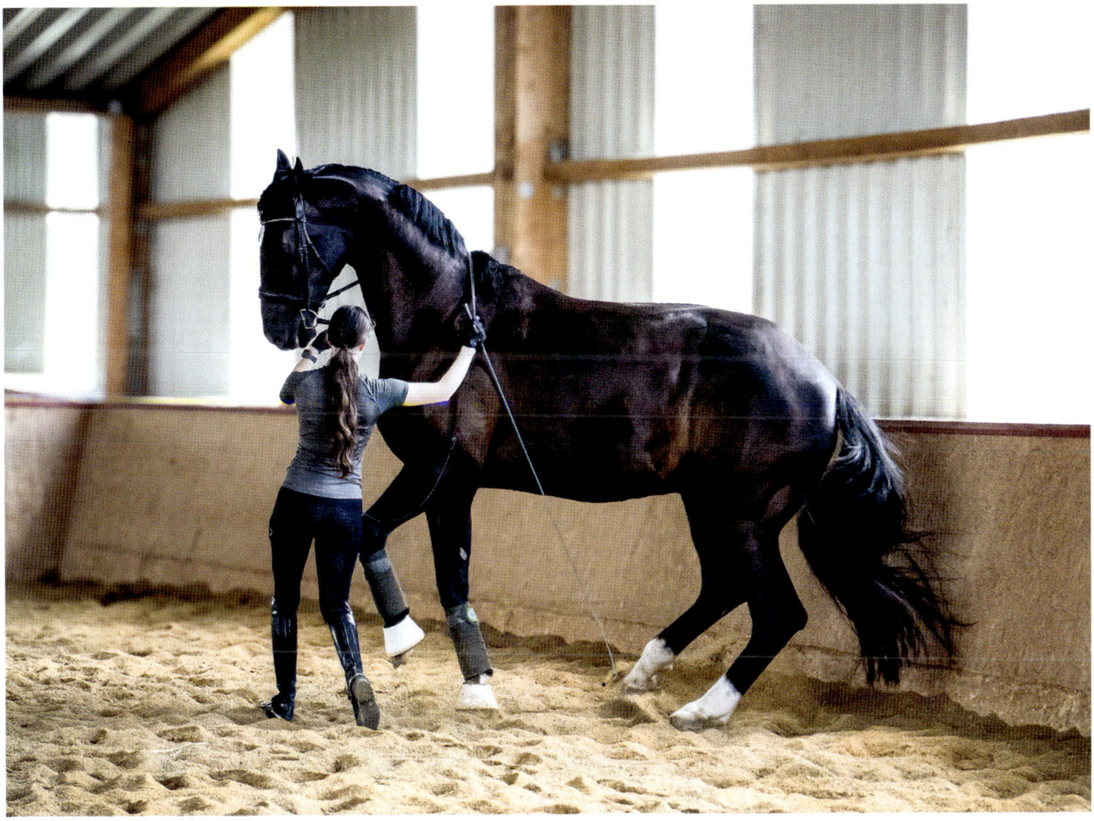

Florentiano im Seitwärts-Schulgalopp. So baut man ernstzunehmende Rückenmuskeln auf. (Anna Hainziger mit Flo)

Natürlich nicht. Was dagegen stimmt, ist, dass es für Pferde mit gewissen Gebäudefehlern herausfordernd sein kann, Piaffen, Passagen oder den versammelten Galopp zu meistern. Es ist schwieriger, dauert gegebenenfalls länger, ist aber keinesfalls unmöglich.

Alles, was es dazu braucht, ist eine exzellente und korrekte sowie ausführliche Schulung in der Versammlung.

Ein schlecht gebautes Pferd, das man in schwierigen Übungen vorstellt, erscheint Zuschauern, die nichts vom Reiten verstehen, von mangelhafter Anmut und Schönheit, für einen Betrachter hingegen, der die Sache praktisch und theoretisch wirklich kennt – wie beeindruckend ist da ein solches Ergebnis![85]

[85] Baucher 2009: S. 93

Schritt, Trab und Galopp sind die drei Gangarten, die in der FN im Rahmen der Skala der Ausbildung ordentlich durchexerziert werden. Vor allem der Trab wird dabei gern in den Mittelpunkt gerückt.

Racinet hat der Fokussierung auf den Arbeitstrab ein ganzes Kapitel in seiner kritischen Betrachtung der deutschen Dressur gewidmet. Während spätestens mit der H. DV 12/37 zügiges Vorankommen auf Militärpferden im Vordergrund stand, absolvierten die Alt-Klassiker der Reitkunst die Hauptlast der Ausbildungsarbeit im Schritt. La Guérinière sah den Trab schon auch als notwendig an – für junge Pferde – und schulte generell mehr im Trab als beispielsweise Pluvinel, weil sich die Arbeit im Laufe der Zeit einfach veränderte.

Pluvinel bildete seine Streitrösser vorrangig für den Fechtkampf aus, sodass das Tummeln das Ziel

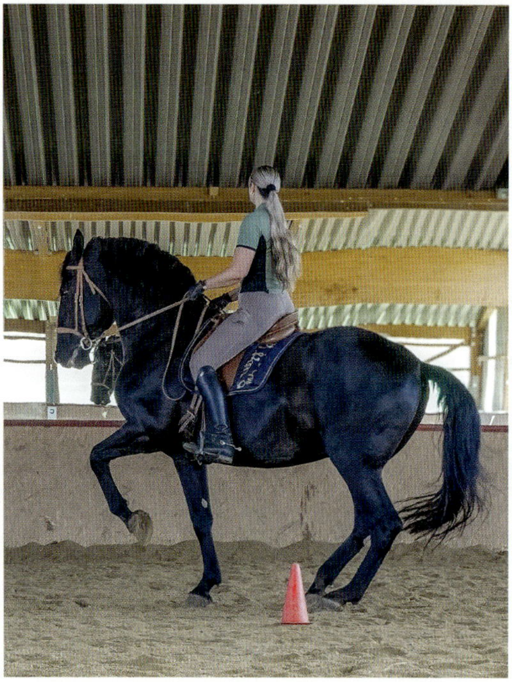

Kladruberhengst in Versammlung (Sonja auf Berittpferd Sacramoso, Besitzer Albrecht Schöllhorn-Gaar)

seiner eher galopplastigen Arbeit darstellen musste. La Guérinière rückte die Passage eher in den Vordergrund, denn die französischen Adelsleute zogen zu seiner Schaffenszeit bereits seltener in den Krieg und durften ihre herausragenden Reitkünste etwas öfter beim Flanieren präsentieren.

Versammlung und damit gesunderhaltendes Reiten findet dagegen vorrangig dann statt, wenn sich die Hufe möglichst lang auf dem Boden befinden. Dieses lange am Boden Verharren mit ein bis zwei Standbeinen sorgt natürlich dafür, dass die anderen Beine in der Luft schöne Gestiken zeigen können. Rumpfhebung führt nun mal immer zu einer schönen Gestik im Vorderbein, die im Gegensatz zum heute gebräuchlichen Turniertrab auch im langsamen Tempo opulent bleibt.

Für Racinet wird damit klar:

> *Wollen wir jene Kraft entwickeln, die das Pferd befähigt, den Widerrist zwischen den Schultern erhoben zu halten, so sollten wir folgerichtig den gesetzten Schritt und den gesetzten Galopp als hauptsächliche „Arbeitsgänge" verwenden.*[86]

Selbst der wohlbekannte Oscar M. Stensbeck fand im Trab nichts Schlechtes, solange er nicht forciert wird.

> *Das Tempo des Trabes noch über den Mitteltrab hinaus zu verstärken, halte ich für falsch und auch für gefährlich für die Beine bei jungen Pferden. (...) Auf Turnieren, besonders in Dressurprüfungen, sollte man aber doch Abstand davon nehmen, denn da sollten die Pferde ja nicht handelsmäßig gezeigt werden, sondern durch die Schönheit ihrer Gänge, die durch die Dressur noch gewonnen haben sollen, imponieren.*[87]

Keine Angst vor dem Prozess

In der Reithalle lässt sich oft beobachten, wie gerade begonnene versammelte Lektionen, kaum dass sie etwas hölzern ausfallen, sofort wieder abgebrochen werden. Das noch nicht hinreichend geschulte Reitpferd startet in einen etwas unausgewogenen versammelten Galopp, der natürlich längst nicht dem Ideal der Alten Meister standhalten würde. Wie denn auch, es hat ja gerade erst das Training für diese Lektion begonnen! Trotzdem wird nach Andeuten der versammelten Bewegung schlagartig abgebrochen und lieber schnellstmöglich beschleunigt.

Stattdessen möchte ich zum **Intervalltraining** aufrufen. Nach der anfangs wenig gelungenen Schulgaloppeinheit folgt dann eben eine Standpause mit Abstrecken oder eine kurze Schrittreprise, bis es wieder an einige Sprünge des versammelten Galopps geht. Solange das Pferd einzelne Lektionen mit genügend reeller Leichtigkeit in der reiterlichen Hand halten kann, darf das gern ausgedehnt werden.

[86] Racinet 2009: S. 65
[87] Stensbeck 2021

Typischerweise wird an dieser Stelle aber abgebrochen und der Vierbeiner zurück in die schublastige Arbeit gedrängt, die aber eben wie schon mehrfach gezeigt, keinesfalls Kern des gesunderhaltenden Trainings ist.

Es ist noch kein (Dressur-) Meister vom Himmel gefallen.

Der überstürzte Abbruch ist ein wenig schade, denn so wird dem Vierbeiner ja die Chance auf höhere versammlungslastige Lektionen, sprich den Kraftaufbau, verwehrt.

Gucken wir uns zum Vergleich den typischen Gewichtheber im Fitnessstudio an. Das erste Mal Bankdrücken fällt wahrscheinlich noch schwer. Das Gewicht auszubalancieren ist schwierig, die Bewegungen nicht so richtig flüssig. Das erste Set wird überschaubar ausfallen, sowohl vom Krafteinsatz her als auch von der Anzahl der Wiederholungen. Schnell zittern die Arme, die Schultern schmerzen und vom Personaltrainer kommt hoffentlich die Aufforderung zur Pause.

Heißt das nun, dass nie wieder Bankdrücken auf dem Trainingsplan steht? Natürlich nicht! Stattdessen heißt es: üben, üben und noch mal üben. Bis die Bewegung flüssig und ausbalanciert erfolgt.

Gleiches gilt für das Krafttraining am Pferd, oder wie es auch gern genannt wird: die Dressurkunst. Dieses natürliche Bodybuilding erfordert Geduld und kontinuierliches Training. Eine sprichwörtlich wackelige anfängliche Ausführung ist normal, solange sie auf mangelnde Koordination und Kraft zurückzuführen ist. Im Laufe der Schulungsdauer zeigt sich dann schon, dass das Pferdchen seine Vorderbeine entsprechend der Schulgangart und der bis dahin leistbaren Rumpfhebung deutlicher gestikulieren und die Hinterhand beugen und somit senken kann.

Erst das Vertrauen, dann die Zirkustricks

Wobei Zirkustricks hier natürlich nicht ernst gemeint sind. In den vergangenen Kapiteln hat sich ganz deutlich gezeigt, dass eine ordentliche Bemuskelung des Reitpferdes absolute Priorität haben sollte. Lektionsreiterei wird oft abfällig mit Zirkustricks verglichen. Trotzdem verwende ich diesen abwertend gemeinten Begriff an dieser Stelle, denn die angeblichen Zirkustricks gelingen nicht, wenn dein vierbeiniger Schützling körperlich unzureichend in die Lage versetzt wird, das zu leisten.

Um deinen Vierbeiner dorthin zu modellieren, ist es günstig, eine gewisse Portion Vertrauen zu besitzen. Dein Pferd sollte im Umgang mit dir eine entspannte Körperhaltung zeigen, eine gewisse Bindung an dich eingegangen sein, sich an dir orientieren, da es dich respektiert und sich generell lernbereit zeigen. Eine ordentliche Portion Begeisterungsfähigkeit seitens der ausbildenden Person ist sowohl nötig als auch hilfreich, um diese körperliche Modulation gesunderhaltend umzusetzen.

In typischen Fluchtmomenten wendet sich dein Pferd an dich, vorausgesetzt es sieht dich als Respektsperson mit Führungsqualitäten an und nimmt dich zum Vorbild, um zu entscheiden, ob sich fluchttiertypisches Verhalten in der akuten Situation lohnt. Knackende Zweige oder hupende Autos sind zwar trotzdem furchterregend, aber der Vierbeiner orientiert sich immer mehr an deiner Reaktion.

Für neue Schulungseinheiten zeigt es sich grundsätzlich immer aufnahmebereiter und macht gerne mit, um dir zu zeigen, was es kann. Auch das ist ein Zeichen von Vertrauen, denn die Lektionen in der Dressur verlangen einem Reitpferd viel ab!
Rennt dein Pferd dich andauernd über den Haufen, gilt es erst einmal daran zu arbeiten. Im letzten Kapitel gehe ich auf diesen Punkt noch etwas genauer ein.

Seitengänge, Seitengänge, Seitengänge

Im Gehirn des Fohlens sind Seitwärtsbewegungen als motorische Grundausstattung grob angelegt. Leider machen reitende Menschen heutzutage davon wenig Gebrauch, sodass wir bei der Arbeit mit dem vierbeinigen Schützling dann Stück für Stück erneut für eine saubere motorische Umsetzung die Seitengänge kultivieren dürfen. Kein Pferd wird dabei zwanzig Meter am Stück in der Halle bühnenreife Seitengänge abliefern. Die Seitengangsschulung erfordert Detailversessenheit, Ausdauer und Geduld. Der anfängliche Mix aus reichlich unrhythmischem Fußsalat und wenigen gelungenen Schritten im Seitengang, weicht irgendwann immer mehr einem tänzerisch anmutendem Pferdeballett.

> *Vervollkommnet wird die Arbeit in den Seitengängen dadurch, dass man sie nun auch bei Ablassen vom konstanten Einsatz der Hand (descente de main) und in Ablassen vom konstanten Einsatz von Hand und Schenkeln (descente de main et de jambes) ausführt.*[88]

Seitengänge in starker seitlicher Abstellung stärken den Schultergürtel (zum Beispiel Serratus ventralis und zusätzlich die bekannten Trapezmuskeln) und sorgen für dicke Oberschenkelmuskeln. Wortwörtlich, denn in der Seitwärtsbewegung wird im Idealfall ein vermehrter muskulärer Widerstand durch Beugung von Hinterhand und Rücken erzeugt, der sich niemals durch Stechtrab an der Longe oder vorhandlastig auf geraden Bahnen unter dem Reitgewicht erzielen lässt. Das sorgt für einen Zuwachs an Muskeln, die bei den üblichen langen geraden Linien nicht ausreichend beansprucht werden. Das gilt vor allem für die Trapez- und Quadrizepsmuskeln, die für die Lastaufnahme nötig sind. Der moderne Arbeitstrab belässt diese Muskelgruppen dagegen regelrecht in ihrer Komfortzone.

Die erforderliche Versammlung und die anfangs noch rudimentäre, später ausgebaute Hankenbeugung bei der Schulung der Seitengänge unterstützt die Widerristhebung und stärkt sowohl den Schultergürtel als auch die untere Bauchmuskulatur. Das lässt sich über das viel bemühte moderne Vorwärts-Abwärts kaum umsetzen.

Dass das Tempo der Killer ist, kam bereits in den physiologischen Grundlagen mehrfach zur Sprache. Slow-Motion ist vor allem bei den ersten Seiten-

[88] Baucher 2009: S. 82

Wallach Gérard zeigt seine schön geformten Muskelpakete am Hals.

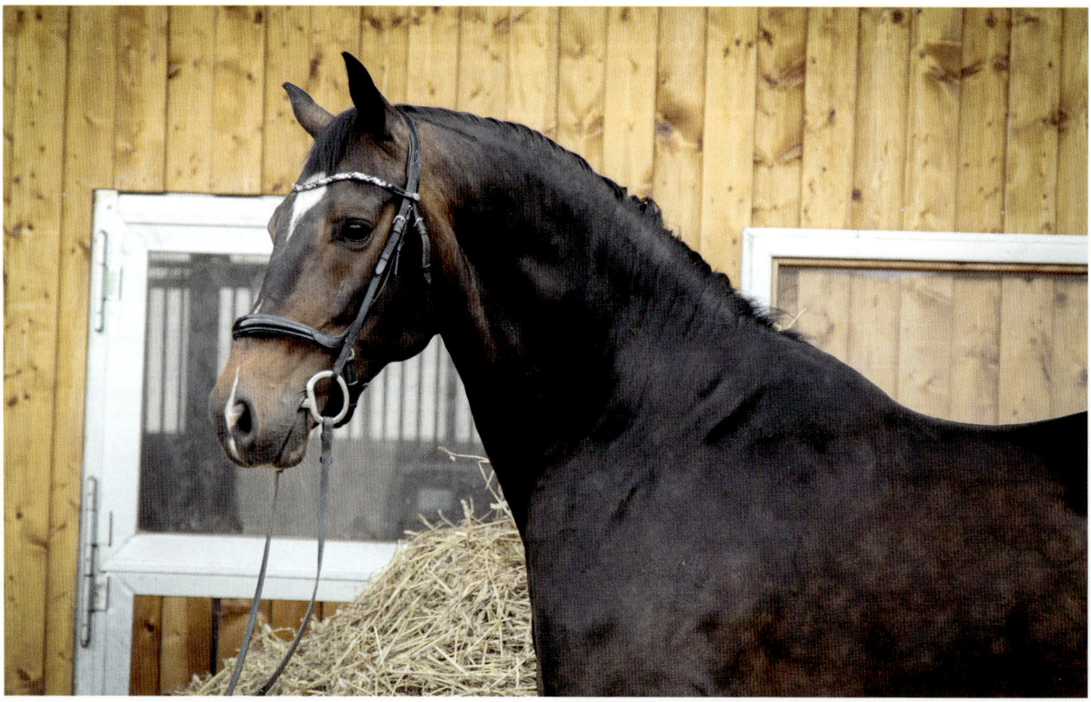

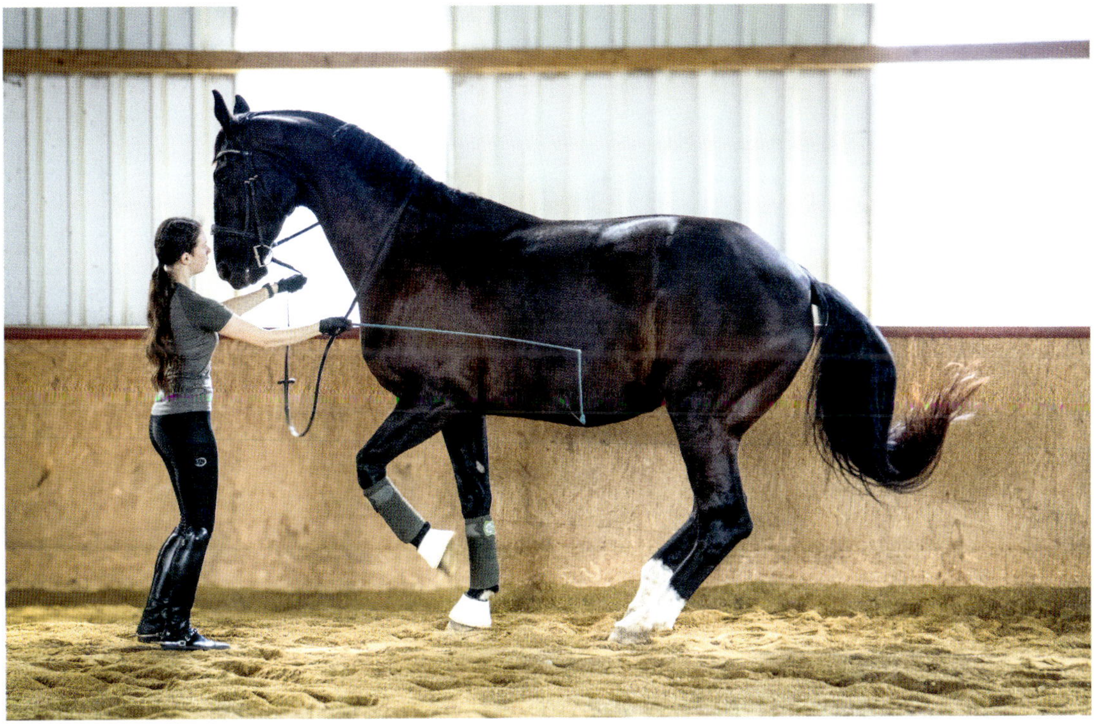

Flo in der Piaffe: Piaffe = ideale Tragehaltung eines Reitergewichts. (Anna Hainziger mit Flo)

ganglektionen Pflicht, keine Kür. Häufig werden Seitengänge in zu hoher Geschwindigkeit geritten.

Remonten in der Ausbildung in **untertourigem Tempo** zu reiten bedeutet auch, das junge Pferd nur geringen Scherkräften auszusetzen. So gering, dass sie vergleichbar sind mit einem lockeren Umdrehen in der Box. Also etwas, dass die vierbeinigen Schützlinge ganz von allein schadlos ausführen.

Ein **mittleres bis flottes Arbeitstempo** sorgt spätestens in der Ecke tatsächlich für enorme Scher- und Fliehkräfte. Die Remonte regeneriert sich unter Umständen ganz fix, aber Jugendsünden machen sich – das kennen wir alle – ja oft erst später bemerkbar.

Seitengänge im Detail

Eine gute Seitengangarbeit baut die Muskulatur, insbesondere die Trizeps- und Quadrizepsmuskeln im Schultergürtel auf. Sie schult zugleich das Pferd in Symmetrie wie kaum eine andere Lektion. Die sogenannte Dampfrinne wird bei starker Aktivierung der oberlinienbeugenden Bauchmuskulatur sichtbar, um die zur Verkrampfung neigenden langen Rückenmuskeln zu entlasten und am Betonisieren zu hindern.

Der lange Rückenmuskel hilft im Idealfall die Vorhand in der Rumpfhebung mit anzuheben, wodurch er mit der Zeit extrem kräftig wird.

Insbesondere die Bauchmuskulatur muss durch viele Lektionen, die mit der Hankenbeugung verknüpft werden – dazu zählen auch die Seitengänge – ausführlich gearbeitet werden, um ein Atrophieren des Rücken- und des Trapezmuskels zu unterbinden. Deshalb sind Lektionen mit Hankenbeugung eigentlich Pflicht.

Bauchmuskeln kommen halt nicht davon, dass sich jemand neben das Pferd stellt und gelegentlich mal in den Bauch pikst, damit sich die Muskulatur reflexartig anspannt! Das kannst du gerne mal bei deinen Liebsten ausprobieren. Mächtige Waschbrettbäuche entstehen so jedenfalls nicht.

Was passieren sollte bei Seitengangslektionen:

- mehr Bauchspannung/aktivierte Bauchdecke
- Becken in vertikalerer Lage bei allen Lektionen mit durchgängiger Hankenbeugung, dadurch wirkt der Hintern herzförmig(er), sprich Kruppe erscheint gespaltener
- eine gerade Halsbasis ohne Abknicken, um die thorakale Anhebung (Rumpfhebung) zu gewährleisten
- Hintergliedmaßen schieben weniger nach hinten raus, was die Grand Passage verbessert
- Pferd arbeitet insgesamt mehr aufwärts statt vorwärts/abwärts (am deutlichsten in der Grand Passage zu sehen)

Bei geringerer Kruppenmuskulatur wirkt der Hintern oft auch einfach nur flach statt herzchenförmig. Das ändert sich im Laufe des Aufmuskelungsprozesses aber noch.

Nicht ganz so wichtig ist die Höhe der Hinterhufe, die sich vom Boden abheben. Seitengänge sind übrigens keine Garantie für eine Brustkorbhebung. Es ist natürlich das, was wir erreichen wollen. Es gelingt aber nur dann, wenn die Seitengänge richtig ausgeführt werden.

Kleine oder große Abstellung bei Seitengängen?

Viele meiner Kollegen und Kolleginnen empfehlen, Seitengänge mit sehr geringer Abstellung zu reiten, weil die Gefahr der verbogenen Halsbasis unglaublich groß ist. Die Pferdehälse werden in der Region der unteren Halswirbel überbogen, das wiederum führt zu gegenläufigen Rotationen.

Beim Thema **Rotationen** weiß die Pferdewelt ja seit den Forschungen von Jean-Luc Cornille, dass sie besonders zu beachten sind. Die Alten Reitmeister wiesen stetig darauf hin, die Halsbasis in der gewöhnlichen Arbeit gerade zu stellen. So sorgten sie dafür, dass der Widerrist durchschnittlich senkrechter blieb und sich dadurch die Wirbelsäule vom Kopf bis zum Schweif gleichmäßiger zur biegungsinneren Seite neigte. In Versammlung mit korrekter Rumpfhebung verringert sich die Rotation der Wirbelsäule.

Mein **erster Tipp** dazu lautet immer, den Pferdekopf möglichst mittig vor der Brust zu halten.

Bei gutem Gelingen kann man auch gerne größere Abstellungen nutzen, die erfahrungsgemäß insbesondere bei schwächeren Pferden und denen mit Gebäudemängeln den muskulären Zuwachs bieten, der für höhere Anforderungen benötigt wird. Deswegen arbeite ich persönlich auch sehr viel in höheren Abstellungsgraden, genau so wie es der Erfinder des Schulterhereins, la Guérinière, gehalten hat.

Als **zweiter Tipp** sei hier erwähnt, dass vor den Schulterblättern des Pferdes keine Fältchen auftreten dürfen. Siehst du dort Fältchen, ist der Hals tatsächlich überbogen.

Genauso wird gern argumentiert, dass die Vierbeiner am Schwerpunkt vorbeitreten würden, wenn sie in stärkerer Abstellung im Seitengang arbeiten. Das Gewicht bleibt ja völlig identisch, wird weder verschwinden noch weniger werden während des Seitwärtsgehens. Der Rücken wird oftmals sogar mehr gebeugt, für Pferde mit ungünstigem Exterieur ist das eindeutig ein Plus in der Ausbildung.

Sobald dein Pferd seitwärts geht, hat es immer eine Biegung, auch bei den in unseren Breitengraden genannten Schenkelweichen. Sobald das Pferd seitwärts tritt, muss immer eine Hüfte und eine Schulter vorgenommen werden. Du wirst anhand der Brustwirbelsäulenrotation deines Pferdes bemerken, dass zumindest eine geringe Biegung in der Seitwärtsbewegung immer entsteht. Natürlich kannst du mit mehr oder weniger Biegung seitwärts reiten, das steht völlig außer Frage. Wichtig ist, dass du in eine korrekte durchgängige Biegung gehst und nicht in eine sogenannte gegenläufige Rotation gerätst, die eine Biegung beschreibt, bei der die Hals- und Brustwirbel durchschnittlich in unterschiedliche Richtungen rotieren. Dies geschieht durch zu starkes Hereinziehen des Pferdekopfes.

Wenn man das Schenkelweichen von oben filmt, sieht man auch dort, dass Biegung entsteht. Der Fokus ruht natürlich nicht auf der Biegung, sie ist trotzdem da.

Ein **dritter Tipp** dazu: Egal um welche Seitwärtsbewegung es sich handelt, es ist wichtig, die Pferde vom Ohr bis zum Schweif möglichst gerade zu halten. Denk möglichst wenig an eine eventuelle Biegung. Denn dann neigst du wie wahrscheinlich jeder Mensch dazu, den Kopf eben doch zu weit hereinzustellen, was wiederum der gegenläufigen Rotation Tür und Tor öffnet. Die Wirbelsäulenabschnitte rotieren dann ungewollter Weise in unterschiedliche Richtungen, was die Brustkorbhebung des Pferdes deutlich erschwert, wenn nicht sogar völlig unmöglich macht.

Nochmals die Erinnerung: Das Tempo ist der Killer. Langsame Schulungseinheiten sind besser geeignet für eine optimale Kraftentwicklung. Es gibt keinen Grund, anfangs mit dem noch nicht ausreichend geschulten Pferd im Seitengang durch die Halle zu hetzen.

Variation für Seitengänge:

- Reite gerne Übergänge zwischen den Seitengängen, achte aber ganz pingelig auf einen möglichst mittig vor der Brust gehaltenen Kopf.
- Der Handwechsel im Seitengang und auch Achten in Seitengängen sind günstig, um die Schulungseinheit abwechslungsreicher zu gestalten.

Du wirst sehen, wie deinem Vierbeiner nach wenigen Wochen in intensiver Seitengangarbeit viele Bewegungsfolgen einfacher fallen. Er wird leichter in der Hand, verbessert seine Selbsthaltung und wird tendenziell mehr bergauf gehen, weil bei korrekter Durchführung die Rumpfhebung frei Haus mitgeliefert wird.

Temperamentvolle, eher extrovertierte Pferde stellen ihre Gehfreude gerne zur Schau und werden versuchen, sich mit zu viel Geschwindigkeit voran zu bewegen. Hier ist es sinnvoll, sich schon früher an deutlich höhere Abstellungen zu wagen, um das Pferd über den muskulären Widerstand auszubremsen. Behalte dabei die Halsbasis im Auge, denn eine stärkere Abstellung erfordert ein genaueres Auge darauf, die Halsbasis nicht zu stark zu verbiegen.

Kreuz die Beinchen!

Crosskoordinatives Training könnte man als weiteren Pluspunkt der Seitengänge in etwas großzügiger genutzten seitlichen Abstellung nennen, wenn das Pferdchen bei den Schulungen die Körpermitte kreuzt und in einem Rutsch sowohl die Bauchmuskeln (Musculus pectineus) und die Trapez- und Brustmuskeln als auch den äußeren Oberschenkelmuskel etc. trainiert.

Aus der Humanmedizin wissen wir außerdem, dass sich kreuzende Tätigkeiten dazu eignen, die beiden Hirnhälften besser miteinander zu vernetzen. Was besser vernetzt ist, arbeitet auch effizienter zusammen!

Seitengänge in starker seitlicher Abstellung eignen sich in ihrer Gesamtheit dazu, die Bauchmuskeln zu aktivieren sowie das Lumbosakralgelenk (LSG, Verbindung zwischen Wirbelsäule und Becken) und daraus folgend den Hüftbeuger (M. iliopsoas) tatkräftig zu stärken.

Wie bereits beschrieben, halten sich viele Kolleginnen und Kollegen an kleinere Abstellungen, weil selbst hier schon die Schwierigkeit besteht, den Kopf mittig vor der Brust zu halten und die Gefahr der Überbiegung der Halsbasis zu groß ist. Aus diesem Grund und aus der Verherrlichung der Schubreiterei heraus entstand die Idee, nur noch Schulterherein auf drei Hufschlaglinien zu reiten.

Ich für meinen Teil bilde aber auch Pferde mit sogenanntem ungünstigerem Gebäude aus, statt mich auf hochtalentierte versammlungsbegabte Iberer oder bestens gebaute Dressurwarmblüter zu beschränken. Deshalb bediene ich mich ausführlich auch an Seitengängen mit größerer Abstellung, wohlwissend, dass es anspruchsvoller ist, das der Anstrengung ausweichende Pferd in der Halsbasis gerade zu halten. Die Halsbasis, also die unteren Halswirbel, sind nun mal ausschlaggebend für die nachfolgenden Brustwirbel. Um eine gegenläufige Rotation zu vermeiden, musst du die Halsbasis möglichst gerade halten.

Manchmal zwingt sich einem der Gedanke auf, das Tier schlängelt sich förmlich unter einem, um der Anstrengung zu entgehen.

Trotzdem möchte ich mich hier an unseren Reitmeistern der Alt-Klassik orientieren, die das Schulterherein auch immer auf vier Hufschlaglinien geritten haben, allen voran der weltberühmte la Guérinière. Der dadurch entstehende Muskelaufbau ist oftmals ein gigantischer Vorteil in der Ausbildung und bringt auch weniger gut gebaute Pferde zu einer merklich besseren Beugung der Hinterhand und des Rückens.

Vermeide nicht das Kreuzen der Hinterbeine! Wenn das innere Hinterbein weit über das äußere Hinterbein herüberkreuzt, wird bei deutlichster Abstellung das innere Hangbein zu kurz, um bequem den Erdboden zu erreichen. Damit ist das äußere Hinterbein gezwungen, sich zu beugen, sodass die Zehe des inneren Hangbeines doch noch den Boden berührt. Auch hier sehen wir, dass Seitwärtsbewegungen in deutlicher Abstellung ein absoluter Pluspunkt sind, um die Beugung der Hinterhand und des Rückens zu fördern. Wenn sich die Hinterhand inklusive des Lumbosakralgelenks beugt, beugt sich auch immer der Rücken mehr oder minder mit.

Die Alten Meister wussten um diesen Zusammenhang und auch ein altpreußischer Stallmeister wie der hier zitierte Theodore Heinze sah im Überkreuzen nichts Schlechtes. Ganz im Gegenteil, sofern sich beide Gliedmaßen überkreuzen.

Die Schule „Schulterhereinwärts", „Schulter herein" oder „Pliieren" ist ein Schenkelweichen, wobei das Pferd, einen doppelten Hufschlag gehend, mit seinem Vorderteil dem Mittelplatz des Raumes zugewendet ist, und bei dem die inneren Gliedmaßen die äußeren nach vorwärts überschreiten. Das Vorderteil hat dabei einen engeren, das Hinterteil den weiteren Raum zu beschreiten. Sie ist die Grundschule aller Schulübungen, aus ihr entspringen alle weiteren.[89]

In der Ausbildung hast du sogar die Option, modellierend auf einzelne Muskelpakete einzuwirken. Wenn seitwärts von links nach rechts geritten wird, wird vornehmlich die äußere linke Oberschenkelseite trainiert, genauso wie am rechten Hinterbein die innere Oberschenkelseite.

Das Körpergewicht des Pferdes lastet exakt in den Momenten auf den Hinterbeinen, während das linke Hinterbein abgespreizt wird und damit in Abduktion (Abspreizung) geht. Damit werden die Abspreizmuskeln (vierköpfiger Oberschenkelmuskel) aktiviert, während das rechte Hinterbein die Adduktion (Heranziehung) durchführt, also das Heranführen an die Körpermitte, während das Körpergewicht auf ihm lastet. Wenn also ein Pferd insbesondere auf der linken Oberschenkelaußenseite schwächer bemuskelt ist, macht es Sinn, mehr seitwärts von links nach rechts zu reiten als umgekehrt.

Häufige Handwechsel während der Lektionen sind immer hilfreich. Wunderbarerweise werden in Seitengängen und in der Galopppirouette der biegungsäußere Rückenmuskel und alle anderen Beteiligten leicht gedehnt, müssen aber trotzdem die Haltung des Pferdes mit stabilisieren. Durch wechselnde Seiten-

[89] Heinze 1889: S. 337

gänge wird abwechselnd der Rücken auf der biegungsinneren Seite gekräftigt und auf der biegungsäußeren Seite leicht gedehnt. Das erzeugt ein im Rücken gut mitarbeitendes Pferd, da ja durch den Seitengang mindestens eine kleine Beugung des Rückens zu erwarten ist.

Seitengänge in starker Abstellung eignen sich in der Remontenarbeit zur Vorbereitung auf das Reitgewicht, dürfen also gern noch vor der Longenarbeit zum Zuge kommen. Wie immer gilt: Das Tempo ist der Killer, nur nichts überstürzen bei diesen Lektionen. Zum Beginn langsame, bewusst ausgeführte Bewegungen zeigen wesentlich bessere Ergebnisse als eiliges Durch-die-Lektion-Hetzen, da bei höherer Geschwindigkeit die Hufkante wesentlich schräger auf dem Erdboden aufkommt und die Gliedmaßen dadurch logischerweise einseitig belastet werden.

Seitengänge beim Reha-Pferd

Trotzdem schrecken Pferdemenschen gerade bei Pferden mit Bänder- oder Sehnenschaden vor Seitengängen als Hilfsmittel für eine ordentliche Aufmuskelung zurück. Warum eigentlich?

Hauptgrund dürfte die fest verwurzelte Überzeugung sein, dass zu enge Wendungen inklusive Seitengängen aufgrund zu hoher Scherkräfte besser unterlassen werden, um den Bewegungsapparat des Pferdes nicht zu überfordern, da die Seitengänge und die engen Wendungen meistens in zu hohem Tempo absolviert werden und dann mit ungünstigen Kräften zu rechnen ist. Weniger gut ausgebildete Pferde legen sich bei zu engen Wendungen und zu hohem Tempo gern mal wie ein Motorrad nach innen in die Kurve. Das ist natürlich falsch, bitte tu das den Gelenkkapseln und Bändern deines Vierbeiners nicht an! Reduziere besser das Tempo solange, bis der Widerrist einigermaßen senkrecht zum Erdboden bleibt.

Dein Pferd ist kein Motorrad. Lass nicht zu, dass es sich bei der täglichen Arbeit so bewegt, als wäre es eines!

Statt dieser Hinweise wird gemäß Veterinärempfehlung die Auswahl des Bodens stärker beachtet, als eine therapeutisch notwendige Aufmuskelung des vierbeinigen Schützlings.

Statt also die Bänder und Sehnen des Reha-Pferdes durch sorgfältig ausgeführte

Biomechanisch ist eine Aufmuskelung beim Reha-Pferd absolut vorteilhaft.

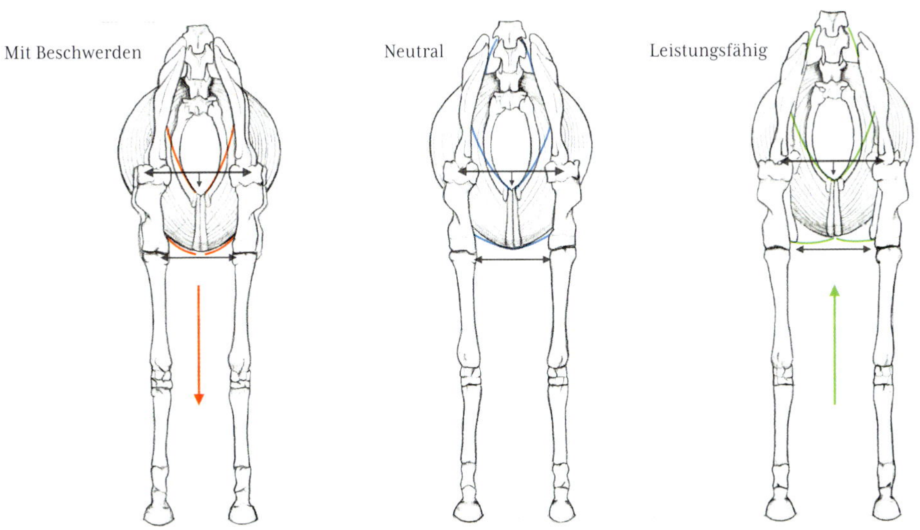

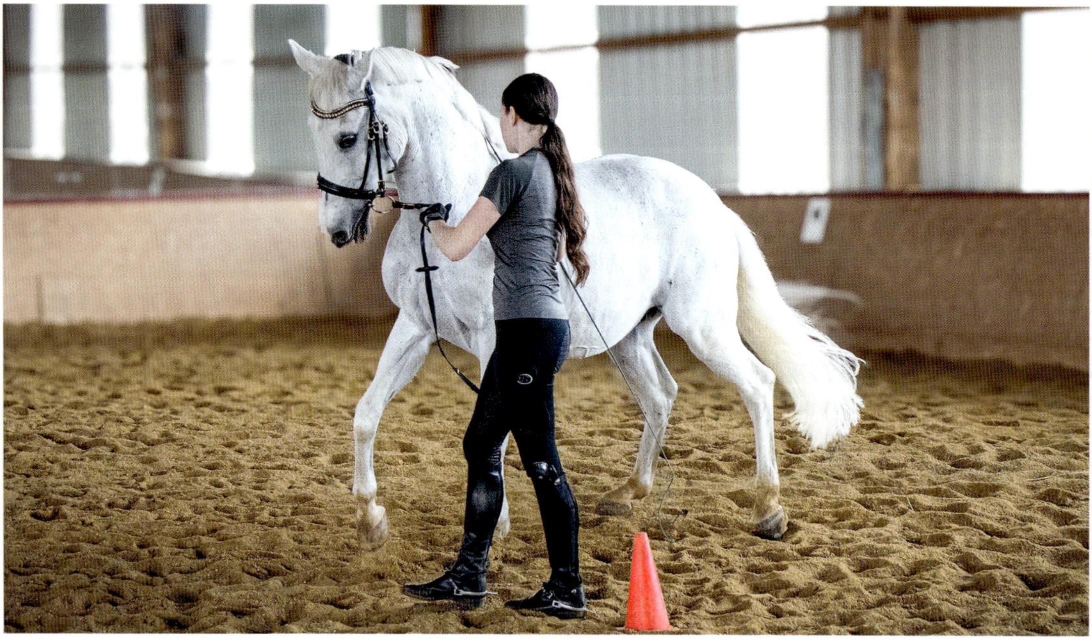

Rubens, ein ehemaliges S-Springpferd erlitt einen schweren Sehnenschaden und ist auch mit 26 Jahren dank seines Trainings symptomfrei.

Bewegungsfolgen mittels Bodybuilding vor künftigen zusätzlichen Schäden zu schützen, wird das Tier wahlweise auf harte oder weiche Böden geschickt. Das ist aktuelle Lehrmeinung, die exakt so auch in den veterinärmedizinischen Instituten vermittelt wird.

Diese Empfehlung für die Anpassung des Bodenbelags kommt gern auch bei Pferden mit beginnender Arthrose auf. Was dabei aber gern vergessen wird, ist die Ursache für die fortschreitende Degeneration des Knorpels. Denn das ist in diesem Falle die zu schwache Muskulatur, die den Druck des Knochens auf die Knorpel in den Gelenken nicht ausreichend auffangen kann. Das durchschnittlich trainierte Reitpferd wird mit seinen schmerzenden Gelenken allein gelassen.

Eine bessere Bemuskelung dagegen fängt den Druck auf und entlastet so die bereits angegriffenen Gelenke. Hier gilt der Grundsatz: **Kraft nimmt Schmerz.** Auf kleinster körperlicher Ebene stärken die Muskeln den Stoffwechselaustausch zwischen Knochen, Sehnen und Bändern. Ist die besagte Muskulatur kaum bis wenig vorhanden, reduziert sich auch der zelluläre Nährstoffaustausch. Im Rahmen der Osteoporoseforschung am Menschen lassen sich positive Effekte auf die Knochengesundheit durch moderates Krafttraining nachweisen. Die Knochenalterung wird reduziert, Beweglichkeit und Muskelkraft kehren zurück.

Die heutige moderne Reiterei hat an dieser Stelle für Reha-Pferde abseits vom Zentrifugieren an der Longe oder teuren therapeutischen Massageeinheiten nur wenig zu bieten. In der Alt-Klassik stehen dagegen mehrere Schulungslektionen zum Muskelaufbau für Reha-Pferde parat:

- Seitengänge
- Schulschritt/gemessener Schritt
- abgekürzter Schritt bis zum Diagonalisieren

Mit Seitengängen startest du idealerweise am Boden und im Schritt. Bei ausführlichem Kraftzuwachs können erste Seitengänge über kurze Strecken im Trab abgefragt werden. Wird auch das gut über Monate hinweg gemeistert, werden Lektionen im Seitwärts-Schulgalopp mit einfließen. Wichtig bei jedem Abschnitt: kurze Strecken, viele Intervalle und reichlich Pausen!

Seitengänge brauchen insbesondere im Reha-Bereich kein Tempo! Je stärker dein Pferd geschädigt ist, desto geringer sollte die Geschwindigkeit ausfallen.

Zum Vergleich hilft ein Blick in jede bessere Yoga-, Pilates- oder Ballettstunde. Alle Bewegungen werden hier anfangs mit langsamem Tempo eingeübt, bevor es an die schnellere Umsetzung geht. Dabei kommen alle Beteiligten schon bei den ersten Slow-Motion Bewegungen ins Schwitzen und Zittern, wenn die Muskulatur die Krafteinwirkungen nicht ausreichend bewältigen kann. Schneller ist nicht immer besser, vor allem nicht bei geplantem Muskelaufbau.

Zumal schneller beim Pferd oft bedeutet, dass sich die langen Rückenmuskeln zur Stabilisierung bei zu hohem Tempo versteifen. Da das Reitgewicht oben aufsitzt und den Blutfluss leicht abdrückt, verkrampft der Muskelbereich zusätzlich. Das führt zu Atrophie, also Muskelschwund!

Haben sich Koordination und Kraftausdauer im Laufe der versammlungslastigen Lektionen verbessert, darf der vierbeinige Schützling auch gerne seitwärts galoppieren. Ist der allgemeine muskuläre Zustand bereits gut genug, um einen Seitwärtsgalopp bei sichtbarer Hankenbeugung zu leisten? Dann ist es anfangs häufig so, dass die Pferde versuchen, mit dem Hals Schwung zu holen, um die Vorhand leichter anheben zu können. Sie schaffen es allein aus der Rückenmuskulatur heraus noch nicht, die Vorhand für den Schulgaloppsprung zu heben. Der Hals wird hier als Hilfsinstrument übergebührlich genutzt, um das Anheben der Front zu gewährleisten.

Durch geschicktes Training, sprich durch eine sinnvolle Aneinanderreihung von Lektionen und Nachgiebigkeitsübungen der ausbildenden Person,

Galopparbeit (Dr. Christina Ziegenhagen mit Emma)

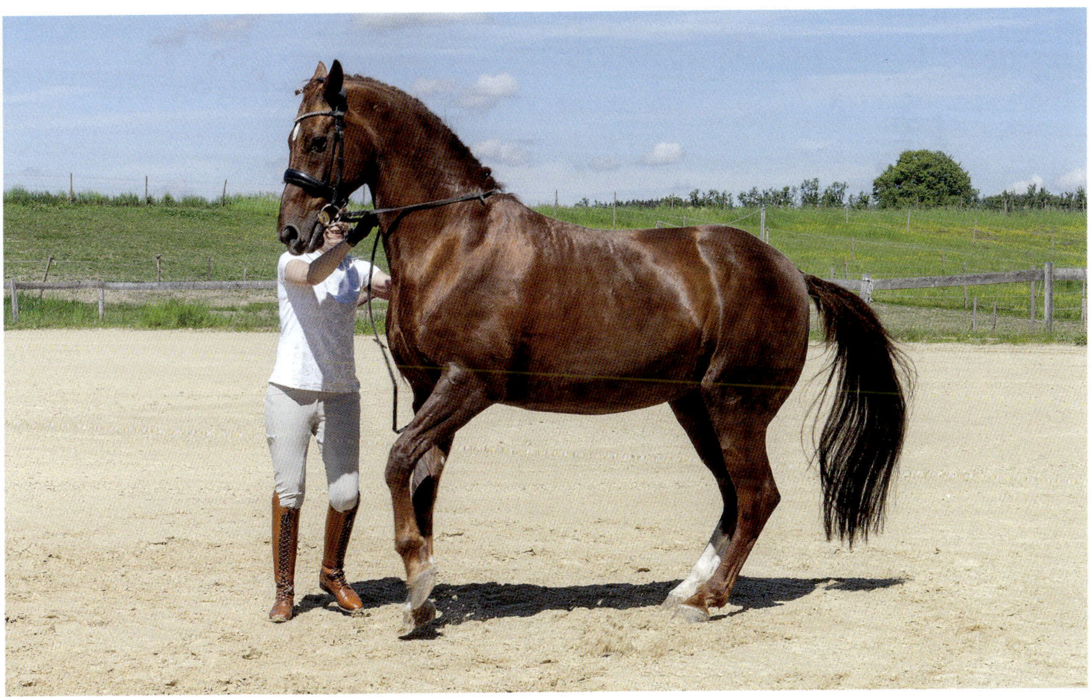

wird das Schwungholen über den Pferdehals mit der Zeit immer weiter verringert. Das ausgebildete Schulpferd wird nur noch ein absolutes Minimum an Nickbewegung im Schulgalopp zeigen. Deshalb sind kürzere Intervalle hilfreicher, anstelle von langen Trainingssequenzen. Der Schulgalopp wird schlampiger und das Schwungholen nur stärker ausfallen, wenn das noch nicht ausreichend trainierte Pferd zu langen Intervallen ausgesetzt wird. Deshalb: Bleib zunächst bei den Basics und übe dich im Schritt!

Sobald alle seitwärts gerichteten Slow-Motion-Bewegungen sitzen, darf das Ganze auch gerne geradeaus ausgeführt werden. Über das Verbrettern der eigenen Taille und das Stillhalten des eigenen Beckens animierst du dein Pferd dazu, mit möglichst wenig Hilfeneinsatz im Schneckenkriechgang zu bleiben und die Schritte zu verkürzen. Je kürzer die Tritte werden, desto eher bietet das Reitpferd das Diagonalisieren im Schritt an. Diese Ausbildungsetappe ebnet den Weg zur Piaffe - und ist sie einmal gemeistert, erlernt nahezu jedes Pferd unabhängig von eventuellen Gebäudefehlern das Piaffieren.

Die konventionelle Methode besteht ja eher aus vorn fixieren und hinten (kräftig) touchieren, sodass versammlungsbegabtere Pferde die Piaffe irgendwie bewältigen, während diejenigen mit Gebäudefehlern oder einem störrischen Gemüt dann eben als nicht dressurgängig klassifiziert werden.

Touchieren kann ein wunderbares Mittel sein, wenn es pferdegerecht eingesetzt wird. Bei Pferden mit Gebäudefehlern ist es aber besonders wichtig, dass sie eine Schulung in abgekürzten Gängen durchlaufen, bevor ihnen eine Piaffe entrungen werden soll. Ja, auch jedes Pferd mit optimalem Gebäude sollte diese Vorarbeit erleben dürfen, aber gerade diejenigen mit ungünstigem Körperbau profitieren besonders von der Arbeit mit den abgekürzten Gängen. Ob das Tier sich rasse- oder gebäudetypisch bedingt nicht so sonderlich für die Piaffe eignet, ist dank entsprechender Vorarbeit dann beinahe egal. Die Methode mit *vorne festhalten und hinten draufhauen* wird ihm jedenfalls keine Piaffe abringen. Jedes Pferd profitiert durch eine gute Arbeit im abgekürzten Schritt, die die Diagonalität von Hause aus erhöht. Die Piaffe entsteht aufgrund der gelungenen Vorarbeit beiläufig nebenher.

Ein - kürzeres - Wort zum Untertreten

Die heutige moderne Reiterei versteht weites Untertreten als Mittel zur vermehrten Lastaufnahme. Stimmt das eigentlich?

> *Dabei kommt selbstverständlich mehr Gewicht auf die Vorhand. Das Untertreten des Hinterbeines hat hier keinerlei „Erleichterung" der Vorhand gebracht und auch die Weite des Untertretens wird hier keinen Unterschied machen. Ganz im Gegenteil, tritt das Pferd besonders weit unter, so trägt dies als Kraftmoment noch zur Last, die das Vorderbein zu tragen hat, bei.*[90]

Racinets Kommentar zur raumgreifenden Untertreterei steht im Grunde für sich. Der Bewegungsablauf stoppt ja nicht mit dem Untertreten, sondern zeigt sich auch in einem weiten Rückführen der Gliedmaße nach hinten in Richtung des Schweifs.

In der versammlungsfördernden Arbeit verkürzen sich die Schritte sogar, ohne dass es dabei zum raumgreifenden Untertreten käme. Diese kürzeren Schritte erfolgen aufgrund der Beugung des Rückens und der Hinterhand, während sich das heutzutage erwünschte Untertreten allein aus dem Hüftgelenk entwickelt.

Mit der in der heutigen Reiterei gängigen Schubfixierung entsteht eine enorme Belastung der Vordergliedmaßen, die bekanntermaßen gut zwei Drittel des gesamten Reitpferdegewichts zu tragen haben.

> *(...) weil das Geschwindigkeitsmoment der Bewegung in Form von Wucht zu der Last, die vom stützenden Vorderbein getragen werden muss, beiträgt (wie im übrigen auch zu der, die das Hinterbein zu tragen hat).*[91]

Die reinste Physik!

[90] Racinet 2009: S. 14
[91] Racinet 2009: S. 15

Kopf, Hals, Schultergurt: alles hoch!

Wideristhebung, Brustkorbhebung oder auch Rumpfhebung: Egal, wie du es nennst, der Rumpf muss hoch. Mit dem Reitgewicht direkt hinter den Schulterblättern leistet das durchschnittlich bemuskelte Reitpferd dauerhaft Raubbau an seiner Physiologie, wenn es nicht in ausreichender korrekter Versammlung geschult ist.
Dabei wird im Rahmen der heutigen Dressurausbildung gern argumentiert, dass die Joggingrunden im tiefen Vorwärts-Abwärts dazu geeignet seien, den Rumpf hinter dem Widerrist anzuheben. Als Beleg dafür wird ein alter Therapietrick ausgegraben, der einen Reflex der unteren Rumpfmuskulatur auslöst.

Dieser alte Trick geht so: Man kratze mit einem Fingernagel oder einem Hufauskratzer zwischen den Vorderbeinen in der Gurtlage. Daraufhin kontrahiert der Boden des Schultergürtels und die Brustmuskulatur (Pectoralmuskeln), während der Serratus Ventralis (der berühmte Rumpfheber) sich dehnt. Dies schiebt ebenfalls den Rippenkasten aufwärts, das Stockmaß wird bei tiefer Kopfhaltung merklich höher.

Dr. Giniaux hat auch zu der tiefsten Stelle des Rückens direkt hinter dem Widerrist etwas Wichtiges anzumerken:

> *Im Profil gesehen liegt der Gipfel der von der Wirbelsäule geformten Wölbung dort, wo die Rückenlinie des Pferdes am niedrigsten ist! Aus architektonischer Sicht ist ein Gewölbe an seinem höchsten Punkt am stablisten (Schlussstein).*[92]

Das, was uns Dr. Giniaux sagen möchte, ist, dass nicht das Hohlkreuz der krasse Pferdekiller ist, sondern die nicht vorhandene deutliche muskuläre Rumpfhebung.

Hier ist das Problem an der ganzen Sache mit dem Reflexpunkt und der scheinbaren Widerristhebung: Solange niemand beim Abschleudern stetig neben dem Pferd joggt und es fleißig an diesem Punkt kratzt, wird sich der Rumpf nicht anheben.

Manches Pferd kommt durchaus auf die Idee bei aufkommenden Bodenwellen, den Rumpf kurzzeitig aus eigenem Willen zu heben, von gesunderhaltener Dauerleistung ist die Anhebung aber keinesfalls.

[92] Giniaux in Racinet 2009: S. 51

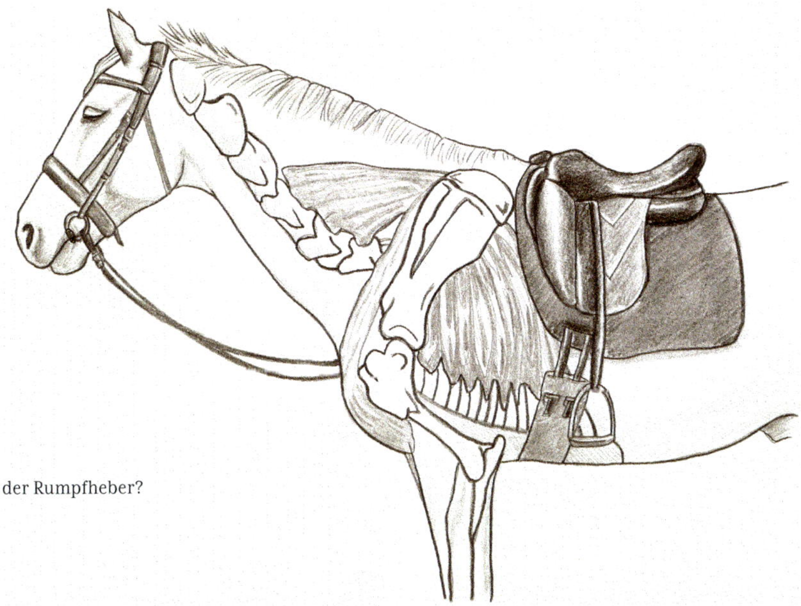

Suchbild: Wo ist der Rumpfheber?

Eine stabile und gesunderhaltende und die Trageerschöpfung vermeidende Widerristhebung lässt sich damit im tiefen Vorwärts-Abwärts eben nicht willentlich und dauerhaft erreichen.

> *(...) wenn der Widerrist – warum auch immer – nicht nach oben kann, die Möglichkeiten des Pferdes, die Hinterhand zu engagieren, empfindlich beschränkt sind.*[93]

Es bliebe also nur das Hoffen auf die nächste Bodenwelle samt hoffentlich erfolgender Reaktion des Pferdes, um trotz Kopfhaltung im Vorwärts-Abwärts eine kurzfristige Brustkorbhebung zu erleben. Anstelle von Hoffen und Bangen setze ich ja lieber auf versammlungslastige Lektionen, die dem Serratus Ventralis die Anhebung des Widerrists auch ohne Bodenwellen und Reflexpunktkratzerei nahezu aufzwingen.

Wir sollten an dieser Stelle aber unbedingt klären, dass für viele in der Pferdeausbildung und in der Pferdetherapie Beschäftigte das bloße Auf- und Abbouncen (Schwingen) des Rumpfes (= Widerrist) bereits eine Rumpfhebung wäre. In meiner Welt ist das aber noch längst keine muskuläre Rumpfhebung.

Die entsteht durch einen ernsthaft arbeitenden Muskel, der das Stockmaß des Pferdes messbar erhöht und nicht nur durch das Auf- und Abfedern eines körperlich gesunden Pferdes.

Der *Musculus multifidus* **(vielgefiederter Muskel, Multifidi)** gehört zu den tief gelegenen, autochthonen (ortsständigen) Muskeln des Rückens und entwickelt sich beidseitig von hinten nach vorn direkt entlang der Wirbelsäule, als Teil der Stammmuskeln. Diese Muskelstränge sind vorwärts-aufwärts gelagert. Verkrampfen sich Teile der Muskeln dieses Bereichs, bleibt der Rücken in Sattellage hart, wenig nachgiebig und lässt sich nur schwer aufwölben.

Um dem Reitpferd die Verkrampfung entlang der Wirbelsäule entlang der Multifidi zu nehmen, schlägt Racinet die im 19. Jahrhundert wohlbekannte und geschätzte Technik der cession de mâchoire (Nachgiebigkeitsübungen des Mauls) vor.

[93] Racinet 2009: S. 90

Gesprächige Pferde werden auftretende Verkrampfungen dieser Muskeln genauso wie in der gesamten Vorhand gerne selbstwirksam lösen, während sie fleißig vor sich hin kauen und das Maul öffnen und schließen. Das ist nicht vergleichbar mit dem Sperren, bei dem die Pferde das Maul öffnen und länger offen stehen lassen, weil sie sich gegen eine zu starke Zügelhilfe wehren. Das sogenannte Sperren ist also keinesfalls das gleiche wie ein erwünschtes mobiles Maul, bei dem sich der Kauschlag im günstigsten Falle mit dem Abfußen der Hinterbeine synchronisiert.

Ein schöner Rücken kann auch entzücken

Typischerweise wird beim aufgerichteten Hals vor dem unvermeidlich weggedrückten Rücken gewarnt. Der Hals dürfe nicht künstlich aufgerichtet werden. Das berühmte Vorwärts-Abwärts sorge dann schon vermeintlich für die Widerristhebung. Dass das nicht funktionieren kann, habe ich bereits an mehreren Stellen wiederholt beschrieben. Des-

Robustrassen wie der hier zu sehende Haflinger haben oft ein strafferes Bindegewebe.

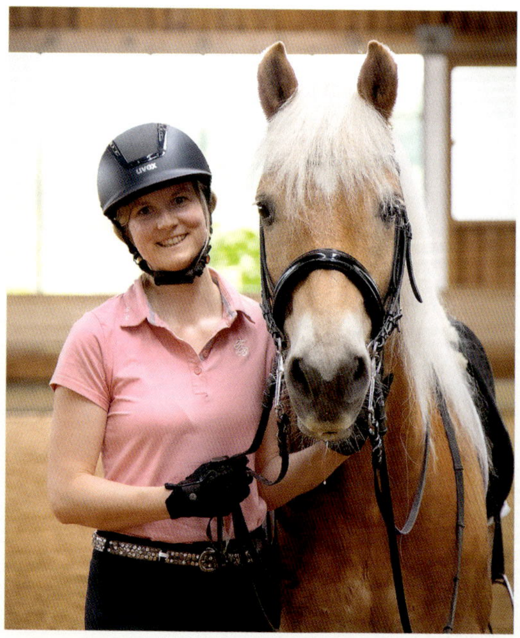

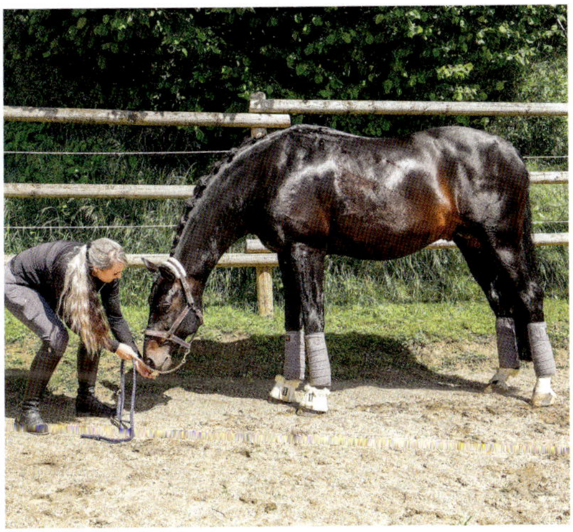

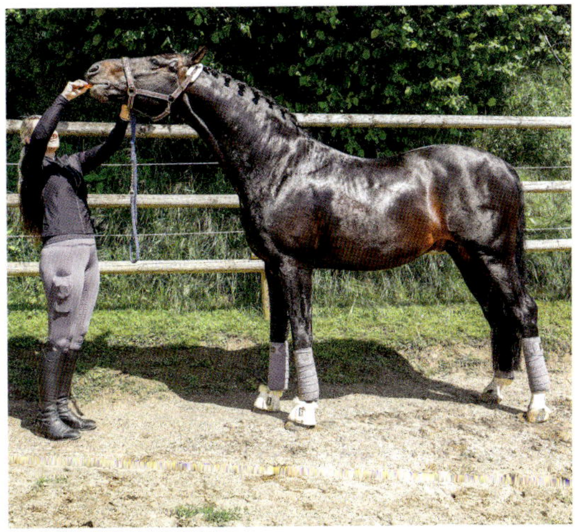

Die Einstellung der Kopf-Hals-Linie in sehr tiefer und in sehr hoher Variation.

halb schauen wir hier einfach mal drauf, ob sich denn ein Pferderücken durch den erhobenen Kopf grundsätzlich und ausnahmslos immer nach unten einwölbt.

Viele Therapeutinnen und Trainer versuchen, ihrer Klientel das Vorwärts-Abwärts als einen aufgewölbten Rücken zu verkaufen. Sie untermauern das mit dem **Plankenexperiment**.

Das Experiment: Dem Pferd wird vom Widerrist bis zum höchsten Punkt der Kruppe eine Planke in den Rücken gelegt, der Kopf des Pferdes wird möglichst tief gesenkt. Die Planke bewegt sich in diesem Moment natürlich näher an die Rückenlinie heran, da der Widerrist abtaucht. Stellt man im Gegensatz dazu den Kopf sehr hoch ein, steigt der Widerrist an, wodurch sich natürlich die Planke von der Rückenlinie sehr weit entfernt. Auch bei Pferden mit eher festem Bindegewebe bewegt sich der Widerrist gern mal um mehrere Zentimeter aufwärts, bei stehendem Vorderbein und hoch angehobenem Kopf.

Aufgrund dieser Beobachtungen denken viele Leute, dass sobald der Kopf nach oben geht, das Pferd in einem Hohlkreuz wäre. Dass das leider komplizierter ist, als man es sich wünscht, habe ich ja im vorherigen Absatz bereits erklärt.

Der tiefste Punkt der Sattellage bewegt sich bei den meisten Pferden bei extrem hoher Kopf-Hals-Haltung tatsächlich um circa fünf Millimeter nach unten (im Vergleich zu einer tiefen Kopf-Hals-Haltung), also weg von der Planke. Das ist ein zu vernachlässigender Wert im Vergleich zur deutlichen Widerristsenkung bei einem tief eingestellten Pferdekopf. Die Dornfortsatzspitzen wandern teilweise um bis zu circa 30 Zentimeter Vorwärts-Abwärts. Der Widerrist wird messbar kleiner zwischen den Schulterblättern, weil sich die gesamte Hals- und Brustwirbelsäule abwärts bewegt. Aufgrund der Dehnung entsteht eine gewisse Spannung im Bereich des Nackenbands, womit sich die minimale Hebung um die erwähnten fünf Millimeter erklären lässt.

An der Brustwirbelsäule ist nun mal die Halswirbelsäule angefügt. Folglich ist es klar, dass wenn die Halswirbelsäule ganz tief eingestellt wird, die Brustwirbelsäule folgen muss. Es wäre selbstverständlich übertrieben zu erwarten, dass das Reitpferd muskulär über lange Zeiträume gegen diese Effekte anarbeiten würde.

Was bedeutet das jetzt für unser Reitpferd? Um die Chance auf eine echte muskuläre Rumpfhebung zu bieten, brauchen wir tatsächlich eine gewisse Höhe des Kopf-Hals-Bereiches, auch wenn viele meiner Kolleginnen und Kollegen vehement das Gegenteil behaupten. Wenn wir möchten, dass die Widerristhebung auch im Gang funktioniert, müssen wir ähnliche Bedingungen schaffen wie im Stand.

1. Das Vorderbein geht in der Standbeinphase möglichst wenig in die Rückständigkeit.
2. Dadurch bleibt das obere Ende des Schulterblatts nahe des Rippenkastens.
3. So schaffen wir optimale Grundbedingungen, um den Widerrist in der Anhebung zu halten.

Diese angestrebte Manipulation des Vorderbeins ist durch versammelte Gänge und durch Seitwärtsbewegungen gegeben.

Die wie bereits beschrieben um circa fünf Millimeter abgesenkte Rückenpartie bei höherer Kopfhaltung lässt sich locker durch die Beugung des Rückens bei zusätzlicher Genickbeugung und Halswölbung in der Versammlung ausgleichen.

Also können wir zusammenfassen:

1. Eine höhere Kopf-Hals-Haltung, angepasst ans jeweilige Exterieur des Tieres, ist Pflicht für eine willentlich von der reitenden Person ausgelöste und aufrechterhaltene Widerrist-/Rumpfhebung.
2. Während der Dressurarbeit muss das Pferd regelmäßig in eine mehr oder minder tiefe Hankenbeugung gebracht und die bereits mehrfach angesprochene Halswölbung inklusive passender Genickbeugung umgesetzt werden, um ein Absinken des tiefsten Punkts des Pferderückens unmöglich zu machen.
3. Dafür sind die Bauchmuskeln und der *M. iliopsoas* zuständig, die als Rückenbeuger logischerweise dafür gebraucht werden, um den Rücken muskulär aufzuwölben.

Der tiefste Punkt des Rückens in der Messung – die Höhe ist abhängig von der Kopfeinstellung!

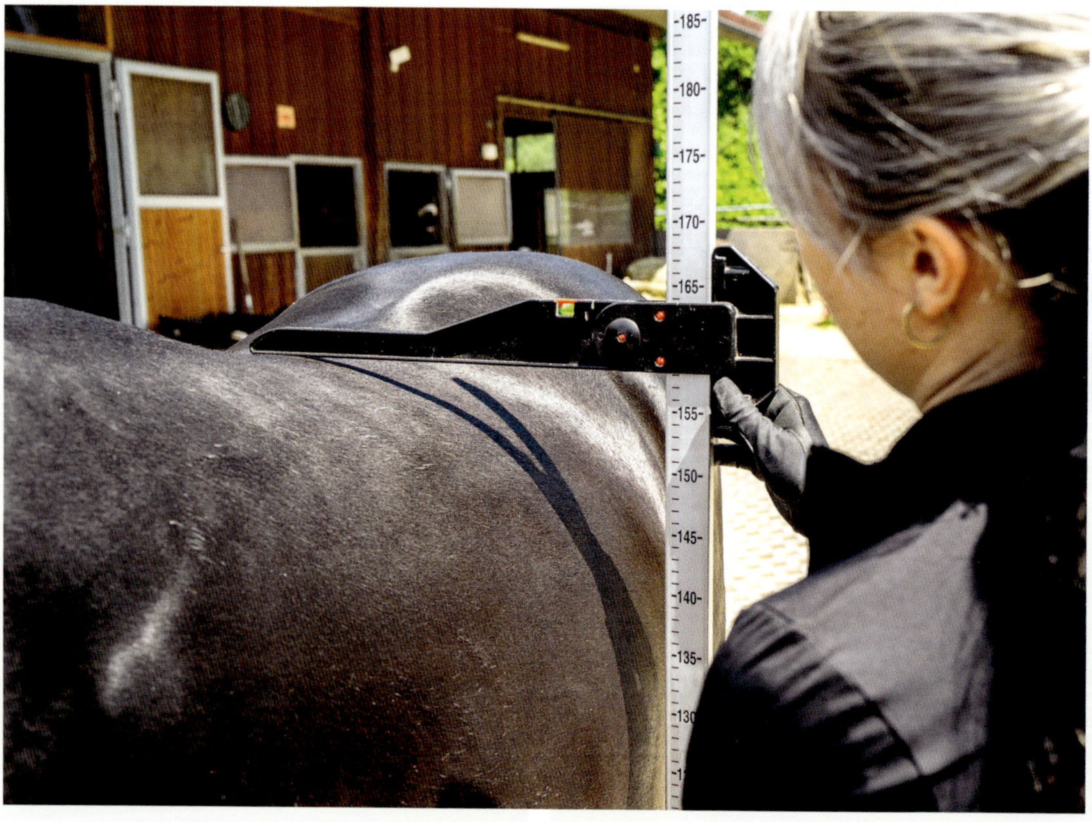

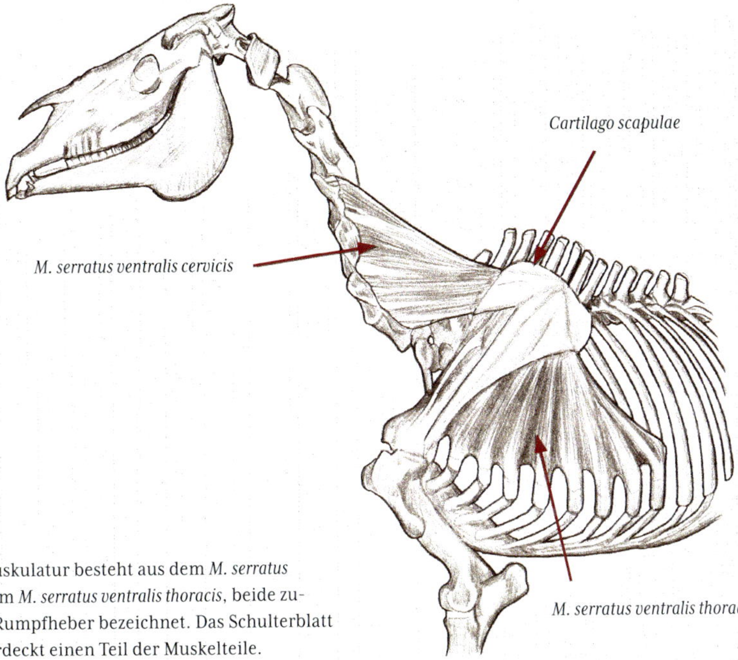

Die Schultergürtelmuskulatur besteht aus dem *M. serratus ventralis cervici* und dem *M. serratus ventralis thoracis*, beide zusammen werden als Rumpfheber bezeichnet. Das Schulterblatt (*Cartilago scapulae*) verdeckt einen Teil der Muskelteile.

Erst dann sprechen wir von einer idealen, muskulär durchgeführten Rumpfhebung, die den *Serratus ventralis* vollumfänglich in seiner Funktion als Rumpfheber fordert.

Echte muskuläre Rumpfhebung lässt sich nur in der Versammlung von der reitenden Person willentlich einfordern.

Das eine Pferd mag höhere, das andere vielleicht etwas geringere Grade der Versammlung benötigen, aber: Die Versammlung ist die Bedingung.

Wichtige Hinweise für die saubere Durchführung der Rumpfhebung

Wir müssen auch auf die Rotation achten, denn ist sie gegenläufig, wird die Rumpfhebung deutlich erschwert.

Ist die Halsbasis im Seitengang **überbogen**, wird die Aufrichtung samt Beizäumung schwerer fallen. Die Rumpfhebung wird unmöglich, wenn der Hals überbogen ist, da der äußere gedehnte Rumpfhebermuskel an Kraft in der dadurch entstehenden Dehnung verliert.

Bei jedem Aufsitzen drückt das Reitgewicht auf die Muskelschichten, die links und rechts neben den Dornfortsätzen auf dem oberen Ende der Rippen aufliegen. Die Blutzufuhr wird abgedrückt, die Druckbelastung sorgt für Verspannungen des gesamten Areals. Je dünner die muskuläre Schicht im Rücken, desto schneller verkrampft sich der gesamte Bereich. Eine fehlerhafte Ausbildung lässt die Rückenmuskulatur oft atrophieren, sie zieht sich immer weiter zurück. Am Ende bleibt ein spitzer, dachförmiger Pferderücken zurück, der in dieser Form eigentlich kaum noch reitbar ist.

Tipps zur Aufmuskelung der Rückenpartie

Wie lässt sich der Rücken nun ordentlich aufmuskeln, um das Reitgewicht möglichst ohne gesundheitliche Einschränkungen tragen zu können?

Indem du mittels häufig wiederkehrender Hankenbeugung die langen Rückenmuskeln am Verkrampfen hinderst. Das geschieht durch Aktivierung der Bauchmuskulatur, die gemeinsam mit den das Becken heranstellenden Muskelgruppen den langen Rückenmuskel in einer gewissen Länge hält. So kann der lange Rückenmuskel gar nicht verkrampfen, sprich sich zu rabiat zusammenziehen.

Wenn durch immer wiederkehrende Beugung des Rückens der langen Rückenmuskel gepflegt wird, kann man den Longissimus in der Rumpfhebung wunderbar trainieren. Insbesondere Lektionen im deutlichen Bergauf wie eine gelungene Grand Passage und alle anderen höherversammelten Lektionen, sogar durch einen hervorragenden Spanischen Schritt, können wir dazu nutzen, um den langen Rückenmuskel zu stärken.

Die genannten Lektionen sorgen für fette Muskelpakete im Kreuz. Der Regenrinnenrücken (Joke meiner Instagram-Follower) zeichnet sich durch breite Muskelpakete rechts und links der Dornfortsätze aus, die dank dieser muskulären Schutzverpackung bestens von der großen reiterlichen Druckeinwirkung geschützt sind.

Kurzer Einblick in die Passage

Wer sich schnell vorwärts bewegt, nimmt den Körperschwerpunkt weiter nach vorn. Im Falle vom Menschen bedeutet das, dass beim flotten Gehen die leichte Vorwärtsneigung dazu führt, dass sich auf der Ferse abgerollt und mit den Zehen nach vorn abgestoßen wird.

Ohne großzügige Förderung in der Versammlung wird beim rasanten Tempo auch beim Pferd der Körperschwerpunkt weiter nach vorn verlagert. Bei hoher Geschwindigkeit, das hat sich inzwischen ja herausgestellt, ist eine korrekte Rumpfhebung nicht länger möglich. Somit ist die Stoßdämpfung verringert. Durch die Erhöhung der Geschwindigkeit verstärken sich die Aufprallenergie, die Flieh- und die Scherkraft. Das führt zu einem oftmals verheerenden Verschleiß, der häufig erst Jahre später auffällt. Versammlung ist auch deshalb nötig, um das Vorwärtsschieben des Rumpfes über die Vordergliedmaßen zu reduzieren. Dies erkennt der aufgeklärte Reitmensch daran, dass die Rückständigkeit in der Standbeinphase geringer ist.

Form follows function, zu Deutsch: Die Form folgt der Funktion. Für uns bedeutet das, dass die so geschulten Pferde ihre Gliedmaßen - unabhängig von der Rasse - immer weniger rückständig platzieren, das gilt neben der Lektionsarbeit auch für den Alltag.

Im Hinblick auf die Grand Passage lässt sich dieses Phänomen sehr gut beobachten. Das Pferd beginnt sich vermehrt vom Erdboden nach oben abzustoßen. Je versammelter die Passage ist, desto stärker überwiegt das Aufwärts im Vergleich zum Vorwärts. Die Passage ist anders als Lektionen in durchgängiger Hankenbeugung darauf angewiesen, gegen Ende der hinteren Standbeinphase alle Gelenke der Hinterhand durchstrecken zu können, um das Pferd Vorwärts-Aufwärts vom Erdboden wegstoßen zu können. Deshalb verlängert sich in der Grand Passage die Stützfläche.

Die Passage ist eine günstige Lektion, um sie immer wieder zwischen den Schulungseinheiten von leichter bis schwerer Hankenbeugung einzustreuen, um den Rücken wieder in eine neutralere, nicht bis wenig gebeugte Position zu bringen. Insbesondere in der Grand Passage ist die gesunde Körperspannung des Pferdes enorm erhöht.

Die Passage ist das, was der Definition von Schwung am nächsten kommt.

Der Rumpf bewegt sich überdeutlich Vorwärts-Aufwärts, da die Federkraft auf die Spitze maximiert wird.

Das sollte bei der Passage passieren:

- aktives Abstoßen der Vordergliedmaßen mehr oder minder nach aufwärts.
- verstärktes Aufwärts bei höherem Versammlungsgrad, entsprechend stärkeres Vorwärts bei niedrigerer Tragkaft und etwas erhöhter Schubkraft.
- Hintergliedmaßen werden erst in der Standbeinphase gebeugt, um am Ende der Standbeinphase durchgestreckt zu werden für eine maximale Schwebephase.

Hankenbeugung

Es hält sich hartnäckig der Gedanke, dass die Hankenbeugung einseitig den vorderen *Bizeps femoris* und die Hosenmuskeln der Hinterhand trainiere. Es gibt Pferdetrainer, die aufgrund dieser falschen Annahme behaupten, dass auf dieser Basis

das Hinterbein des Pferdes gerade werden würde, also die Winkelung des Sprunggelenks mit der Zeit abnimmt und dadurch das Pferd eher zu Spat neigt. Wie das vonstattengehen soll, ist mir persönlich ein unglaubliches Rätsel.
Aus der Humanmedizin wissen wir jedenfalls schon seit längerem, dass tiefe Kniebeugen im Wesentlichen stärkende Effekte auf die Gesäßmuskeln und den Quadrizeps ausüben.[94]

Vier Muskeln für die Hankenbeugung

Alle vier Hauptmuskeln werden benötigt, um den im Schnitt 600 Kilogramm schweren Pferdekörper in die (tiefe) Hankenbeugung zu bringen und zu stabilisieren. Analog dazu werden die exakt gleichen Muskelgruppen auch beim menschlichen Äquivalent, den Kniebeugen (engl. Squats), in Bewegung gebracht.

1. Damit sich die **Kniegelenke** samt **Hüfte** beugen, müssen die Hosenmuskeln (Hamstrings) aktiviert werden. Das Pferd verlagert seinen Schwerpunkt nach hinten, die Kniegelenke beugen sich.

2. Die Adduktoren sind Muskeln an den Oberschenkelinnenseiten und dienen der **Zusammenführung der Beine.** Über die Position der Hinterbeine wird das Reitpferd seinen Stand stabilisieren, sodass die Adduktoren für die notwendigen Bewegungsabläufe anspringen. Die Adduktoren stabilisieren die Hintergliedmaßen zusätzlich in der Hankenbeugung, damit das Tierchen keinen ungewollten Spagat macht.

3. Zur **Streckung des Kniegelenks** wird der Quadrizeps femoris als sogenannter Kniegelenksstrecker benötigt. Sobald sich dein Vierbeiner aus der tiefen Hankenbeugung vom Boden nach oben abdrückt, wird er aktiviert. Gleichzeitig findet die Beugung kontrolliert und stabilisiert durch den Einsatz des Kniegelenkstreckers statt.

4. Um die **Hüftstreckung** zu ermöglichen, müssen die Glutäen übernehmen, um die Beugung durch die Hosenmuskeln zu begrenzen und zu kontrollieren. Erst mit dieser Form der Zusammenarbeit ist eine kontrollierte und damit stabile Fortbewegung über die Hinterhand möglich.

Die teilweise geäußerten Bedenken, dass sich die (tiefe) Hankenbeugung als einseitiges Training darstellt, scheint mit Blick auf diese beteiligten vier Hauptmuskelgruppen nicht sehr schlüssig. Einseitig würde ich diese Form des gesunderhaltenen Krafttrainings also keinesfalls nennen!

Krafttraining erhöht aufgrund der anhaltenden Beanspruchung die Myokinausschüttung und sorgt für eine damit verbundene vermehrte Collagenbildung im Bereich der Gelenke inklusive des Bänder- und Sehnenapparats, was natürlich auch für die Kniebeuge respektive Hankenbeugung gilt.[95]

Hankenbeugung ist damit, wie schon die mit mindestens kleiner Hankenbeugung bestückten Seitengänge, ein den Großteil des Pferdekörpers modulierendes Training.

Bei jeder Form von Hinterhandkreuzung aktiviert sich immer auch die Bauchmuskulatur, die über den *Musculus pectineus* angesteuert wird. Dieser Muskel knüpft an der Oberschenkelinnenseite an und endet an einer Erhebung am Schambein der gegenüberliegenden Körperseite. Die fasziale Verbindung zwischen dem *M. pectineus* und der Bauchmuskulatur sowie des *M. iliopsoas* ist entscheidend für die Beugung der Hinterhand und des Rückens. Ohne die solide Beugung der Hinterhand, sprich ohne ein herangestelltes Becken (gebeugtes Lumbosakralgelenk), ist keine vermehrte Aktivierung und kein Training der Bauchmuskulatur möglich. Wenn diese wiederum fehlt, ist die muskuläre Hebung des Widerrists deutlich erschwert, wenn nicht gar teilweise unmöglich. Ohne die gesenkte Hinterhand und ohne ein damit einhergehendes herangestelltes Becken keine Aktivierung der Bauchmuskelstrukturen und damit keine muskuläre Hebung des Rückens. Willst du einen flachen Pferdebauch? Dann arbeite dich vor bis in die tiefe Hankenbeugung.

[94] Caterisano et al. 2002

[95] Kronsgard et al. 2005

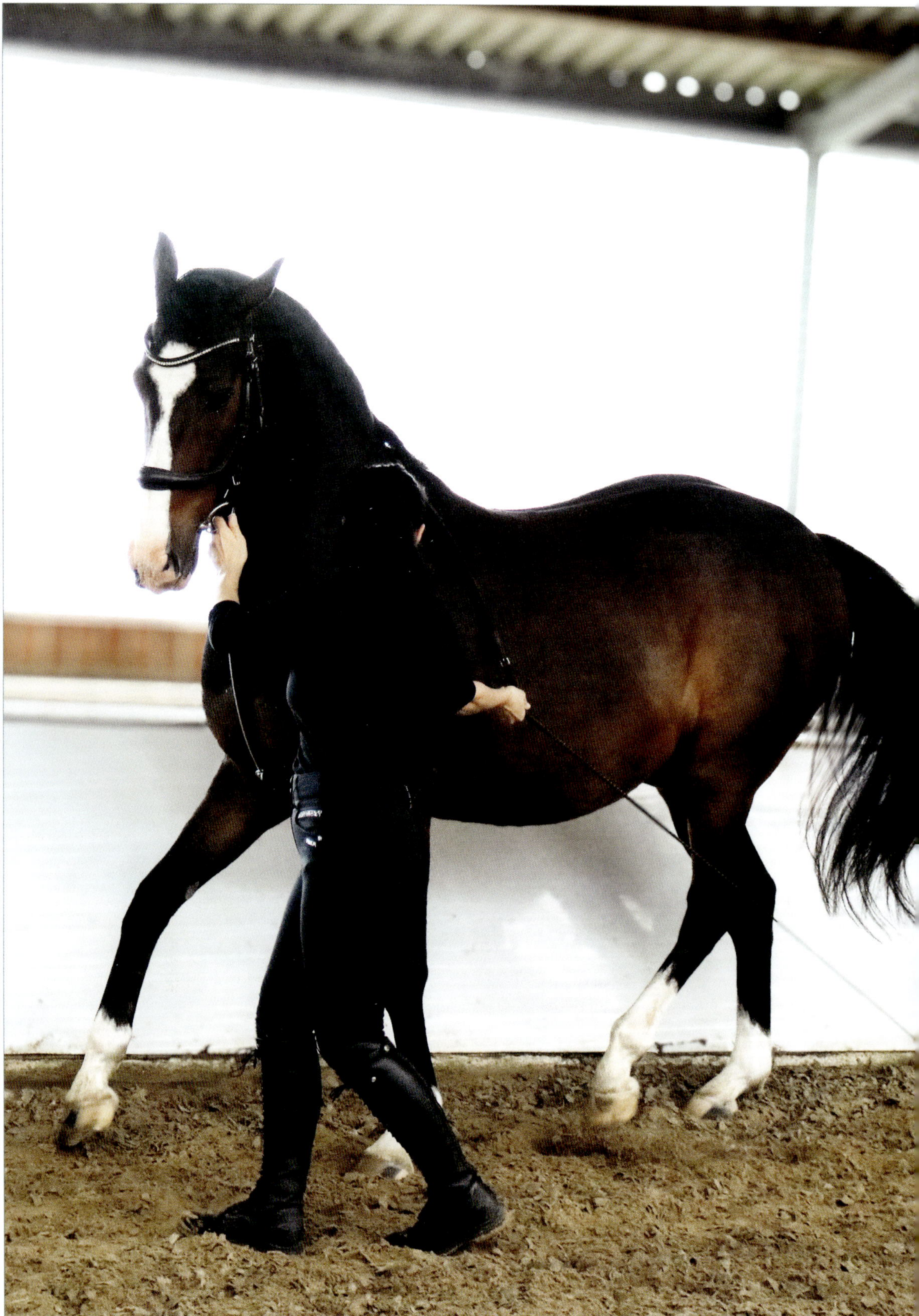

QUALITÄTS-CHECKLISTE FÜR ZWISCHENDURCH

Schulungseinheiten sind nur so gut wie der Qualitäts-Check für zwischendurch. Wie kannst du dir sicher sein, dass das Training gerade gut läuft?

Das Training für Reitpferde ist erst dann erfolgreich, wenn beim Laufen

- die Halswirbelsäule sich zu einem halben Regenbogen wölbt.
- die Vorhand aufwärts arbeitet.
- die Hinterhand Last aufnimmt.
- das Pferd Selbsthaltung einnimmt.

Alles davon, bitte. Erst dann sprechen wir von einem gesunderhaltenden Training.

Vergleichsbild: Alle Punkte der Checkliste erfüllt? Sieh selbst!
(Petra König mit Luca)

SPRINGTRAINING: MACHEN ODER LASSEN?

Die von vielen so hochgeschätzte H. DV 12/37 sorgte für reichlich Veränderungen, auch beim Springreiten. Grund dafür ist unter anderem der vorbereitende Einfluss von Federico Caprilli. Denn: Caprilli hatte erkannt, dass der bis dahin dressurmäßige senkrechte Sitz im Springreiten, sagen wir mal - ungünstig - war. Mit dem System Caprilli veränderte sich das Springtraining. In den zwanziger Jahres den 19. Jahrhundert entstand auf dieser Grundlage der deutsche Springstil. Das verpasste der klassischen Dressurkunst sozusagen den finalen Todesstoß.

Federico Caprilli war Rittmeister der italienischen Armee und Ausbilder an Kavallerieschulen. Er selbst konnte der versammlungslastigen Dressurreiterei nicht viel abgewinnen. Einer seiner berühmten Aussprüche dazu zeigt das ganz deutlich:

> *Dressur und Kampangereiten sind meiner Meinung nach völlige Gegensätze. Das eine schließt das andere aus und zerstört es.*[96]

Dass sich in seiner an der Kampagnereiterei orientierten Stilentwicklung kaum Spuren der Alt-Klassik finden lassen, überrascht dann eher weniger.

Nun ja. Von Ziegner wundert sich in der kommentierten Fassung der H. DV 12/37 sehr darüber, dass sich die Erfolge aus der ersten Hälfte des 19. Jahrhunderts - trotz Überarbeitung und damit Aufnahme des neuen Springstils! - nicht reproduzieren ließen.[97]

[96] Caprilli 1982: S. 35
[97] Hauschmann/von Ziegner 2017: S. 124

Er benennt dafür zwei Ursachen: Zum einen die steigende Konkurrenz an springsportbegeisterten Ländern und zum anderen das veränderte Zuchtverhalten. Beides korrekt so weit. Am Rande verweist er auch auf einen Punkt, der im Zentrum stehen sollte: die fehlende dressurmäßige Grundlage, mit schmerzhaften Folgen für das Pferd.

Überlegen wir ganz kurz: Das versammlungslastige Training auf Basis Alter Meister wurde im Rahmen der Überarbeitung der H. DV 12 radikal zurückgefahren. Alle Erfolge inklusive der von von Ziegner hochgelobten 1936er Goldmedaillen basierten zu diesem Zeitpunkt auf? Exakt, dem versammlungslastigen Training vorrangig preußischer Reitmeister. Nachfolgende Pferdegenerationen kamen weder in den Genuss einer entsprechend sorgfältigen Ausbildung, noch wurde im gleichen Zuge die verschleißverringernde Reitpferdemuskulatur für herausfordernde Sprünge aufgebaut.

Übrigens galt früher im preußischen Militär die strikte Anweisung, alle Sprünge über Hindernisse mit mehr als einem Meter Höhe zu unterlassen. Die langwierig ausgebildeten Reitpferde waren viel zu wertvoll, um sie bei einem Sprung im Gelände oder über Hindernisse aufs Spiel zu setzen.

Mit der Anglomanie (Verherrlichung alles Englischen) und der damit aufkommenden Verschiebung in der Ausbildung junger Pferde änderte sich diese wertschätzende Haltung gegenüber der Pferdephysiologie. Im Folgenden erleben wir stattdessen, dass sich Geländetraining und Stangentraining für diejenigen anbietet, die am liebsten auf dem Pferd sitzen und lenken, ansonsten aber nur nutzlosen Ballast auf dem Pferderücken darstellen. Wird schon gut gehen! Dabei verbleibt das Pferd, mangels Ausbildung in der Versammlung, meist in der **Tiefe** beziehungsweise in der sogenannten natürlichen Haltung. Zur Erinnerung: Die **Tiefe** bezeichnet die klassische Remontehaltung, bei der die Schnauze circa in Hüfthöhe gehalten werden sollte. In der Alt-Klassik schleiften die Pferdenasen niemals wie Trüffelschweine über den Boden!

Trotz fehlender Versammlungsfähigkeit wird das Pferd heutzutage an Sprünge herangeführt. Dabei sollte klar sein: Erst ein in der Versammlung geschultes Pferd mit entsprechender Reitpferdemuskulatur ist in der Lage, die Anforderung **Sprung über Hindernisse mit Reitgewicht auf dem Rücken** stabil zu bewältigen.

SCHULUNGSEINHEITEN NEU DENKEN

KURZ UND KNAPP:

- Die Lektionen verlangen deinem Reitpferd viel ab. Kurze Intervalle mit angemessener Intensität sind langem Ausdauertraining vorzuziehen.
- Erst kommt die Slow-Motion-Bewegung, um daraus dann das tänzerisch anmutende Pferdeballett zu entwickeln.
- Pausen sind von entscheidender Bedeutung für die kognitive und muskuläre Erholung.
- Kein Meister ist vom Himmel gefallen, aber alle freuen sich übers Lob.

Die Alten Meister der hohen Dressurkunst haben sich für die Ausbildungsarbeit mit ihren Pferden Zeit nehmen können. Das heutige Freizeitpferd wird zu einem Zeitpunkt in Rente geschickt, bei dem die Alten Meister gerade so zufrieden den Status von Ausbildungspferd hin zu Schulpferd änderten.

Im Laufe der Zeit hat sich das schleichend verändert. Nicht zum Guten, denn ab der H. DV 12/37 lassen weder die Ausbildungsdauer noch die Reihenfolge der Schulungseinheiten viel Spielraum für ausgiebiges Gymnastizieren. Stattdessen verändert sich das Ausbilden; hin zu einem einigermaßen lenkbaren Reittier, was vergleichsweise schnell und alles andere als körperlich kräftigend vonstattengeht. Zugegeben, es ist zugleich auch kostengünstiger, Pferde sind auf diese Weise wesentlich schneller gebrauchsfertig. In aller Deutlichkeit: Für die Alten Meister war ein Reitpferd oft erst mit 12 oder 13 Jahren so weit ausgebildet, dass es für die Schlacht taugte. Selbst die Altpreußen kalkulierten noch gute vier Jahre Dressurausbildung ein, um wenigstens ein Mindestmaß an für die Versammlung benötigter Muskulatur zustande zu bringen. H. DV 12/37 mit ihrem nahezu versammlungsbefreiten Gerüst dagegen warf Pferde nach knapp sechs Monaten sogenannter Ausbildung aufs Schlachtfeld.

Geht das besser? Mit einer an der klassischen Dressurkunst ausgerichteten Gymnastizierung von Pferden, wäre der erste Schritt hin zu einer physiologischen hochwertigen Vorbereitung der Tiere gemacht.

Je nach Pferdetemperament und vorausgegangenen traumatischen Vorerfahrungen wird so eine Trainingseinheit in der Halle aber fix zum Kräftemessen. Wie klappt das erfahrungsgemäß besser? Mit kurzen Einheiten, bewusst langsamen aufeinander aufbauenden Schulungseinheiten, reichlich Pausen und viel Loberei. Wenn du dann noch in den Pausen Raum zum Abstrecken im Stand und Durchatmen gibst, sodass das parasympatische System wieder vermehrt anspringt, dann wirds erst richtig gut.

> ***Das Geheimnis des guten Reitens ist, wenig zu tun. Je mehr du tust, desto weniger Erfolg wirst du haben.***[98]

[98] Oliveira

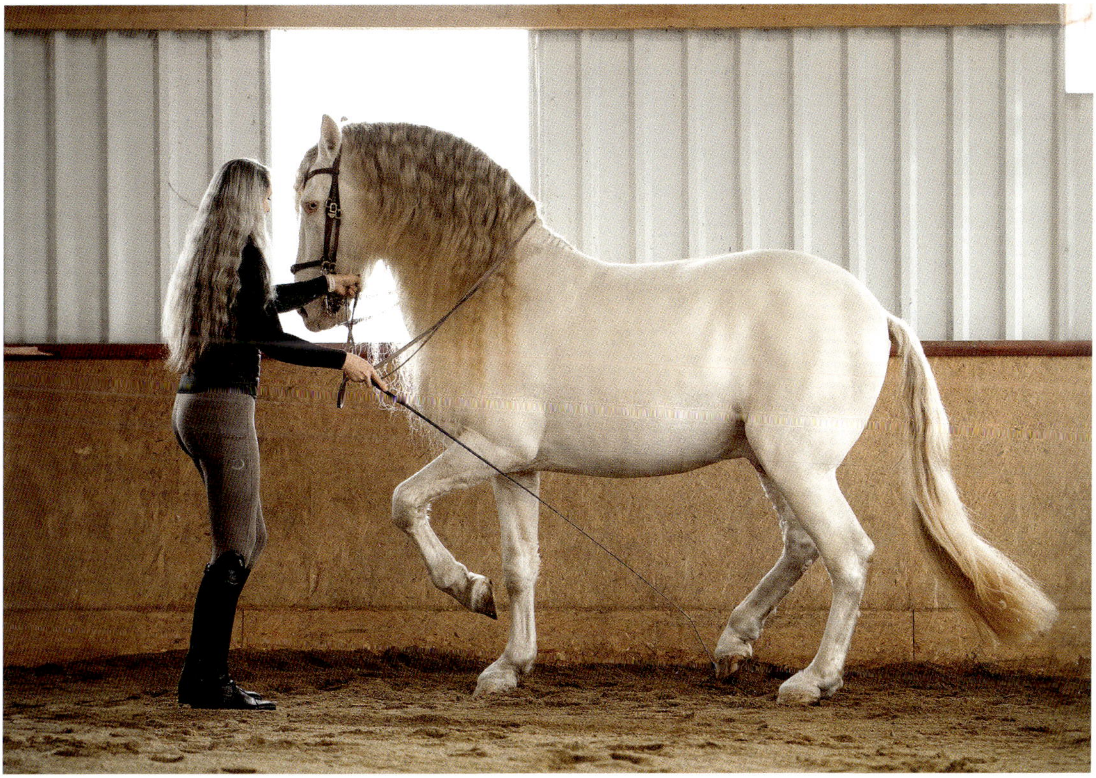

Lusitano versammelt sich bei der Bodenarbeit.

Kurze Einheiten

Der parallele Einsatz von Kraft und Konzentration ist anstrengend. Das gilt für Menschen und es gilt auch für Pferde. Vor allem rohe Pferde, die gerade erst von der Weide in den Stall überführt wurden, sind von langen Schulungseinheiten schnell überfordert. Die Routine für die Bewältigung dieser Trainingseinheiten fehlt ja schließlich noch. Gleichzeitig sind der Bewegungsdrang und das allgemeine Stresslevel noch hoch. Logisch, dass da bei den ersten Schulungseinheiten in der Halle der Wunsch entsteht, das junge Tier mal so richtig auszupowern.

Dabei sind Longen- und Handarbeit ja aber nun keine Spielerei. Sie erfordern viel Denkarbeit und strapazieren das Balancegefühl mit zunächst ungewohnten Bewegungsfolgen. Die im rohen Pferd grundsätzlich angelegten Bewegungsabläufe für Seitengänge, Passage oder Piaffe werden auf der Weide im Herdenverbund bei weitem nicht so kraftvoll, lang anhaltend und kadenziert ausgeführt, wie es in der Halle im Training hoffentlich passiert.

Lass es deshalb langsam angehen. Zehn bis dreißig Minuten für eine komplette Schulungseinheit sind anfangs ausreichend.

Ältere Pferde mit wenig oder keiner Ausbildung in der hohen Reitkunst sind je nach Temperament und Kraft etwas länger aufnahmefähig. Oder auch nicht, das hängt nämlich nicht nur am Alter, sondern vor allem auch vom Temperament des Pferdes ab.

Langsamkeit ist Trumpf

Im vollen Galopp durchs Gelände klingt aufregender als Slow-Motion-Seitengänge in der Halle, oder? Aber genau diese Slow-Motion-Bewegungen sind es, die die Grundlage für die Balanceschulung des Pferdes legen. Achtsame, bewusste Bewegung ist entscheidend für ein langfristig erfolgreiches Bewegungslernen. Also erst mal im **Zeitlupenschritt** starten und einzelne Bewegungsabläufe wie die Seitengänge sorgfältig einüben, bis sich daraus der dressurmäßige gemessene Schritt entwickelt. Die ach so beliebte Schubkraft sollte man reduzieren können. Heutzutage ist die konventionelle Ausbildungsidee, dass sich die Pferde über Geschwindigkeit stabilisieren. Diese Herangehensweise ist verschleißfördernder, als das echte und bewusste langsame Bewegungslernen. Für bewusste und somit saubere Bewegungsausübung braucht der Schützling erst einmal Zeit zum Austarieren. Die dafür erforderliche Kontrolle über den gesamten Bewegungsapparat gelingt über genau diese Trainingseinheiten in Slow-Motion.

Sind deinem Vierbeiner die verlangten Bewegungen im Schneckenkriechgang gelungen? Mit der Zeit wird sich das Schneckenkriechtempo, das du durch Schrittverkürzung und Seitwärtslektionen formst, in der Frequenz etwas beschleunigen. Im Kern geht es aber um den Kraftzuwachs, der über die Muskelbeanspruchung entsteht. Unabhängig vom eigentlichen Tempo.

Über ebendiese Seitengänge und Schrittverkürzungen erreichst du eine effiziente Muskelansprache über alle Körperregionen hinweg.

So stellt sich die Muskulatur auf die noch ungewohnten Bewegungen auch viel besser ein. Bei Trainingsstart ist dein Pferd längst nicht auf die immensen Flieh- und Scherkräfte eingestellt, die bei jeder Wendung zwangsläufig entstehen. Alle Schulungen (Seitengänge, Passage, Piaffe etc.) müssen Schritt für Schritt erlernt werden, damit die erstarkte Muskulatur später die fließenden Bewegungen des rhythmischen Tanzes produzieren kann, die wir so gern bewundern.

Versammlungslastiges Training kann ab Remontenausbildung zum Repertoire von Mensch und Pferd gehören. Dann sieht das Mezair mit jungem Pferd nämlich so aus. Es gibt einfach keinen guten Grund, die Versammlungsschulung ans Ende der Reitpferdeausbildung zu legen. (Mascha Schumann-Rudnitzki mit Stute)

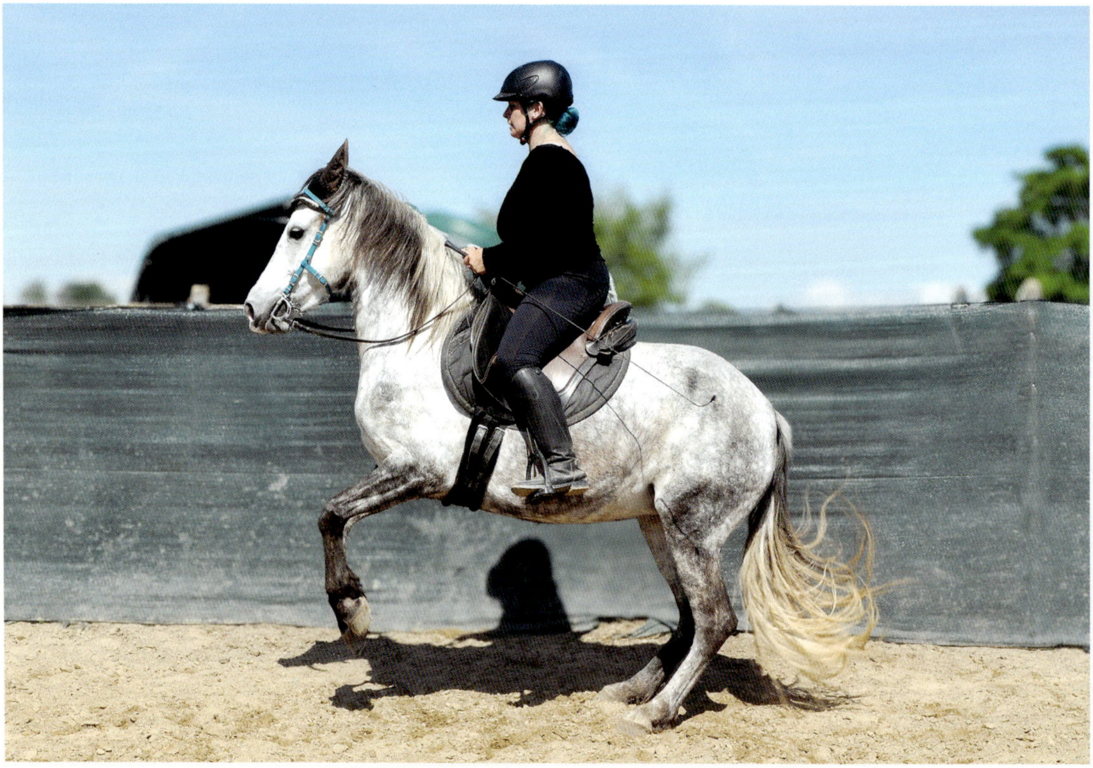

Analog zu dem bekannten Spruch, das Gras wächst nicht schneller, wenn man daran zieht, gilt dann wohl: Das Pferd lernt nicht schneller, wenn man es zu schnell mit neuen Lernanforderungen konfrontiert. Neben dem Pferdehirn brauchen auch Muskeln, Sehnen, Bänder und Faszien Zeit, um sich auf neue Bewegungsabläufe einzustellen.

Der Mensch benötigt, ebenso wie das Pferd, genügend Zeit, um Dinge wirklich zu erlernen. Insbesondere die körperliche Entwicklung ist auf Geduld angewiesen, jeder Sportler weiß, wie lange es dauert, Kraft, Koordination und Ausdauer zu trainieren.[99]

Der Vierbeiner bestimmt, ab wann er für die nächste Versammlungsstufe bereit ist. Die Genetik, die Fütterung, der Stoffwechsel, die Hormone genauso wie das Aufkommen von Stress bedingen die Geschwindigkeit des Muskelaufbaus. Und während sich diese wohlproportionierte Reitpferdemuskulatur Stück für Stück vermehrt, werden auf einmal Lektionen zumindest in Ansätzen sichtbar, die davor noch völlig unmöglich schienen. Oft auch, ohne dass die neuen Lektionen vom trainierenden Menschen aktiv eingefordert wurden. Das an Muskulatur zulegende Pferde bietet die neuen Bewegungen von sich aus an, sobald es das dank Kraftzuwachs kann.

Bei einem langsamen Bewegungsablauf fällt dir als trainierender Person die Intervention leichter. Bei physiologisch gesunden und stabil installierten Bewegungsmustern kann man phasenweise den Raumgewinn erhöhen.

Wie Dr. Matthias Baumann regelmäßig erwähnte:

„Das Tempo ist der Killer."

Ähnlich sah das schon Otto von Monteton, der in seinem Werk „Über die Reitkunst" unter anderem den Einsatz von Langsamkeit als Ausbildungsbestandteil beschrieb. Er empfahl schon am Ende des 19. Jahrhunderts, bewusst das Tempo zu drosseln, um eine saubere Umsetzung einzelner Ausbildungsschritte zu gewährleisten.

Der (Fuchs) muss aus dem Schritt angesprengt werden, mit halb aufgerichtetem Halse, nur 3 – 4 Galoppsprünge, dann fällt er wahrscheinlich in Trab, das schadet Nichts (sic!), dann wird er ein paar Tritte zurückgenommen, wieder im Schritt versammelt, ruhig wieder in Galopp gehoben, und nie länger galoppiert, als Sie ihn mit beiden Beinen drückend ohne Bügelanlegung, mit erhobenem Halse galoppieren können; wenn Sie ihn täglich nur 20 Mal ansprengen lassen, dann wird er in 8 Tagen gerade besser auf der langen Bahn gehen, wie auf dem Zirkel, der darf noch lange nicht mit fallengelassener Nase (nicht der Kopf, gemeint ist die Genickbeugung A. d. A.) galoppiert werden, aber er wird sich bald in der erhabenen Haltung tragen.[100]

Tritte zurücknehmen, im Schritt versammeln und neu antraben lassen ist für Otto von Monteton, seines Zeichens Rittmeister mit klassischer Ausbildung, ein sinnvoller Ansatz für die Ausbildung der vierbeinigen Schützlinge. Von Hetzerei im Kreis und einer tiefen Einstellung des Kopfes hielt er natürlich nichts. Ganz im Gegenteil, legte er den anglomanen Herren gern ans Herz, sich vom Reitmeister entsprechend belehren zu lassen, um die Geschwindigkeit zu drosseln und parallel die Qualität der selbstverständlich überwiegend versammelten Schulungseinheiten zu erhöhen.

Pausen

Langsam, kurz, muskulär anstrengend – und jetzt auch noch häufige Pausen? Ja! Jedes durchschnittliche Intervalltraining arbeitet mit Pausen zwischen den Wiederholungen. **Anstrengung – Pause – Anstrengung – Pause**. Das ist die Regel, keine Ausnahme. Versammlungslastiges Impulstraining am Pferd

[99] Diacont/Weber 2022: S. 77

[100] von Monteton 1995: S. 169f

erfordert unbedingt genau diese Pausen, damit Muskulatur und Stoffwechsel die Trainingsherausforderung gut bewältigen kann.
Also integriere Pausen in den Lektionen, in denen sich das Pferd gern mal richtig entspannen darf. Sprich: Mit hingegebenem Zügel im Stand kann das Pferd den Schultergürtel und die Bauchmuskeln lösen. Zum Start des Trainings bauen Pferde das gern von sich aus ein. Gib den Zügel komplett hin und lass das Pferd in Ruhe machen.

Wird bei den Lektionen vor allem die Bauchmuskulatur gearbeitet, wird dein Pferd in den Pausen die Hinterbeine nach hinten rausstellen, um den Bauchmuskel entsprechend lang auszustrecken. Wurde dagegen die Oberlinie beansprucht, nehmen die meisten Pferde ganz von selbst die Nase nach unten auf den Boden, um diesen Bereich zu dehnen. In der Pause sind diese Bewegungsmuster also normal und vor allem für den im positiven Sinne beanspruchten Bewegungsapparat überaus hilfreich.

Längere Pausen sind zwischen den Schulungen nötig, um dem Pferdekörper Zeit zur Regeneration zu geben. Noch wichtiger sind diese Pausen, um den Muskelzellen die Chance auf dringend benötigte Umbauarbeiten zu gewähren.

> *In diesen Phasen (gemeint sind Regenerationszeiten, A. d. A.) finden sämtliche An- und Umbauprozesse statt, die je nach Belastungsintensität, Umfang und individuellen Voraussetzungen variieren können. Ein Training vor Ablauf dieser Zeiträume bringt nichts, denn es würde die Umbauprozesse stören oder gar stoppen.*[101]

Nun kommt das typische heutige Reitpferd normalerweise wunderbar zu ausgedehnten Erholungszeiten zwischen den Lektionen, weil kaum jemand Tag für Tag am Pferd arbeitet. Zählst du allerdings wie ich zu den Glücklichen, die mehr oder weniger im Stall wohnen und entsprechend jederzeit aufs Pferd steigen können, dann achte bewusst auf ausreichende schulungsfreie Zeiten zur Erholung.

[101] Froböse 2023: S. 86

Aus der Forschung wissen wir, dass dreimal pro Woche ein intensiver überschwelliger Reiz zum Muskelaufbau angemessen ist. Das hindert dich natürlich nicht daran, trotzdem Zeit mit deinem Pferdchen zu verbringen, es sicherlich auch zu bewegen und zu arbeiten. Nur eine zu große Leistungsspitze muss es an diesen vier Erholungstagen pro Woche halt nicht sein.

> *Pausen sind ein fester Bestandteil nahezu aller biochemischer und elektrophysiologischer Vorgänge in unserem Körper. Zu jeder Aktion gehört die Rückstellung, zu jeder Anstrengung gehört die Erholung und zu jedem Wachstum gehört der Stillstand. Ohne diese Pausen funktioniert unser Organismus nicht.*[102]

Dr. Volker Busch spricht in diesem Zitat zwar vom menschlichen Organismus, aber wie sich bereits gezeigt hat, sind sich Säugetiere – Menschen und Pferde mit eingeschlossen – auf muskulärer und organischer Ebene sehr ähnlich. Pausen bieten dem Gehirn außerdem die Möglichkeit, im Sinne einer Replay-Funktion neu erlernte Bewegungsmuster wortwörtlich genommen zu verinnerlichen. Forschende aus Maryland konnten nachweisen, dass Menschen, die in Pausen einfach gar nichts gemacht haben (kurz: Nixen), vorher eingeübte Tätigkeiten später wesentlich effizienter ausführten.

Aufs Reitpferd übertragen heißt das: Nichts tun anstelle vom Ablatschen der Bahn zwischen zwei Arbeitsintervallen und entspanntes Nixen an den freien Tagen ganz ohne herausfordernde Dressurlektionen unterstützen deinen Vierbeiner beim Erlernen der neuen Bewegungsmuster.

Loben

Was Pferde brauchen: Begeisterung für jede noch so kleine gelungene Schulungseinheit. Was Pferde oft bekommen: einmal lieblos innerhalb der Trabtour den Hals klopfen, weiter im gehetzten Tempo auf großen Linien. Klingt das motivierend? Nicht

[102] Busch 2022

wirklich. Vor allem Jungpferde benötigen die Bestätigung, aber selbstverständlich auch die Professoren der Reitarena. Die wollen die Halle mit dem Gefühl betreten, hier gleich richtig die Show zu rocken! Gelegentliches halbherziges Pferdeschulterklopfen bei griesgrämigem Menschengesicht ist da keineswegs ausreichend.

> *„Das kleinste Zugeständnis muss wie vollständiger Gehorsam belohnt werden, da es geradewegs dorthin führt."*[103]

Also bau ausdrücklich **enthusiastische Lobeshymnen** in deine Schulungseinheiten mit ein. Das Lob darf, abhängig vom Pferd und seiner Erziehung, natürlich auch gerne mal als Futterlob ausfallen. So ein kleiner Snack für zwischendurch geht schließlich immer. Damit dein Pferd nicht zu zudringlich wird, kannst du ihm beibringen, dass es den Snack nur mit sehr tiefem oder abgewandtem Kopf erhält.

Raum geben und Raum einnehmen

Viel zu oft werden Pferde als unkooperativ und schwierig dargestellt. Der Begriff Problempferd kommt meiner Meinung nach zu schnell und zu undifferenziert zum Einsatz. Dabei werden die Tiere unter Umständen nur nicht so richtig gut verstanden und ihre körpersprachlichen Signale missinterpretiert.

> *„Von allen für die Ausbildung des Pferdes notwendigen Lockerungsübungen ist die seines Willens die wichtigste."*[104]

Nachgiebigkeitsübungen für Genick und Kiefer erhalten leider viel zu wenig Raum, dabei sind diese beiden Partien essenziell für die versammlungsorientierte Arbeit. Ein nachgiebiges Kiefergelenk und ein nachgiebiges Genick entscheiden auch darüber, wie gut sich der Vierbeiner auf die Lektionen einlassen kann.

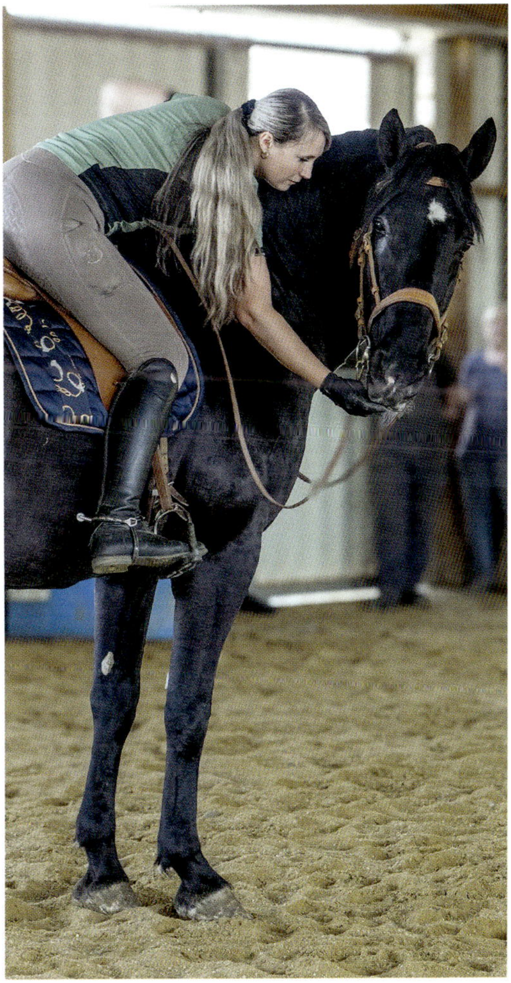

Snacks für gute Arbeit sind nicht nur erlaubt, sie sorgen auch für mehr Bewegung im Maul. Das wiederum, das hat sich im Kapitel zur Maultätigkeit ja gezeigt, ist fürs Lernen optimal. (Sonja auf Sacramoso)

Das Pferd als Fluchttier zeigt eine wesentlich größere kognitive Flexibilität, wenn Schulungseinheiten im Rahmen seiner instinktiven Fluchttendenzen abgehalten werden. Das konnten Forschende aus Basel[105] belegen. Was nichts anderes bedeutet, als dass Pferde, die unter ständigem, durch ungünstige Trainingssituationen verursachtem Stress stehen, weniger gute Trainingsergebnisse erzielen als diejenigen, die ihrer Natur gemäß geschult werden.

Wenn nun die Gebissstücke schärfer gemacht, die Nasenriemen enger gestellt und die Zügel tiefer und

[103] Alexandre Guérin, in: Karl 2006/2007: S.14
[104] Salomon de la Broue, in: Karl 2006/2007: S.12
[105] Henshall 2022

härter geführt werden, damit das Pferd zum toten Befehlsempfänger verkommt, dann ist das weit weg von optimalen Bedingungen für sportliche Höchstleistungen.

Temperamentvolle extrovertierte Pferde zeigen Anstrengung durch ausdrucksstarkes Ohrenspiel, Schweifschlagen oder durch Lippen- und Zungenbewegungen. Manchmal kommt auch alles gleichzeitig zutage, um eine Schulungseinheit mit Bravour zu meistern.

Weniger temperamentvolle Pferde sind womöglich gar nicht darauf angewiesen, ihre Anspannung durch äußere Signale zu verarbeiten. Sind sie deshalb besser trainiert? Geschickter in der Umsetzung einer Piaffe oder Passage? Wohl kaum. Sie sind nur von Haus aus verschlossener. Das ist alles. Vieles deutet aus der Forschung darauf hin, dass das Cortisol-Level (Stresshormon) bei beiden Pferdetypen gleich ist. Der introvertierte Typ zeigt sein Innenleben einfach weniger nach außen.

Wichtig: Zur Bewertung der Situation sind auch die äußeren Umstände zu beachten: In der Hyperflexion, bei massivem Hilfeneinsatz bis hin zu starker Gewalteinwirkung werden sich Schweifschläge, zurück gerichtete Ohren, und falls überhaupt durch den Nasenriemen mögliche Maulbewegungen, genauso wie Treten nach dem Reiterschenkel oder Kopfschlagen wohl weniger auf die anstrengende Bewältigung einer herausfordernden Lektion beziehen, sondern sind schlicht Ausdruck des Pferdes, um sich gegen diese Zwangseingriffe zu wehren.

In der klassischen Ballettausbildung werden die Tänzer und Tänzerinnen extra zu Mimikschulungen gebeten. Denn das so scheinbar leichte Dahintänzeln auf dem Bühnenboden ist harte und anstrengende Arbeit. Damit die Gesichter gleichmütig lächelnd präsentiert werden können, fährt die Mimik dank der extra absolvierten Schulungen vollständig herunter. Klappt beim Vierbeiner natürlich nicht. Da werden dann Hilfsmittel eng geschnallt, um einen möglichst gleichförmigen Ausdruck zu reproduzieren, der hohe Punktzahlen einbringt.

Ist das Reitkunst?

Oder ist es vielmehr Reitkunst, wenn dein Pferd sich frei fühlt, seine Konzentration und seinen Krafteinsatz zu zeigen, und trotzdem freudig deiner Führung folgt? Insbesondere in der traditionellen französischen Reiterei ist die Konditionierung auf das Mundstück ein Kernelement. Entsprechend ausgebildet, reagieren die Pferde dann auf jede Betätigung des Mundstücks mit Maultätigkeit und Nachgiebigkeit im Kiefer.

Ein abschließendes Wort an dieser Stelle noch zum Raumeinnehmen als ausbildende Person. Denn nicht nur das Pferd sollte die Möglichkeit erhalten, sich auszudrücken und in gewissem Maße nach seinen Vorstellungen mitzuarbeiten. Das gilt natürlich auch für den Menschen.

In der Bodenarbeit ist das Weichenlassen von großer Bedeutung. Im besten Falle weicht das Pferd dem Menschen aus eigenem Antrieb heraus aus, vor allem bei Seitengängen ist das meine bevorzugte Methode. Raum einnehmen, groß werden und mit bewusster Körperspannung zu arbeiten, ist ein erprobtes Mittel, um dominanten Pferden mit extrovertiertem Gehabe entgegenzutreten. Unruhige Gesellen profitieren unter Umständen davon, wenn du bewusst tiefe beruhigende Atemzüge nimmst. Sicherheit durch Routinen hilft ebenso dabei, deine Rolle als verlässliche Führungsperson gegenüber deinem Pferd zu stärken.

In freier Wildbahn weichen rangniedrigere Herdenmitglieder schließlich auch den im Rang höher stehenden Herdenmitgliedern aus. Zugleich wenden sie sich in Gefahrensituationen auch ebendiesen höher stehenden Tiere zu, damit die das Problem regeln.

Für eine vertrauensvolle und respektbasierte Zusammenarbeit zwischen Pferd und Mensch ist es also durchaus relevant, dass du dich als ranghöheres Herdenmitglied erweist und in jedem Falle verlässlich für dein Pferd bist.

Tipps für die Handarbeit mit dem Pferd

Bei der Handarbeit sind theoretisch hoffentlich mehrere Personen eingebunden. Diejenigen, die das Pferd an der Hand arbeiten und diejenigen, die anleiten. In der Praxis ist das natürlich ganz und gar nicht der Fall. Oft wirst du deine Runden ganz allein in der Halle drehen. Wie soll das dann mit dem Feedback funktionieren?
Spiegelarbeit, Videoanalyse und im Zweifel das ausgeglichene 4-Augen-Prinzip unterstützen dich bei den Lektionen mit deinen Pferden.

Spiegelarbeit

Spiegel über die gesamte Fläche einer Hallenbahn entlang sollen eigentlich Standard gut ausgestatteter Reithallen sein. Deshalb klingt es etwas seltsam, zu sagen, dass du unbedingt mit dem Spiegel arbeiten solltest.

Spiegelarbeit bietet die Möglichkeit, den Gegencheck zur Sitzposition, zur Beinstellung in der Piaffe etc. im Spiegelbild ohne extra Bodenpartner vornehmen zu können.
(Sonja auf Vancouver)

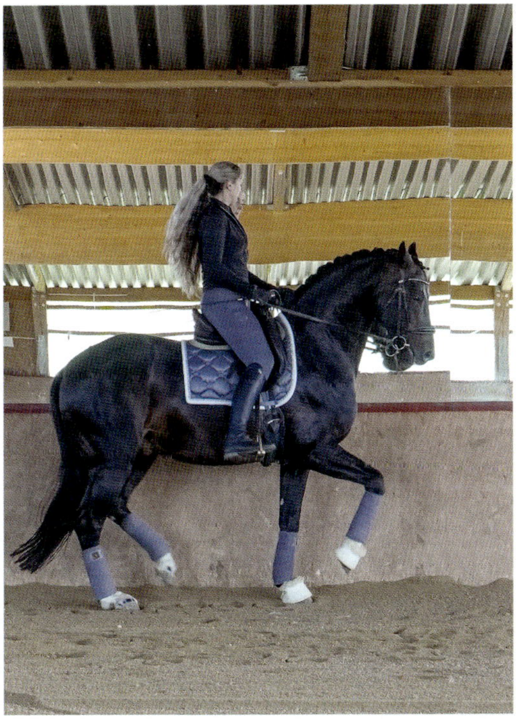

Nur wird der Spiegel eben nicht so oft genutzt, wie er eingesetzt werden sollte.

Dabei ist er ideal dafür geeignet, die von dir abgewandte Seite des Pferdekörpers im Blick zu behalten.

Die Frage, die du dir hier zur Überprüfung stellen kannst, ist: Klappt die Hankenbeugung?

- Ist das Becken herangestellt, damit das Lumbolsacralgelenk ausreichend gebeugt wird, sodass der höchste Punkt der Kruppe herzchenförmiger wirkt?
- Ist die Dampfrinne zu sehen?
- Bilden sich Fältchen an der Schulter, ist das Pferd also an der Halsbasis verbogen oder bleibt es schön gerade?

Für dich leistet der Spiegel gute Arbeit, um deinen Sitz und den Einsatz deiner Hilfengebung im Spiegelbild zu überprüfen.

Videoanalyse

Für die Analyse deiner Hilfenstellung ist die Videoanalyse besonders sinnvoll. Allein in der Bahn gelingt das über ein simples Dreibein mit Handy für die Aufnahme. Nach den Lektionen prüfst du einzelne Stellen per Videosichtung.

Achte dabei auf:

- deine Körperhaltung,
- die Reaktion deines Pferdes,
- welche Art Lob dein Pferd innerlich freudig tänzeln lässt.

Diese Analyse ersetzt grundsätzlich kein professionelles Feedback, bietet dir aber eine gute Basis für die tägliche Ausbildung an der Hand und durchaus auch unterm Sattel.

4-Augen-Prinzip

Feedback ist in der Reiterei unverzichtbar. Guter Unterricht leitet dich und deinen vierbeinigen Schützling dabei an, Grundlegendes zu erlernen und bereits gemeisterte Schulungen noch präziser zu arbeiten.

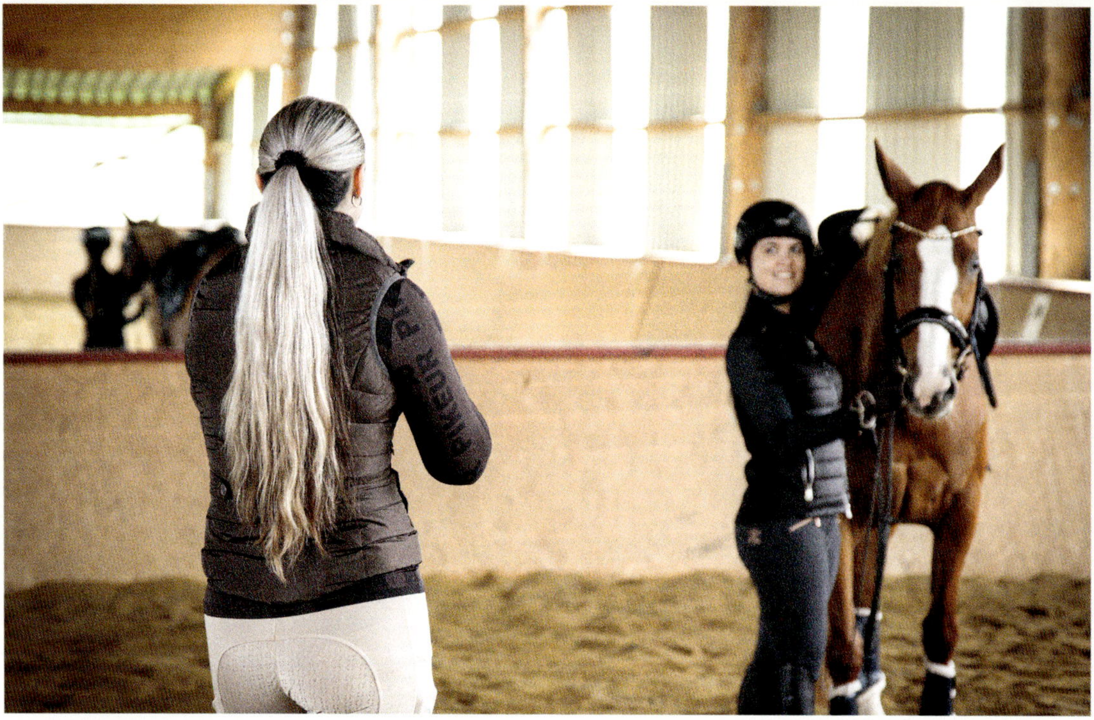

Das 4-Augen-Prinzip beim Unterricht. Notfalls funktioniert aber die Ausbildung auch via Online-Kurs. (Sonja mit Ramona Kopold und Stute Valentina)

Die professionelle Reitausbildung im Sinne der Alten Meister beinhaltet immer die Unterrichtung durch erfahrene Reitausbilder.

Vieles lässt sich auch per Buch anlesen oder im Videokurs besprechen. Beides ersetzt aber eigentlich nicht das **4-Augen-Prinzip im Schulungsalltag**. Leider gibt es heutzutage kaum gute Profis, die wissenschaftlich denken und trainingswissenschaftliche ernst zu nehmende Ansätze vorweisen. Da bleibt oft nur der Griff zu - selbstverständlich gut gemachten - Videokursen.

Hilfszügel? Bitte nicht!

Kein Hilfszügel, denn meiner Erfahrung nach verspannen sich Mensch und Tier, wenn wir ihre Bewegungsmöglichkeiten ständig einschränken. Oder um es drastischer auszudrücken, indem wir Pferde mit Hilfszügeln fixieren und in eine von uns gewünschte Dauerhaltung zwingen. Statt Versammlung mit gewünschter Muskelarbeit liefern Hilfszügel dir höchstens das Gegenteil. Pferde mit verspanntem Nacken zeigen keine Leichtigkeit! Auch du würdest mit einem verspannten Nacken reagieren, wenn du per Riemen in eine bestimmte Haltung gezwungen würdest. Ich sehe keinerlei Mehrwert im Einsatz von Hilfszügeln und setze sie entsprechend gar nicht mehr bei der Reitpferdeausbildung ein. Philippe Karl hat den Einsatz von Hilfszügeln in seinem Werk *Irrwege der modernen Dressur* so schön prägnant zusammengefasst, dass ich ihn unbedingt zitieren muss:

> *Der Reiter, der das Nachgeben im Genick mit Hilfszügeln erzwingt und das Pferdemaul mit speziellen Reithalftern zuschnürt, handelt nicht anders als ein Erzieher, der ein Kind knebelt und am Stuhl festbindet, um es zur Ruhe zu zwingen.*[106]

[106] Karl 2006/2007: S. 41

Eine tief getragene dauerhaft gegenhaltende Hand wirkt sich immer auf das Pferdemaul aus. Das ist natürlich Sinn der Sache, denn so lassen sich die in der gängigen Dressur in Kombination mit modernen Pferden gewünschten Hals- und Kopfpositionen relativ einfach erzeugen. Um noch einmal Philippe Karl zu Wort kommen zu lassen: „Diese Zwangsmittel sind deshalb so normal geworden und so weit verbreitet, weil die aktuelle Dressurlehre keine andere Lösung für die negativen Auswirkungen ihrer eigenen Prinzipien zu bieten hat."[107]

Der Irrglaube, dass sich Pferde am Hilfszügel durch Abtraben an der Longe nennenswert aufmuskeln lassen, hat sich erschreckend häufig in den Köpfen festgesetzt. Dass das Kardiotraining allein nicht zur einem verstärkten Muskelaufbau führt, habe ich nun schon mehrfach ausgeführt. Daran ändert auch der Gebrauch eines Hilfszügels nichts, der ja die für die Rumpfhebung benötigte Aufmuskelung nicht erzeugen kann.

Wenn du willst, kannst du gern jahrelang dein Pferd mit Ausbindern in der Halle herumscheuchen. Sein Aussehen wird sich dadurch höchstens marginal verändern.

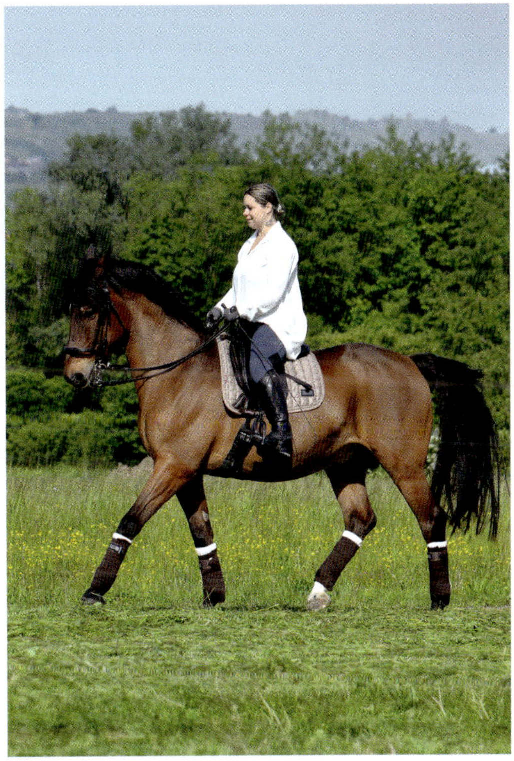

Leichter Zügel. (Sandra Nothegger mit Szentes-Csino)

Körperarbeit statt Zügel

Wenn du mit Seitengängen beginnst, kann es schnell zu einer Art Tauziehen zwischen dem Pferd und dir kommen, vor allem wenn du noch keine große Erfahrung damit hast.
Nun kommt das große ABER: Seitengänge sind ja dafür da, dass du vorn, also am Zügel, loslassen kannst. Der erhöhte muskuläre Reiz der Seitwärtsbewegung wirkt, wenn ich das geschickt mache, als Bremse. Im Idealfall kann ich dann die notwendige Zügelarbeit auf das absolute Minimum beschränken, weil die Seitengänge das Pferd schlichtweg muskulär ausbremsen. Torpedo-Pferde, die ja oft von sich aus sehr hektische Bewegungen anbieten, lassen sich so also etwas besser handeln, auch ohne eine übermäßige sportliche Zügeleinwirkung.

Wie wird das Pferd dann ohne oder mit minimaler Zügeleinwirkung durch die Gegend gelenkt? Mit klassischer Körperarbeit nämlich, die Schenkel lenken das Pferd. Die alten Reitmeister lenkten mit den Oberschenkeln, um einhändig zu reiten. Wer nur eine Hand am Zügel braucht, hat eine weitere Hand für den Degen, das Schwert, die Armbrust oder was eben gerade an Kriegsgerät en vogue war.

Heutzutage versucht man immer, den Schenkel der biegungsinneren Seite am Gurt zu lassen. Ein Vorschlag: Vielleicht sollten wir doch eher so wie die Alten Meister die Schenkel einsetzen. Für ein Schulterherein links würde folglich die linke Körperhälfte inklusive Becken, Knie etc. der reitenden Person zurückgenommen werden, die äußere Hüfte und das äußere Knie müsste vorgenommen werden.

[107] Karl 2006/2007: S. 40

ALLES NUR MÖHRCHEN!

KURZ UND KNAPP:

- Die richtige Fütterung entscheidet darüber, wie sich Schulungen auf die Pferdekonstitution auswirken.
- Makro- und Mikronährstoffe sind deine Hilfsmittel für eine gesunderhaltene Pferdehaltung.
- Ohne Eiweiß wird das nichts.

Ja, „nur Möhrchen" ist ein Witz, sie sind höchstens hier und da eine sinnvolle Belohnung.

Großes Tier, kleiner Magen

Pferde haben im Vergleich zu ihrer teils imposanten Körpergröße einen relativ kleinen Magen. Im Gegensatz zu Wiederkäuern findet die Hauptlast der mikrobiellen Verdauung nicht nur im Magen selbst, sondern vor allem im daran anschließenden Blind- und Grimmdarm (Dickdarm) statt. Pferdeverdauung basiert überwiegend auf einer gesunden Dickdarmflora.
Pferde sind mehr oder minder Dauerfresser. Ihre steppenbewohnenden Vorfahren standen im Gegensatz zu heutigen Tieren eher selten einem Futterüberangebot in Form von sattgrünen Wiesen gegenüber. Sie mussten also gezwungenermaßen zwischen den Futterplätzen so einiges an Entfernung bewältigen.

Diesem Wildtiererbe verdanken wir es, dass Pferde auch heute noch gern bei jeder Gelegenheit snacken und sich auch bei Spaziergängen und gemütlichen Ausritten im Gelände hier und da mal ein Maul voll Gras abrupfen. Das Sättigungsgefühl entsteht nämlich nicht durch die reine Magenfüllstandsmeldung, wie das beim Menschen der Fall ist, sondern vor allem über die erfolgten Kauschläge!

Die Wahrscheinlichkeit, dass der Magen seit der letzten Fütterung längst wieder leer ist, ist hoch!

Das sich an den Magen anschließende Verdauungssystem arbeitet am besten, wenn der Magen zu gut zwei Drittel gefüllt ist. Dann sorgen entsprechende Meldungen ans Nervensystem dafür, dass sich der Darmtrakt der enzymatischen Aufspaltung des Futters widmet. Sprich: Es wird verdaut!

Was Fütterung kann – und was nicht

In Ergänzung zu einem gesunderhaltenden Krafttraining kann die richtige Fütterung deines Pferdes

- das Gewicht nach oben oder unten regulieren.
- seine Stimmung heben.
- das Immunsystem stärken.
- über seine Aufnahmefähigkeit beim Erlernen neuer Lektionen bestimmen.
- über die Wahrscheinlichkeit von Verletzungen (mit-)entscheiden.

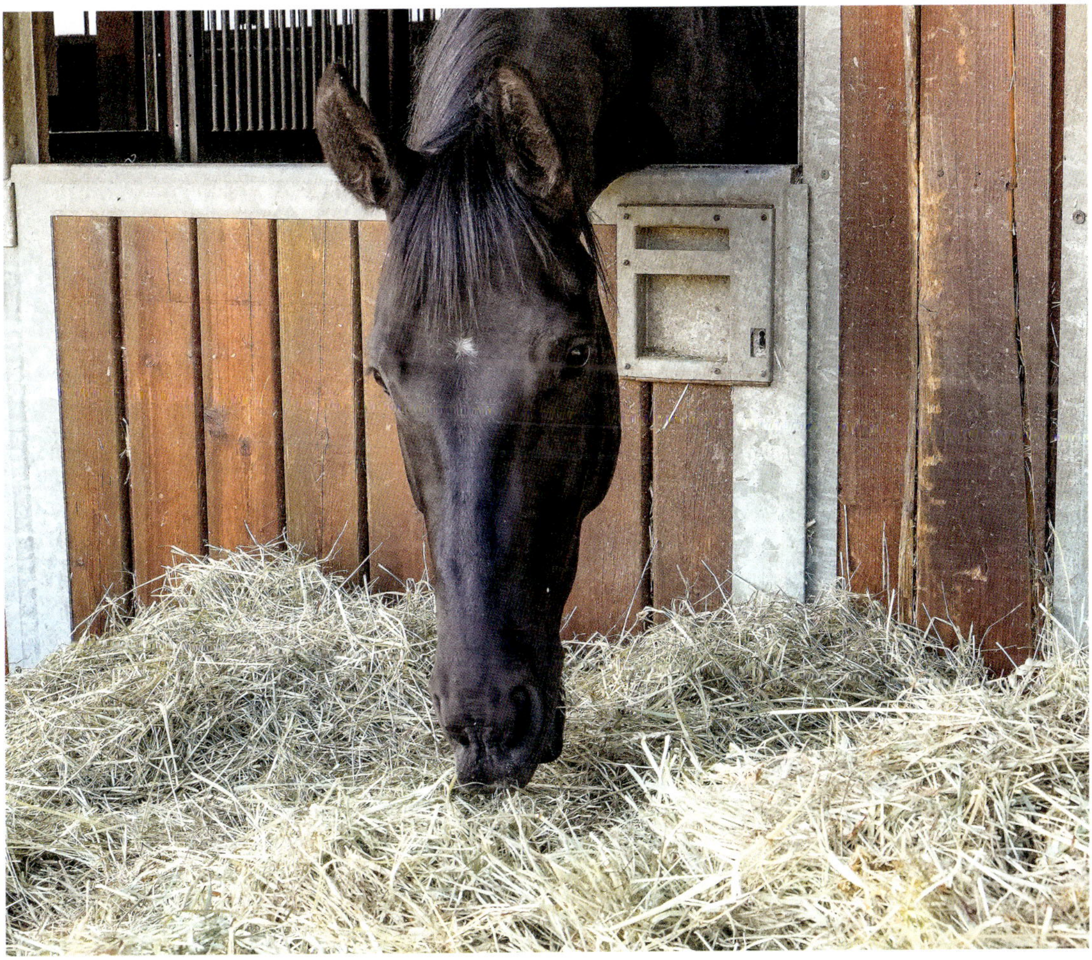

Stute Pandora futtert.

Ein **zu dickes Pferd** wird mit der richtigen Kost und entsprechendem Krafttraining einen gesünderen Körper-Fett-Anteil erreichen, wodurch seine Gelenke und Bänder geschont, sowie potenziell entzündliche Prozesse aufgrund des reduzierten Körperfetts gestoppt werden. Körperfett ist hormonell aktiv und verursacht stille Entzündungen. Es geht oft mit Muskelschwund bis hin zur Sarkopenie einher[108], weil das Protein aus den Muskelfasern als dringend benötigter Baustoff für das gebeutelte Immunsystem herhalten muss. Ein trainingsbedingter Muskelzuwachs erhöht die Insulinsensitivität des bisher zu dicken Pferdes, Myokine werden vermehrt ausgeschüttet. Die wiederum wirken immunregulierend und stimmungsaufhellend. Die Anzeichen für eine stille Entzündung gehen zurück.

Ein **zu dünnes Pferd** erhält mit einer angepassten Fütterung die benötigte Energiemenge, um energiegeladen durch den Tag zu kommen. Auch hier ist Krafttraining notwendig, um den Gewichtsaufbau in gesunderhaltenen Muskelzuwachs zu lenken.

Richtig gutes Essen macht glücklich! Das stimmt sogar wortwörtlich, denn die individuell korrekt zusammengestellte Nahrung enthält genau die richtigen Bausteine, um zahlreiche (überlebens-)wichtige Neurotransmitter und Vitamine für einen optimalen Stoffwechselkreislauf zu synthetisieren.

[108] Koch 2021: S. 81

Depressiv wirkende Pferde sind oft genug schlicht im Mangel, was bestimmte essenzielle Aminosäuren und Mikronährstoffe angeht. Stille Entzündungen durch übermäßige Fettdepots inklusive einer verstärkten Ausschüttung von Zytokinen senken auch die Stimmung. Beides lässt sich mit einer angepassten Ernährung plus Schulungen auf Kraftsportniveau aber in den Griff bekommen.

Entzündliche Prozesse im Körper beeinträchtigen die geistige und körperliche Leistungsfähigkeit. Was Menschen als *brain fog* kennen, dürfte aufgrund der ähnlichen Nervenleitbahnen und Gehirnstrukturen auch auf Pferde zutreffen. Für optimales Lernen sind verschiedene Mikronährstoffe unverzichtbar. **Hungrige Pferde** können übrigens, wie Menschen auch, nur schwer kognitive Kapazitäten für neue Lektionen aufbringen.

Verletzungen oder längere **Krankheiten** gehen wortwörtlich an die Substanz. Ist die Zufuhr mit lebenswichtigen Nährstoffen nicht ausreichend gedeckt, greift der Körper im Zweifel auf hauseigene Lagerbestände zurück. Die befinden sich in den Knochen. Die Folgen sind massiv und beeinträchtigen den Gesundheitszustand über lange Zeit hinweg. Sind die Futterrationen dagegen an die Umstände angepasst, regeneriert sich dein Schützling viel schneller und oberflächliche Verletzungen heilen zügiger ab.

Kurz gesagt: Die aufgenommene Nahrung bestimmt maßgeblich darüber, wie fit und gesund dein geliebter Vierbeiner auf lange Sicht sein wird. Dabei sollte der Fokus aber nicht ausschließlich auf dem Gewicht allein liegen, sondern vor allem darauf, möglichst gesunderhaltene Nährstoffe ins Pferd zu bekommen, um seinem Stoffwechsel die bestmögliche Grundlage für eine optimale Energie- und Nährstoffgewinnung zu bieten.

Wir bestehen aus dem, was wir essen, das gilt für Menschen genauso wie für Pferde.

Dafür braucht es einen genauen Blick auf die Zufuhr an Makronährstoffen wie Proteine, Fette und Kohlenhydrate. Während Eiweiß gern verteufelt wird, ist es doch der Baustein, aus dem der Körper größtenteils besteht. Fette und Kohlenhydrate liefern die nötige Energie für herausfordernde Schulungen nach Vorbild der Alt-Klassik. Am Ende sind es aber insbesondere die Mikronährstoffe, die als Zünglein an der Waage anzeigen, ob Training und Ernährung die erhofften gesundheitserhaltenden Erfolge vorweisen.

Dr. med. Helena Orfanos-Boeckel beschreibt das Zusammenspiel im Stoffwechsel etwas kriegerisch, aber durchaus treffend:

> ***Die Hormone sind die Generäle, die Aminosäuren und Proteine sind die Soldaten und die Vitamine und Mineralstoffe sind die Waffen und Schutzausrüstung.***[109]

Das ganze Heer wird in den Zellen synthetisiert, um dort, wenn wir bei dem kriegerischen Bild bleiben wollen, für die Gesunderhaltung und gegen Verschleiß zu kämpfen.

Verdauung auf Pferdeart

Maul auf, Futter rein, kauen, schlucken und zack – fertig verdaut! So einfach ist es leider nicht.

Als Faserfresser sind Pferde auf grobe Fasern wie Gras, Heu und Co. perfekt vorbereitet. Das heutige Gras hat natürlich nicht mehr sonderlich viel mit dem ursprünglichen Faserlieferanten Steppengras gemein. Das ändert aber nichts daran, wie sich der ganze Verdauungsprozess auch heute noch gestaltet. Dafür wird die Nahrung aufgenommen, im Maul zwischen den Backenzähnen möglichst stark zermahlen und mit dem Speichel durchfeuchtet. Das sorgt auch gleich für einen angepassten pH-Wert der Nahrung. Zusätzlich puffert der produzierte Speichel die recht aggressive Magensäure der Vierbeiner. Mit anhaltenden Abkauübungen kannst du im Training dafür sorgen, dass dein Pferd Speichel produziert

[109] Orfans-Boeckel 2022: S. 225

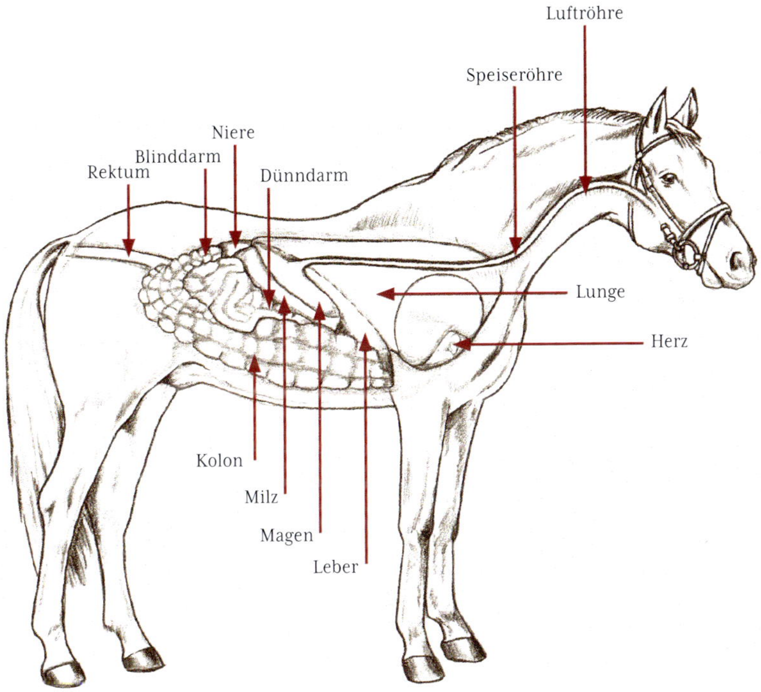

Verdauen auf Pferdeart: Vom Maul über Magen und Dünndarm bis zur finalen bakteriellen Verdauung der wichtigen Faserbestandteile im Dickdarm.

und – sofern der Nasenriemen nicht zu eng gestellt ist – auch ungehindert abschlucken kann. Bei Pferden mit Magenproblemen ist regelmäßiges ungehindertes Kauen und Abschlucken des Speichels enorm wichtig!

Bei rund 30 Prozent der Freizeitpferde kommt es zu Magenproblemen bis hin zu Magengeschwüren. Raufutterfütterung in Kombination mit reichlich Abschlucken des Speichels[110] – meiner Erfahrung nach auch im Leerlauf, also ohne Futter und während des Trainings – kann vorbeugend gegen Magenprobleme wirken.

Während bei Pflanzenfressern in dieser Gewichtsklasse die mikrobiotische Verdauung schon im Magen startet, legt sie bei Pferden nur einen vergleichsweise kurzen Zwischenstopp ein, bei dem Magensaft (Salzsäure) und Pepsin die Aufspaltung der pflanzlichen Nahrung einläuten.

[110] Dr. Zeitelhack 2019

Die eigentliche Verdauung beginnt im komplexen Darmtrakt, der sich in zwei Systeme unterteilt. Im Dünndarm, aufgeteilt in Zwölffingerdarm, Leerdarm und Hüftdarm kommt es zur ersten, rein mikrobiellen Aufspaltung von Fetten, Proteinen und Zucker.[111] Da Pferde keine Gallenblase haben, läuft der Gallensaft kontinuierlich in den Zwölffingerdarm ein. Der Gallensaft leitet die Fettverdauung ein, die Enzyme aus der Bauchspeicheldrüse spalten die Bausteine weiter auf:

- Fette in Glycerin und Fettsäuren,
- Proteine in Aminosäuren,
- Stärkemoleküle in Zucker.

Nährstoffe, Mineralstoffe und Vitamine als Ergebnis dieser Aufspaltungsprozesse werden über die Dünndarmschleimhäute absorbiert.

[111] Ottemann 2016

Was bis hierhin nicht verdaut werden konnte, landet über die Darmbewegungen im Dickdarm, der sich in Blinddarm, Grimmdarm und Mastdarm gliedert. Die letzten verbliebenen Pflanzenteile werden bis zur Glucose abgebaut und hochwertiges Bakterienprotein sowie Vitamine aus dem B-Komplex plus Vitamin K synthetisiert. Alle wasserlöslichen Vitamine treten jetzt in den Stoffkreislauf ein, denn im Grimm- und Mastdarm wird dem verbleibenden Speisebrei das Wasser entzogen. Diese Synthesekapazität fällt von Pferd zu Pferd unterschiedlich aus. Während das eine Pferd durch seine Dickdarmflora mehr Fettsäuren oder B-Vitamine durch die Bakterien generiert, gelingt das einem anderen Vierbeiner aufgrund seiner weniger optimal aufgestellten Dickdarmflora aber vielleicht nicht. Gleiches gilt für die Genetik, die entscheidend dabei ist, ob du einen sehr guten oder einen eher schlechten Futterverwerter im Stall stehen hast und wie viele Mikronährstoffe individuell gebraucht werden. Es kann also keine universelle Futterlösung für alle Pferde geben!

Eine Futterlösung für alle funktioniert nicht in der Pferdewelt. Es braucht individuelle Futtermischungen für jedes einzelne Pferd!

Was am Ende der Verdauung hinten herauskommt, erhält seine finale Form im Grimmdarm. Der Pferdekot ist ein hervorragender Indikator dafür, ob die Fütterung insgesamt passt, dein Pferd zu wenig Wasser aufnimmt oder ob bislang unerkannte Grunderkrankungen vorliegen.

Warum ist der Ablauf der Verdauung überhaupt wichtig? Nur so lässt sich verstehen, wie aus Weidegras, Heu und Mash am Ende die Bausteine für die zahlreichen Stoffwechselvorgänge entstehen, die die Gesundheit deines Pferdes prägen.

Vom Futtercontainer in die Raufe

Das Verdauungssystem der Pferde ist grundlegend auf Raufutter eingestellt. Daran sparst du also besser nicht. Die Menge macht den Unterschied! Unter **Raufutter** sind Heu, die sehr umstrittene Heulage und Stroh in verschiedenen Qualitätsstufen zusammengefasst. Es liefert zum einen die benötigte Energie. Zum anderen ist es aber auch dringend nötig, um das Kaufbedürfnis zu stillen. Mash ist schnell heruntergeschlungen und so ein liebevoll über den Weidezaun gereichter Snackapfel verschwindet quasi sofort. Heu dagegen muss sorgsam gekaut und eingespeichelt werden. Das stimuliert gleichzeitig die sensible Zunge und wirkt gemütsausgleichend über den mittels Kaubewegungen aktivierten Vagusnerv.

Die typische Faustregel in unseren Breitengraden für die Heufütterung liegt bei 1,5 bis 2 Kilogramm Heu je 100 Kilogramm Körpergewicht und Tag. Diese Faustregel dient nur als Orientierung, denn je nachdem ob ein etwas zu dickes oder ein etwas zu dünnes Pferd vor dir steht, solltest du die Raufütterung individuell anpassen! Die höhere Energiedichte des heutigen Raufutters muss dann eben unter Umständen zu kleineren Rationen führen. Andere Makronährstoffe, das betrifft vor allem die Proteine, unabhängig vom Fettdepot des Pferdes und seiner Figur, müssen trotzdem ins Pferd kommen, weil sonst die Muskeln atrophieren. Außerdem lassen sich aus Fett (oder Fettgewebe) einfach keine Aminosäuren synthetisieren. Dafür müssen schon Proteine zugeführt werden!

Getreide, insbesondere Hafer, ist vergleichsweise günstig und leicht zu lagern. Nur: Es enthält eben auch reichlich Energie in Form von Kohlenhydraten (Zucker, Stärke). Das zur Verdauung von Stärke benötigte Enzym ist im Verdauungstrakt nur begrenzt vorhanden, größere Futtermengen an Getreide sorgen deshalb aufgrund der nicht vollständig abgebauten Stärke für Milchsäure- und Gasbildung im Darmtrakt. Der pH-Wert im Verdauungsapparat sinkt, was wiederum nicht sonderlich gut für das Mikrobiom ist. Die Verdauung wird also ineffizienter.

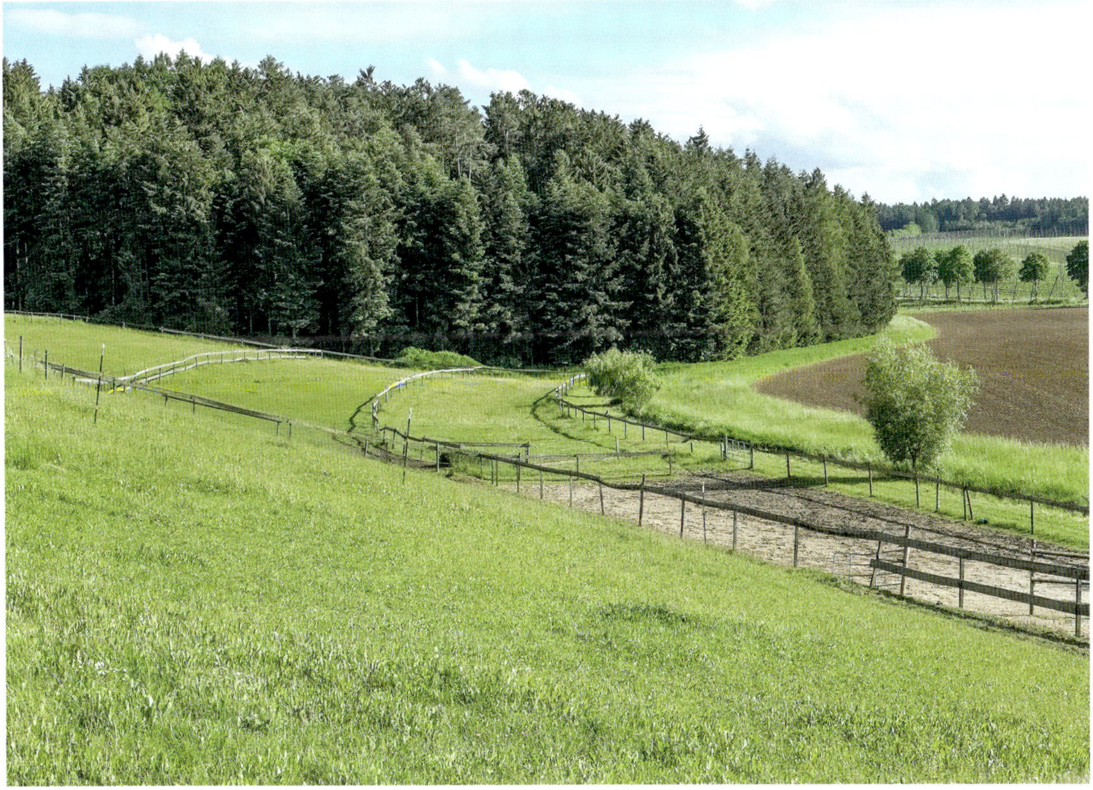

Das hiesige Gras auf den Koppeln ist mit den Steppengräsern nicht vergleichbar, die unsere Pferdeahnen einst zur Nahrungsaufnahme zur Verfügung hatten.

Deshalb wird in der Regel nicht mehr als zwei Gramm Stärke je ein Kilogramm Körpergewicht am Tag verfüttert.

Bei sehr dünnen Pferden lässt sich durch die Getreidefütterung aber die Insulinausschüttung anregen, was wiederum zu einem etwas stärkeren Aufbau führt. Auch wenn das Pferd an sich kein Körnerfresser ist, lässt sich bei Bedarf mit nach oben angepassten Getreiderationen super arbeiten.

Fette und Öle dienen als Ergänzungsfuttermittel in der Ration. Da Pferde keine Gallenblase haben, sollte das Verfüttern von Öl in kleinen, besser verdaulichen Portionen erfolgen. Hochwertige Pflanzenöle wie kalt gepresstes Leinöl und Hanföl eignen sich am besten. Achte bei der Lagerung darauf, dass die Ölflaschen dunkel und kühl stehen und kein Sauerstoff in die Flaschen gelangt. Also immer schön fest zuschrauben!

Die typische Mengenempfehlung für die Zufütterung von Fetten liegt bei maximal ein Gramm Fett je ein Kilogramm Körpergewicht pro Tag, bei maximal einem halben Gramm Fett je einem Kilogramm Körpergewicht pro Mahlzeit für eine bessere Verdaulichkeit.

Zu guter Letzt kommen die **Eiweißquellen** wie Sojaschrot und Co. ins Spiel. Als reine Pflanzenfresser sind Pferde auf geeignete Eiweißquellen in ihrer pflanzlichen Kost angewiesen. In der Regel wird hier auf eine gute dünndarmverdauliche Eiweißquelle geachtet.

Gängige Empfehlungen sehen circa zehn Prozent Rohprotein pro Ration vor. Ob das tatsächlich ausreichend ist, siehst du im nächsten Abschnitt.

Makronährstoffe

Eiweiß (Protein), Zucker (Kohlenhydrate) und Fette sind überlebensnotwendig. Ohne diese drei Hauptnährstoffgruppen funktioniert der Stoffwechsel nicht mehr richtig. Je nach individueller Veranlagung, Genetik und äußeren Bedingungen kann es sinnvoller sein, Proteine und Fette verstärkt zu füttern. Eine kohlenhydratreduzierte Ernährung ist immer auch eine antientzündliche Ernährung. Pferde, die mit entzündlichen Prozessen im Körper kämpfen, profitieren also durchaus davon, wenn der Kohlenhydratanteil in ihrer Ernährung geringer ausfällt. Das heißt aber nicht, dass Zucker vollständig von der Zutatenliste gestrichen werden kann, denn Heu als hauptsächlicher Raufutterbestandteil ist immens wichtig für den Faserverdauer Pferd. Unbegrenzter Zugriff auf Heu oder die hierzulande mit üppigem Weidegras bestückten Koppeln ist allerdings auch keine Lösung, vor allem nicht bei Pferden mit einer höheren Körper-Fett-Masse.

Umgerechnet auf ein Kilogramm Gras, frisch von der Koppel gerupft, entsprechen die darin enthaltenen Kohlenhydrate gut drei bis sechs Würfeln Zucker. Wenn du jetzt bedenkst, dass ein gesundes Pferd an einem vollen Weidetag gut 40 Kilogramm Raufutter in Form von Gras fressen kann, landest du bei einer Gesamtaufnahme von circa einem Kilo Zucker. Also einem kompletten Paket, das du auch im Supermarkt kaufen könntest.[112]

Berechnen lässt sich die ideale Menge an Eiweißen und den so wichtigen Mikronährstoffen nur schwer, denn jedes Pferd bringt eine individuelle Genetik mit, die sich ganz unterschiedlich auf den Bedarf der einzelnen Bausteine auswirkt.

Eiweiße

Eiweiße (Proteine) sind der Stoff, aus dem alles besteht. Wortwörtlich: Haut, Haare, Hufe, Organe, Muskeln, Knochen, das Bindegewebe, selbst die Neurotransmitter und Enzyme bestehen aus Aminosäureverbindungen. Die wiederum sind im Kern nichts anderes als aufgespaltene Proteine. Als Katalysatoren unterstützen Proteine den reibungslosen Ablauf sämtlicher Stoffwechselprozesse. In Form von Struktur- und Gerüststrukturen bilden sie den Stütz- und Bewegungsapparat, sprich: Knochen, Bänder und Sehnen. Sämtliche Muskelfasern sowie das fasziale Gewebe bestehen aus Protein-Bausteinen. Ohne Eiweiße würden weder das Immun- noch das hormonelle System funktionieren. Selbst das Erbgut besteht aus Aminosäuren.

Einige Aminosäuren kann der Körper selbst aus den zur Verfügung stehenden Nährstoffen synthetisieren, andere werden über eine geeignete Nahrung aufgenommen. Ein Mangel an ausreichendem Protein, Stressbelastung, massive Verletzungen oder schwere Krankheiten sorgen dafür, dass sich der Körper aus seinem hauseigenen Proteinlager bedient.

Dann werden Aminosäurelager in Form von Muskulatur und Knochenstrukturen angegriffen, um die benötige Energie für den Erhalt der Organe und des Stoffwechsels zu beschaffen. Die semi-essenzielle Aminosäure L-Glutamin wird bei Infekten oft aus den Muskelzellen extrahiert, um als Treibstoff für die weißen Blutkörperchen zu dienen.[113]

Starker Stress verursacht übrigens enormen Aminosäurehunger. Der Bedarf an geeignetem Protein wächst mit der Cortisol-Ausschüttung, die bei anhaltendem Stress steigt.

Kein muskuläres Wachstum ohne ausreichende Proteinmengen.

Essenzielle Aminosäuren müssen über die Nahrung aufgenommen werden, semi-essenzielle Aminosäuren kann der Körper zwar selbst bilden, die synthetisierte Menge ist aber selten für den Bedarf ausreichend. Eine Zufütterung dieser Aminosäuren kann deshalb von Fall zu Fall angebracht sein. Nicht-essenzielle Aminosäuren bildet der Körper selbst, sofern die dafür benötigten Bausteine über die Nahrung aufgenommen werden können.

[112] Sitzenstock 2023

[113] Newsholme 1985

Essenzielle Aminosäuren	Semi-essenzielle Aminosäuren	Nicht-essenzielle Aminosäuren
Lysin	Arginin	Alanin
Methionin	Cystin	Asparagin
Tryptophan	Glutamin	Asparaginsäure
Leucin	Glycin	Glutaminsäure
Isoleucin	Tyrosin	Prolin
Threonin		Serin
Valin		
Histidin		

Tab. Zusammenstellung der Aminosäure-Typen

Im Humanbereich werden via Aminogramm einzelne Aminosäuren gemessen, um eventuelle Mängel zu erkennen. Dr. Strunz ist hier zu nennen, der sich seit über zwanzig Jahren für die Ermittlung des Aminosäurestatus im Humanbereich starkmacht.

Der Wert des Totalproteins (Gesamteiweiß) lässt sich in der Veterinärmedizin über ein großes Blutbild ermitteln. Der Marker darf gerne im oberen Viertel des Zielbereichs sein, damit das Pferd relativ gesichert gut versorgt ist.

Proteine dienen vorrangig der **Instandhaltung** von Gewebestrukturen (Proteinsynthese), da der Großteil der zugeführten Proteine für die Reparatur und den Neubau von Gewebestrukturen im Körper aufgewendet wird. Nur in Krisenzeiten dient er auch als Brennstoff, um kurzfristig möglichst zügig an die benötigte Energie zu gelangen.

Um es klar zu sagen: In der ausgewachsenen Krise knabbert sich der Körper seine eigenen Energiereserven in Form von Muskelmasse weg.

Wird bei der Futterauswahl der Proteingehalt vernachlässigt, zeigt sich das im Laufe der Zeit durch

- die Wahrscheinlichkeit von schlecht heilenden Verletzungen und ein stärkerer Verschleiß am Bewegungsapparat.
- eine sich verringernde Muskelmasse.
- Müdigkeit, Apathie, depressive Verstimmungen und mangelnde Leistungsfähigkeit.
- auftretende Hautprobleme.
- ein geschwächtes Immunsystem.
- spröde Knochen und vorzeitig stattfindende Alterungsprozesse.

Wie sich im Abschnitt der Mikronährstoffe noch zeigt, fällt selbst das Lernen ohne eine passende proteinreiche Ernährung schwer.

Schafft der Pferdekörper trotz optimaler Futtereinstellung es nicht, die benötigten Aminosäuren selbst zu synthetisiere, kann eine reduzierte körpereigene Proteinbiosynthese vorliegen. Ursachen dafür sind oft vorangegangene Krankheiten, übermäßiger Stress oder hormonelle Störungen.

Wenn du dir sicher bist, dass die Nährstoffzusammenstellung den Bedarf deines Pferdes ausreichend deckt, es dir aber trotzdem kraftlos erscheint, ist eine veterinärmedizinische Abklärung auf jeden Fall sinnvoll.

Zu viel Eiweiß ist schädlich. Oder?

Die Sorge vor zu viel Protein in der Fütterung sitzt tief. Schließlich mussten früher Pferde auch ohne extra Kraft- und Spezialfutter überleben. Auf der Weide oder in freier Wildbahn gibts nur Gras, das hat nun mal nicht so sonderlich viel Protein und sollte als Zufuhr doch ausreichen!

Stimmt nur halb, denn zum einen sind Wildpferde vor allem auf relativ nährstoffarmen Steppengräsern herumgezogen. Zum anderen erhielten auch früher domestizierte Pferde Zusatzfutterangebote in Form von Luzerne oder Esparsette, um die Tiere angepasst an ihren Leistungsstand zu versorgen.

Nun stehen längst nicht alle Pferde auf geeigneten Weideflächen. Begrenzte Koppelzeiten schränken die Möglichkeiten für ungehindertes Grasen erfahrungsgemäß ziemlich ein. Andererseits sind unbegrenzte Koppelzeiten auf sattgrünen Wiesen auch gar nicht sonderlich empfehlenswert. Die hiesigen Wiesen und Weiden sind mit ihrem Nährstoffgehalt eben nicht mit den ursprünglichen Steppen vergleichbar, auf die sich die Wildpferde als Futterquelle spezialisiert hatten.

Die Vierbeiner sind also darauf angewiesen, dass sich in der Box auf magische Weise die optimal zusammengestellte Futtermenge einfindet.

Zusätzlich schwankt der durchschnittliche Rohproteingehalt zwischen den Schnitten sowie über die Jahre hinweg[114], mit fallender Tendenz im Bereich des Rohproteins. Deshalb ist es sicherlich sehr geschickt, proteinreiche Bestandteile mit in den Fütterungsplan aufzunehmen.

Das Risiko, dass Pferde mit erhöhtem Proteinbedarf dann unter Umständen unterversorgt sind, trotz angeblich geeigneter, vermeintlich natürlicher Futterauswahl, ist wesentlich wahrscheinlicher als die oft befürchtete Proteinüberversorgung.

Mit einer Eiweißprotein über der eher niedrig dosierten Standardempfehlung wachsen diese beeindruckenden Muskelpakete. (Sonja mit Vancouver)

[114] LUFA Nord-West 2023

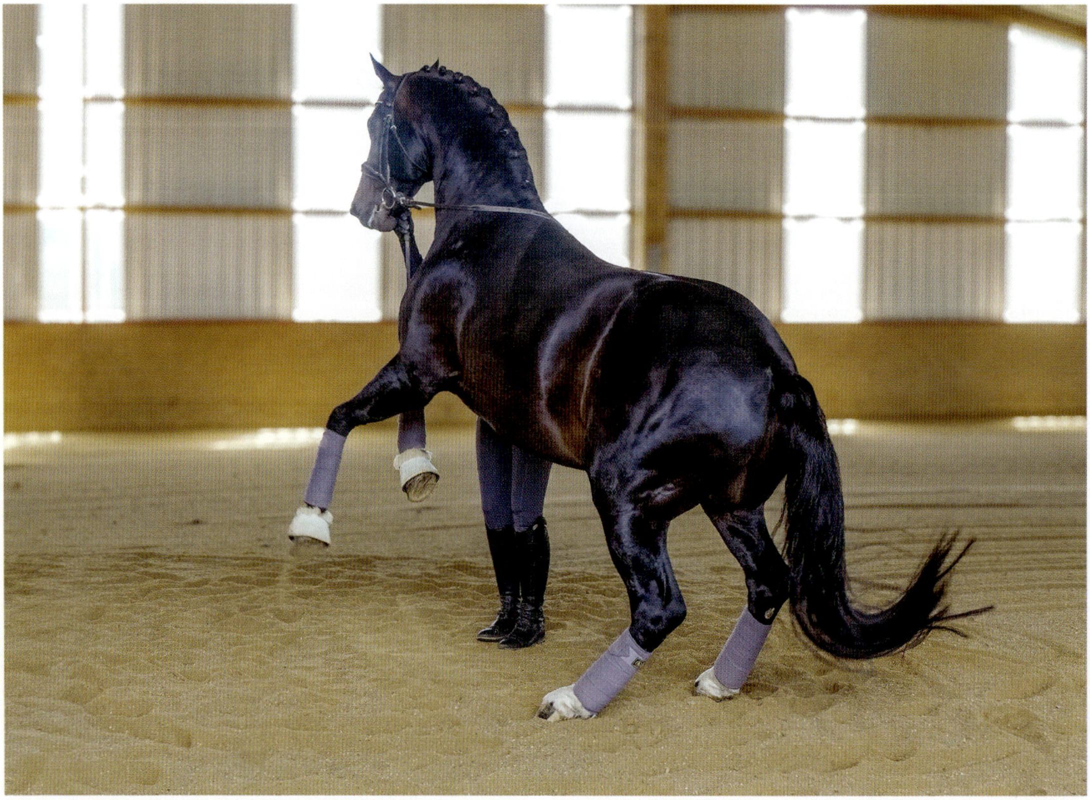

Jahr	Mittlerer Rohprotein-gehalt in Prozent	Gesamtzuckeranteil in Prozent
2023	8,3	12,1
2022	7,5	10,3
2021	8,6	9,0
2020	9,6	9,6
2019	10,1	9,5
2018	10,5	10,0
2017	10,1	9,1
2016	9,7	9,0
2015	9,4	10,2
2014	9,1	10,2

Tab. Analyse von LUFA West-Nord, Daten von 2023 bis 2014

Den mittleren Zielwert von circa 12 Prozent Rohproteingehalt erreichte in den letzten zehn Jahren keine einzige Probe, die von LUFA Nord-West analysiert wurde. Der natürlich vorkommende, dünndarmverdauliche Anteil an Protein in der bevorzugten Pferdefutterquelle sinkt. Wenn du dich an dieser Stelle ausschließlich auf Heu als Eiweißquelle verlässt, hast du je nach Leistungsstand und Energiebedürfnis deines Pferdes also unter Umständen eine Mangelversorgung vorliegen. Kein schöner Gedanke, nicht wahr?

Futtermittelhersteller, die auch die Analyse von Heu per Labordiagnostik anbieten, verzeichnen seit Jahren deutlich steigende Kohlenhydratanteile bei gleichzeitig sinkendem Rohproteingehalt.

Ähnlich sieht es übrigens beim Menschen aus, auch hier wird die eigentlich empfohlene Menge von im Schnitt 0,8 Gramm an Protein je Kilogramm Körpergewicht nicht über alle Altersgruppen hinweg über die gängige Nahrung aufgenommen.[115]

Dafür steigt beim Pferd ebenso wie beim Menschen die Menge an kohlenhydratreicher Kost seit Jahren an. Grund dafür dürfte beim Pferd der aufgrund von Umwelt- und Witterungsbedingungen stetig anwachsende Kohlenhydratanteil im Heu sein.

Aber auch die Getreidefütterung hat deutlich zugenommen. Aus Sorge vor Leberschäden wird das Pferdchen dann lieber mit Kohlenhydraten vollgestopft, die es am Ende kugelrund machen. Kohlenhydrate sind allerdings reines Muskelbenzin, kein Baustoff für Körpergewebe. Was übermäßige Fettdepots und mangelnde aktive bewegungsintensive Arbeit mit der Gesundheit anrichten, dazu komme ich später noch.

Bleiben wir zunächst bei der Sorge vor einer übermäßigen Rohproteinzufuhr.

> ***Bei der Aufnahme von mehr als 2 g verdaulichem Rohprotein pro kg Lebendmasse muss mit erhöhtem Wasserbedarf und Anstieg der Serum-Harnstoff-Konzentration gerechnet werden. Dazu kommen Störungen im Verdauungskanal oder des Mineralstoffhaushaltes (erhöhter Ca- und P-Verlust über die Nieren), wodurch das Leistungsvermögen reduziert wird.***[116]

Ein erhöhter Wasserbedarf lässt sich nun grundsätzlich durch, nun ja, schlicht mehr Wasser ausgleichen. Das kann aber auf Dauer, so die Befürchtung, die Nieren sowie die Leber beeinträchtigen.

Tatsächlich wurde erst vor kurzem in einer Meta-Analyse[117] die These geprüft, ob erhöhte Eiweißzufuhr tatsächlich Nierenerkrankungen inklusive Nierensteinen verursacht. Für den Menschen werden durchschnittlich 0,8 Gramm Protein pro Kilogramm Körpergewicht und Tag empfohlen. Im Rahmen der Meta-Studie wurden aufgenommene Eiweißmengen von 1,0 bis 3,3 Gramm Protein pro Kilogramm Körpergewicht und Tag untersucht.

[115] Europäische Kommission 2021

[116] Gruber Tabelle 2024: S. 15
[117] Remer et al. 2023

Das für mit kraftsportgeeigneter Ernährung vertraute Personen wenig überraschende Ergebnis lautet: Es gibt gar keinen nachweisbaren Zusammenhang zwischen Nierenerkrankungen und einer höheren Proteinaufnahme. Ach, sieh an.

Bei Pferden erfolgt die Proteinsynthese im Dünndarm mit begrenzten Kapazitäten, sodass nicht sofort aufspaltbare Eiweiße nach bisherigem Wissensstand in der Leber zur Energiegewinnung aufgespalten werden. Man geht also davon aus, das überschüssiges Protein nicht dem Gewebeaufbau zugutekommt, sondern lediglich, analog zur Kohlenhydratverstoffwechselung, in Energie umgesetzt wird. Das gute Protein wird als schädlicher Brennstoff missbraucht!

Bei überhöhter Proteinzufuhr wird Protein als Energiequelle genutzt, so dass der Stoffwechsel (v. a. die Leber) durch den Zwang zur energieaufwendigen Transformation und Stickstoffausscheidung unnötig strapaziert und das Pferd dadurch unnötig belastet wird.[118]

Auch hier zeigen neuere Forschungen am Menschen[119], dass kurzfristig aufgenommene erhöhte Proteinmengen immer noch bevorzugt zur Proteinsynthese herangezogen werden. Der relativ kleine Anteil der Eiweiße, die als Brennstoff dienen, bleibt trotz höherer Gesamtaufnahme relativ konstant.

Lässt du dein Pferd ordentlich arbeiten, um Muskeln aufzubauen, kann sein Stoffwechselsystem mit einer nach oben angepassten Proteinzufuhr also höchstwahrscheinlich ebenso gut umgehen, wie der menschliche Körper es kann.

Geeignete Proteinquellen fürs Pferd

Wie sehen denn nun gute Eiweißquellen für den geliebten Vierbeiner aus? Sojaextraktionsschrot führt die Liste möglicher Proteinquellen an. Der viel gängigere Hafer verfügt, genauso wie das Heu vergangener Jahre, nicht über großzügige Proteinvorräte.

Sojaschrot ist wegen seiner angeblich schlechteren Verdaulichkeit umstritten, meiner Erfahrung nach vertragen die meisten Pferde dieses Futtermittel aber erstaunlich gut. Andere Futterquellen enthalten bei weitem keine 40 bis 50 Prozent Protein auf gleicher Masse. Bei einem Kilo Sojaschrot sind das gute 400 bis 500 Gramm reines Eiweiß, welches sich nur schwer über Algenfütterung oder dergleichen ähnlich kostengünstig gestalten lässt.

Alternativ sind Esparsette und Luzerne dankbare Proteinlieferanten, die sich auch wunderbar mit Sojaschrot gemischt verfüttern lassen. Überhaupt ist ein Gemisch aus verschiedenen Eiweißquellen sinnvoll, da sich dadurch das Aminosäureprofil vielfältiger gestaltet.

Futtermittel	**Mittlerer Rohproteingehalt in Gramm/Kilogramm**
Sojaextraktionsschrot	**485**
Bierhefe (trebergebunden)	**310**
Erbsenflocken	**260**
Junges Gras	**230**
Leinextrudat	**225**
Leinsamen	**180**
Chiasamen	**170**
Luzernecobs	**157**
Heu, früher erster Schnitt	**132 (Tendenz fallend!)**
Esparsette	**114**
Sojabohnenschalen	**112**
Hafer	**111**
Heucobs	**100**

Tab. Mittlerer Rohproteingehalt, eigene Zusammenstellung

[118] Gruber Tabelle 2024: S. 15
[119] Trommelen et al. 2023

Wenn du aufgrund einer Gewichtsproblematik die aufzunehmende Menge an Raufutter begrenzen musst, sind proteinreichere Futterbestandteile sicherlich die geschicktere Wahl.

Der ganz natürliche Eiweißhunger

Säugetiere essen solange bis sie satt sind. Stimmts? Nicht unbedingt. Mit der **Protein Leverage Hypothese** stellten 2005 die britischen Forscher David Raubenheimer und Stephen Simpson diese allgemeingültige Wahrheit infrage. Es sei nicht allein die Menge, sondern die Menge an bestimmten Bestandteilen, die das Sättigungsgefühl bestimmen.[120]

Ihre Hypothese: Säugetiere essen, bis sie eine **individuell benötigte Proteinmenge** je Mahlzeit erreicht haben. Erst dann wird der erreichte Sättigungsstand mittels Chemorezeptoren an das Gehirn weitergegeben. Der Botenstoff Leptin spielt hier eine entscheidende Rolle.

In verschiedenen Experimenten wurde diese Hypothese geprüft. Setzt man Ratten und anderen Kleintieren eiweißreiche und kohlenhydratreiche Nahrung vor, wird tendenziell eher die proteinreiche Kost bevorzugt. Die Tiere stoppen dann bei einer geringeren Gesamtkalorienmenge von allein, während sie bei kohlenhydratreicherer Kost deutlich mehr Energie aufnehmen und die Mahlzeit später beenden. Für Menschen wird dieser sättigende Effekt von proteinreicher Ernährung ebenfalls beobachtet.

Beim Pferd kommt noch dazu, dass Sättigungssignale vor allem auch über die Zahl der Kauschläge entstehen. Als Dauerfresser auf nährstoffarmen Steppen mussten Wildpferde nahezu ständig grasen, um auf die erforderliche Proteinmenge zu kommen. Der gesamte Verdauungsapparat ist auf genau diese ursprüngliche Nahrungsquelle hin getrimmt!

Die **Protein Leverage Hypothese** wird in der Forschung umfangreich diskutiert, teils wird der Einfluss von Fett auf das natürliche Sättigungsgefühl stärker betont, teils der insgesamt schädliche Einfluss hoch verarbeiteter Lebensmittel hervorgehoben. Insgesamt wurde inzwischen mehrfach bewiesen, dass hoch verarbeitete Lebensmittel auf dem Speiseplan zu einer insgesamt kalorienreicheren Nahrungsaufnahme führen.[121]

Die Vorteile einer proteinreicheren Ernährung, im Vergleich zur Aufnahme tendenziell hoch verarbeiteter Lebensmittel mit Kohlenhydrat- und Fettschwerpunkt, dürften aber eigentlich klar sein.

Für die Pferdeernährung wichtig ist der folgende Punkt: Schüttest du deinem Tier ausschließlich kohlenhydratreiche Kost wie Heu und Getreide vor die Nase, wird es davon so viel wie möglich futtern. Bietest du ihm eine abwechslungsreiche, proteinreiche Kost an, wird es bevorzugt seinen Proteinhunger stillen.

Im Forschungskontext wird eine eiweißreiche Ernährung oft besprochen, um Übergewicht zu bekämpfen. Dabei geht es bei einer gesunderhaltende Pferdeernährung nicht ausschließlich um eine eventuell nötige Gewichtsreduktion. Kräftig aufgemuskelte und in der Versammlungsfähigkeit geschulte Reitpferde sind tendenziell schwer. Muskulatur wiegt ja nun mal auch das eine oder andere Kilogramm. Zusätzlich sind sie aber auch leistungsfähiger, je nach Temperament auch lernbegieriger und zeigen sich energiegeladener als Pferde, die mit einem höheren Körper-Fett-Anteil durchs Leben schreiten müssen.

Worum es mir in der Fütterung geht, ist der Faktor der Gesunderhaltung. Dafür sind Proteine neben den anderen Makro- und Mikronährstoffen absolut unverzichtbar. Ein gesunder Vierbeiner mit ordentlich Muskelmasse ist in der Lage, über viele Jahre

[120] Raubenheimer/Simpson 2023

[121] Hall et al. 2019

hinweg verschleißfrei das Reitgewicht elegant tänzelnd von A nach B zu tragen. Darauf kommt es mir an.

Hallo Krafttraining, tschüss Schmerz!

Ein Abschnitt über Krafttraining im Futterkapitel, was soll denn das nun?

Ganz einfach: Mit der richtigen Fütterung wird die Basis für den Muskelaufbau gelegt. Die beste Aufmuskelung erreichst du über versammlungslastige Schulungen, das Bodybuilding im Pferdetraining. Dafür benötigt dein geliebter Vierbeiner eine ausreichend proteinreiche Kost, die auf seinen erhöhten Bedarf als Sportler abgestimmt ist.

Eiweiße sind, das hast du im vorherigen Abschnitt bereits gelesen, absolut unverzichtbar für sehr viele Stoffwechselprozesse sowie für die muskuläre Struktur des gesamten Bewegungsapparats. Das bedeutet: Ohne proteinreiches Futter keine ordentliche Aufmuskelung des Pferdes. Ohne kräftige Muskeln potenziell schneller Verschleiß im passiven Bewegungsapparat, der zu häufig vermeidbaren Schmerzen führt. Zur Reparatur der Verschleißerscheinungen benötigt der Körper nun wiederum Proteine. An dieser Stelle schließt sich der Kreis dann wieder, **Eiweiße sind der Schlüssel.**

Für Osteoporosgeplagte konnte der heilsame Effekt einer proteinreicheren Ernährung in Kombination mit moderatem Krafttraining[122] bereits nachgewiesen werden. Die Reduzierung des Schmerzlevels durch die Einnahme von ausreichend Protein wird weiterhin erforscht. Die derzeitigen Befunde sind aber recht eindeutig pro Proteinzufuhr, um Schmerzen und altersbedingte Verschleißerscheinungen zu mindern.[123]

Guter Zucker, böser Zucker

Landläufig werden Kohlenhydrate in der Nahrung gern als Zucker bezeichnet. Manche liefern kurz- bis mittelfristig Energie, andere heizen vor allem den Stoffwechsel in einer Weise an, die am Ende zu bösen Fettdepots und diversen weiteren Nebenwirkungen führen. Grundsätzlich sind Kohlenhydrate natürlich weder gut noch böse. Die Menge der Aufnahme entscheidet allerdings darüber, was der Körper in einem gesunden Maß verwerten kann. Gerät die Makronährstoffverteilung zugunsten der Kohlenhydrate in eine generelle Schieflage, führt das zu diversen Problemen.

- Problem 1 (beim zu dicken Pferd): Enthält die Nahrung reichlich Einfachzucker und Stärke, heizt das den Stoffwechsel samt Insulinkreislauf an.
- Problem 2 (beim zu dicken Pferd): Kurzfristige Energiespitzen halten nicht vor. Der Vierbeiner ist wesentlich schneller wieder hungrig.
- Problem 3: Moderne Pferde sind mit modernem Heu nicht sonderlich gut bedient.

Kohlenhydrate sind ein elementarer Bestandteil der Pferdeernährung. Sie liefern in der Regel den Hauptteil der Energie, die das Tier benötigt.

Kohlenhydrate, Zucker und Stärke

Komplexe Kohlenhydratketten werden, beginnend bei der Einspeichelung im Maul, über die gesamte Darmstrecke hinweg in immer kleinere, leicht verdaulichere Molekülformen aufgespalten. Für die Pferdefütterung relevant ist die Verdaulichkeit der verschiedenen Zuckerarten sowie die Verstoffwechselung im gesamten Magen-Darmtrakt.

Die Verdaulichkeit und der Stärkegehalt der Kohlenhydrate sind wichtige Faktoren in der Pferdefütterung. Hafer hat mit ca. 90 Prozent die höchste Verdaulichkeit, gefolgt von hydrothermisch aufbereiteter Gerste (88 Prozent) und Mais (78 Prozent). Pferde sind generell keine Körnerfresser, kommen aber mit kleineren Mengen durchaus zurecht. Bei schlaksigen Tieren, die etwas mehr Energie benötigen, ist es also durchaus eine gute Idee, Getreide beizumengen.

[122] Vincent/Vincent 2012
[123] Lia 2021

Zuckerklassen	Bezeichnung	Enthalten in
Vielfachzucker (Polysaccharide)	Stärke	Hafer Gerste Mais
	Nicht-Stärke-Polysaccharide (NSP) = Zellulose	Heu Stroh Grünfutter
	Hemizellulose	Raufutter
	Pektine	Raufutter
Zweifachzucker (Disaccharide)	Saccharose	Zuckerrüben Melasse
	Laktose	Stutenmilch
Einfachzucker (Monosaccharide)	Glucose Fructose Dextrose	Obst Möhren Melasse

Tab. Die Zuckerarten in der Übersicht, eigene Zusammenstellung

Faserstoffe liefern guten Zucker

Als Weidetiere zupfen Pferde, wenn du sie denn lässt, am liebsten Gras. Heu, also getrocknetes Gras, ist ähnlich gut verdaulich und liefert eine relativ gleichmäßige Energieversorgung. Beides zählt zu den Faserstoffen. Heu kommt dem ursprünglichen Steppengras sogar noch etwas näher als das hierzulande verfügbare, vor Zucker strotzendes Wiesengras.

Der hier enthaltene Zucker in Form mehrkettiger Kohlenhydrate wird im Laufe der Verwertung aufgespalten, bis am Ende der Einfachzucker Glucose bereitsteht. Für die Aufspaltung sorgen im Dickdarm angesiedelte Bakterienstämme, die die Fasern nach und nach zerlegen. Dieser Prozess benötigt Zeit, entsprechend lang anhaltend ist das Verdauungssystem mit seiner genau darauf ausgerichteten Dickdarmflora mit der Verarbeitung beschäftigt. Die eigentlich unverdaulichen Fasern der Steppengräser liefern nur anhand der spezialisierten Dickdarmflora Energie. Im Grunde lebten die Wildpferdeahnen der heutigen genetisch angepassten Pferde mehr oder weniger von ihren Darmbakterien.

Für die ursprünglichen Wildpferdearten mit kleinem Stockmaß war diese Art der Nahrungsversorgung absolut ausreichend, um alle benötigten Nährstoffe inklusive Protein und Fett zu erhalten. Aufgrund der Domestizierung und den damit genetischen Veränderungen sowie den Nährstoffverschiebungen bei Gras und Heu ist das mittlerweile aber nicht mehr der Fall.

Böser Zucker im Kraftfutter

Einfach- und Zweifachzucker heben den Blutzuckerspiegel auf kurze Zeit stark an. Wie der Schokoriegel beim Menschen liefern Hafer, Mais und Co. zwar schnelle Energie, sind aber ebenso zügig wieder verbraucht. Diese Kohlenhydratstrukturen wirken sich besonders stark auf den Insulinspiegel aus. Stehen stärkehaltiges Getreide oder Kraftfutter mit Beimischungen aus Einfachzuckern regelmäßig auf dem Futterplan und fehlt die ausgleichende Bewegung, wird die Insulinsensitivität der Zellen beeinträchtigt.

Für Stärke empfiehlt die FN eine Obergrenze von ein Gramm pro Kilogramm Körpergewicht und Tag. Zu dünne Pferde und solche mit höherem Energiebedarf benötigen unter Umständen größere Rationen. Da Stärke im Dünndarm verstoffwechselt wird und die körpereigenen Ressourcen zur Aufspaltung begrenzt sind, kommt meist stärkefreies Beifutter infrage.

Eher schlaksige Pferde mit katabolem Stoffwechsel (gewebsabbauende Stoffwechseltypen) profitieren aber durchaus von den Insulinspitzen, die sich aus der Stärkefütterung ergeben.

Zuckermoleküle sind wichtige Bausteine für die körpereigene Energieerzeugung, keine Frage. Sie führen bei wenig aufgemuskelten, häufig nur zum Spazierengehen aus den Boxen oder dem Offenstall geholten Freizeitpferd aber regelmäßig zu gesundheitlichen Problemen, sofern sie im Übermaß im Futtertrog landen. Die Insulinsensitivität der Zellen leidet, der Pferdekörper lagert zunehmend Fettdepots an, die die weitere Insulinausschüttung beeinträchtigen.

Insulinresistenz verstehen

Das feine Geflecht aus den Stoffwechsel regulierenden Mechanismen gerät ins Wanken, wenn die Bauchspeicheldrüse kein Ende in der Insulinproduktion findet. Insulin als Hormon ist an dieser Stelle dafür verantwortlich, dass Muskelzellen Glucose als Brennstoff aufnehmen. Im geringeren Maße wird auch Glucose in Fettzellen (Triclyceride) umgewandelt, um als Energiespeicher zu dienen. Der Triclyceride-Wert lässt sich über das große Blutbild bestimmen. Fällt er höher aus, zeigt er diesen Prozess der Umwandlung von Glucose in Fettzellen aufgrund von einer vermehrten Kohlenhydratzufuhr an.

Und warum gerät der Mechanismus ins Wanken? Weil sich die Arbeit mit und am Pferd deutlich reduziert hat. Selbst zu H. DV 12-Zeiten wurden die Tiere gerne mal vier Stunden am Stück intensiv bewegt. Am Strick spazieren gehen und Blümchen begucken, zählte dagegen nicht zu den bevorzugten Arbeitsphasen der damaligen Reiter und Pferdeausbilder. Entsprechend konnte sich damals keine verminderte Insulinsensitivität ausbilden, die das Leben heutiger Pferde oft begleitet.

Blutzuckerspitzen, die zur Insulinproduktion anregen, bringen die Bauchspeicheldrüse auf Dauer an ihre Grenzen. Denn nur über das Insulin als Türöffner nehmen die Muskel- und Fettzellen die Glucose aus dem Blut in sich auf, um es dann in den zelleigenen Kraftwerken, den Mitochondrien, in Energie umzusetzen.

Werden die Zellen sensitiv gegenüber dem Türöffner Insulin, bleibt der wertvolle Glucose-Brennstoff wortwörtlich auf dem Flur stehen. Die Bauchspeicheldrüse produziert fleißig weiter, die Zuckerbestandeile können aber nicht in der Zelle verarbeitet werden und reichern sich ungenutzt im Blut an. Am Ende werden sie statt als Energielieferanten in den Muskelzellen als Fettdepots abgelegt. Das Gewicht steigt also an.

Nur Bewegung baut ein Übermaß an Blutzucker ab, was eine vorliegende Insulinresistenz reduziert. Wird das Tier kraftsportmäßig aufgemuskelt, verbrauchen die zusätzlich aufgebauten Muskeln den Blutzucker ebenfalls mit und lagern ihn auch ein – natürlich steigt auch der Grundumsatz des Vierbeiners an. Ein gestörter Insulinkreislauf kann durch Bewegungsmangel und Überfütterung auftreten. Die genetische Veranlagung spielt eine nicht ganz unbedeutende Rolle, Ponys und Kaltblüter neigen eher als Warm- und Vollblüter zu Übergewicht samt Insulinresistenz.

Insulinresistenzen beim Pferd sind mit Nährstoffmangelerscheinungen (Chrom) assoziiert. Stress in Verbindung mit einem dauerhaft aktivierten Sympathikus steht ebenfalls im Verdacht, den Insulinstoffwechsel zu beeinträchtigen.

Das sicherste Mittel gegen einen gestörten Insulinkreislauf? Kraftsport!

Krafttraining kann über einen zusätzlichen Glukosetransporter die Glukoseaufnahme in die Zelle verbessern und bewirkt durch Zunahme der Muskelmasse vor allem eine Bedarfserhöhung und eine Steigerung des Grundumsatzes, verbunden mit einer positiven Beeinflussung der Gewichtsentwicklung (Gewichtsreduktion) (...).[124]

Bodybuilding ist also dazu geeignet, den Türöffner für Glucose zu spielen. Insulinsensitive Zellen reagieren vermehrt auf die zur Verfügung stehenden Zuckermoleküle, der eigentliche Energiehaushalt kommt wieder in Schwung.

Fette

Fettreiche Nahrungsmittel liefern Energie und sind ein wichtiger Baustein für die Synthese von fettlöslichen Stoffen, wie Vitamine und essenzielle Fettsäuren. Im Pferdekörper schützen **Fettdepots** den Körper gegen Kälte und dienen als Schutzpolster für die inneren Organe. Eine – dünne – Fettschicht hat also durchaus praktischen Nutzen. Sie zählt neben den Kohlenhydraten zu den wichtigen Energiespeichern im Körper. Ein Gramm Fett entspricht circa 9 Kilokalorien oder 37 Kilojoule und bringt damit deutlich mehr Energie auf den Tisch als Proteine oder Kohlenhydrate.

Da Pferde keine Gallenblase besitzen, ist die Aufnahme von Fett über die Nahrung rein organisch an engere Kapazitätsgrenzen gebunden, als es beim Menschen der Fall ist. Die Vierbeiner können Fett aber generell schon verdauen, wenn es in kleinen Einheiten über den Tag verteilt gegeben wird.

Primär lagert der Körper das Fett als tröpfchenförmige Energiespeicher (Lipide) ein. Bei körperlicher Beanspruchung in Form von ausgedehntem Cardio oder noch besser, in Form von **muskelbildendem Bodybuilding** wird diese Energie allerdings zeitnah benötigt.

Das Schlüsselprotein Arf1 signalisiert den Fettspeichern, dass dringend weitere Energie gebraucht wird. Lipide werden in das Molekül ATP (Adenosintriphospat) umgewandelt und befeuern die Minikraftwerke der Zellen, die Mitochondrien. Arf1 ist die entscheidende Komponente, wenn es um den Zugang von ATP in den zellinternen Energieumwandlungsprozess geht[125].

Die Bedeutung der Fettsäuren

Es gibt die guten und die bösen Fettsäuren, die einen agieren antientzündlich und sind für den ungehinderten Energiekreislauf im Körper unverzichtbar. Die anderen haben dagegen den Spaß ihres Lebens, wenn sie stille Entzündungen im Gewebe befeuern.

Einige Fettsäuren kann der Körper selbst herstellen, einige werden nur bei einer geeigneten Nahrungsaufnahme teilsynthetisiert und einige weitere sind ausschließlich über die Nahrungsaufnahme verfügbar.

Tab. Fettsäuretypen, eigene Zusammenstellung

Essenzielle Fettsäuren	Semi-essenzielle Fettsäuren	Nicht essenzielle Fettsäuren
Linolsäure (Omega-6-Fettsäure)	Arachidonsäure (Omega-6-Fettsäure)	Palmitinsäure (gesättigte Fettsäure)
Alpha-Linolsäure (Omega-3-Fettsäure)	Eicosapentaensäure (Omega-3-Fettsäure)	Stearinsäure (gesättigte Fettsäure)
	Docosahexaensäure (Omega-3-Fettsäure)	Ölsäure (Omega-9-Fettsäure/einfache ungesättigte Fettsäure)

[124] Francesoni 2023

[125] Enkler 2023

Unverzichtbar für den menschlichen Körper sind vor allem zwei essenzielle Fettsäuren, nämlich die Omega-3-Fettsäuren EPA und DHA. Auch unsere Vierbeiner benötigen eine angemessene Zufuhr an Omega-3- und Omega-6-Fettsäuren für den reibungslosen Stoffwechselbetrieb. Omega-3 wird vor allem gebraucht, um den Alterungsprozess zu drosseln und wirkt entzündungsreduzierend.

In Getreide ist prozentual etwas mehr Omega-6 enthalten, welches tendenziell eher Entzündungsprozesse befeuern kann. Aber: Es ist unverzichtbar für den Organismus, darf also nicht vollständig vom Speiseplan deines Vierbeiners gestrichen werden. Zu viel Getreide sollte aber besser trotzdem nicht auf dem Futterplan stehen!

Wenn du keine Öle zur Fett- und damit Fettsäureversorgung verfüttern möchtest, kannst du für eine etwas höhere Omega-3-Zufuhr Leinsaat/Leinsamen in die Futtermischung geben. Frisch geschrotet mit einer Kaffeemühle oder fertig gecrackt, ist er einigermaßen gut verdaulich. Er sollte aber unbedingt goldgelb sein, um ohne Kochen den Blausäuregehalt niedrig zu halten.

Für sehr geschwächte Pferde mit massivem Entzündungsgeschehen kannst du hochwertiges Algenöl dazugeben, das ein enorm gutes EPA- und DHA-Profil aufweist.

Die Kraftwerke der Zellen brauchen Fett

Mitochondrien sind die Kraftwerke der Zellen. Aus Sauerstoff und Fetten oxidieren sie Energie für das umliegende Gewebe. Je hochwertiger der Fett-Brennstoff und je besser die Versorgung der Zellen mit Sauerstoff, desto effizienter arbeiten die Kraftwerke auf zellularer Ebene.

Regelmäßige Trainingseinheiten in Form von Cardio, noch besser aber in Form von Kraftsport, sorgt für einen reibungslosen Energiestoffwechsel innerhalb der Zellen. Wird das Training zu lange vernachlässigt, kann sich eine Myopathie entwickeln, eine Muskelerkrankung mit eingeschränkter Kraftfunktion. Das Schreckgespenst Sarkopenie hatte ich bereits angesprochen. Auf zellulärer Ebene ist Myopathie vor allem ein Problem, das quasi arbeitslose Mitochondrien betrifft. Werden die Kraftwerke kaum genutzt, zerfällt ihre Struktur, der muskuläre Kraftverlust ist unübersehbar.

Was hilft dagegen? Nun, zum einen eine passende, proteinreiche Ernährung, um Bausteine in Form von Aminosäuren für Schäden am passiven Bewegungsapparat sowie an den Muskelfasern zügig zu reparieren. Zusätzlich gute, also hochwertige Fette in kleinen Portionen, um körpereigene Speicher aufzufüllen. Selbst im Heu sind über die Gräsersamen Fette enthalten, die individuell je nach Tier bereits die erforderliche Menge ausreichend auffüllen können. Pferde mit höherem Bedarf erhalten aber besser zusätzlich Lein- oder Chiasamen oder zusätzliche Ölgaben. Ganz zuletzt ein ausgewogenes Training, um die Funktion der Mitochondrien wiederherzustellen.

Dr. Simone Koch spricht gern davon, dass Sport das Laufband der zellulären Arbeit schneller stellt. Kaputte Bestandteile, sprich defekte Mitochondrien, fallen dadurch schneller auf und werden zügiger ersetzt. Um diesen Prozess des Aufdeckens und Ersetzens von kaputten Zellkraftwerken zu beschleunigen, ist Sport von enormer Bedeutung.

Cardio, sprich ausgiebiges Jogging mit dem Pferd, steigert die generelle Anzahl der Mitochondrien und damit die Kapazität der Mini-Kraftwerke. Der erhöhte Sauerstoffzufluss in den Muskeln verbessert die Kondition für alltagstypische Bewegungsabläufe. Intensives Krafttraining wiederum sorgt via Gene Shifting dafür, dass bereits stattgefundene Mutationen der ursprünglichen, gesunden Mitochondrien-DNA rückgängig gemacht werden. Zusätzlich werden noch mehr Mitochondrien in den durch das Krafttraining neu aufgebauten Muskelzellen in Betrieb genommen, die generelle Anzahl der Kraftwerke steigert sich also zusätzlich zum Gene Shifting. Bereits vorhandene, beschädigte Kraftwerke werden ausgetauscht, die ökonomische und vor allem gesunderhaltene Energiegewinnung durch Fettoxidation findet zu seiner herausragenden Effizienz zurück.[126]

Erfreulicher Nebeneffekt des Krafttrainings: Lethargische Pferde zeigen sich im Verlauf der Aufmuskelung zunehmend wacher. Grund dafür ist natürlich neben der reinen physiologischen Veränderung der Körperstruktur auch der optimierte Stoffwechsel, der nun entsprechend Ressourcen für stimmungsaufhellende Botenstoffe wie Dopamin freisetzen kann.

[126] Froböse 2023: S 71f

Pferdezellen lieben Krafttraining. (Ramona Kopold mit Valentina)

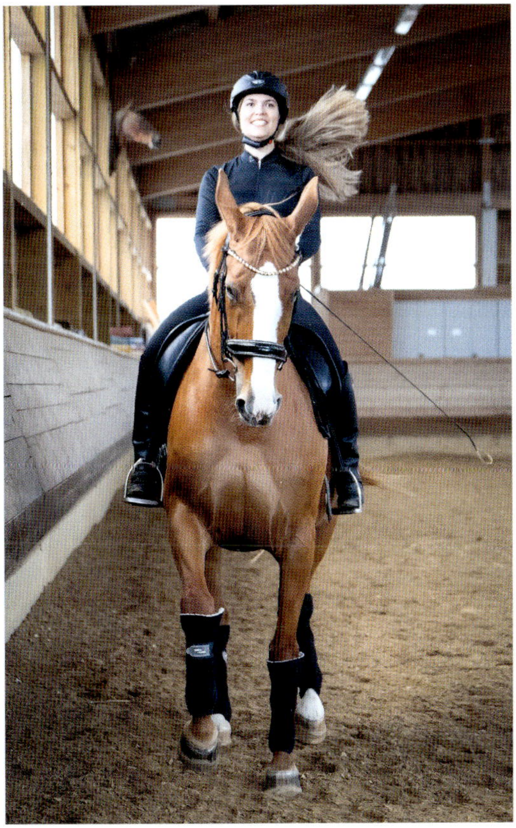

A, B, D und E: Mikronährstoffe fürs Wohlbefinden

Die Welt der Mikronährstoffe ist groß und unglaublich umfangreich. Ich beschränke mich an dieser Stelle deshalb vor allem auf die Nährstoffe, die in der Regel im großen Blutbild abgebildet werden. Die Labordiagnostik liefert die Rahmendaten, über die Ernährung und diverse Zusätze lässt sich der Bereich der Mikronährstoffe dann gesunderhaltend steuern.
Das große Blutbild ist natürlich längst nicht so umfangreich, wie ich es mir generell wünschen würde. Aber immerhin wird es vorgenommen und zeigt einige relevante Hinweise, die für – oder gegen – eine optimal auf das individuelle Pferd angepasste Fütterung sprechen.

Erfahrungsgemäß lohnt sich bei Neuerwerb eines Reitpferdes zu Beginn und nach einem halben Jahr die Investition in eine Blutbilduntersuchung. In einer wenigstens jährlich stattfindenden Verlaufskontrolle kann ich die Entwicklung einiger Kenngrößen beobachten. Magnesium, Zink und das Gesamteiweiß sind in der Regel Bestandteile des Blutbildes und damit gute Marker, um zu prüfen, ob die Fütterung für genau dieses Pferd angemessen ist.

Wichtig: Bei Infekten oder Verletzungen, wenn der Vierbeiner massiv Muskelgewicht aufgrund von Training zulegt oder sich auffällig lethargisch verhält, lohnt sich ein kürzeres Beobachtungsintervall für die Blutwerte. Kenne ich mein Pferd sehr gut, kann ich die Intervalle natürlich auch auf längere Zeitabschnitte, längstens zwei Jahre, verlängern.

Kleines, großes und Differenzialblutbild

Was heißt das eigentlich, wenn ein Blutbild gemacht wird? Im Grunde wird, wie beim Menschen auch, anhand des Bluts eine Momentaufnahme des Gesundheitszustands getroffen. Dabei unterscheiden sich die Werte, die untersucht werden.

Das kleine Blutbild

- Leukozyten (weiße Blutkörperchen)
- Erythrozyten (rote Blutkörperchen)
- Hämoglobin (roter Blutfarbstoff)
- Hämatokrit (Zähflüssigkeit des Blutes, Wasserhaushalt)
- MCV (Größe der roten Blutkörperchen)
- MCH (Marker zum Ausschluss von Blutarmut)
- Thrombozyten (Marker für Blutgerinnung)

Das große Blutbild

- Alkalische Phosphate (Marker für Lebergesundheit)
- Bilirubin (Marker für Leberschädigung)
- Eisen (Marker für chronischen Blutverlust/ Anämie, bei Pferden wird nicht Ferritin als Speicherwert gemessen, sondern ein allgemeiner Eisenwert!)
- Gamma-GT (Marker für Leber-, Nieren- oder Ausscheidungsprobleme)
- GLDH (Marker für Lebergesundheit)
- AST/GOT (Marker für Muskel-/Leberfunktionsprobleme)
- LDH (Marker für Muskelschwäche, Leberprobleme, Anämie)
- CK-NAT (Marker für Muskelprobleme)
- Blutzucker (Marker für Stress, Diabetes, Hyperlipämie)
- Harnstoff (Marker für Stress, minderwertige Proteinzufuhr, Wassermangel, Nierenprobleme, Leberfunktionsstörung)
- Kreatinin (Marker für Stress, Wassermangel, Nierenprobleme)
- Lactat (Marker für Kreislaufinsuffizienz, Übersäuerung, Kohlenhydratüberschuss)
- **Gesamteiweiß (Marker für Infektionen, Anämie, Leber-/Darmprobleme)**
- Albumin (Marker für Flüssigkeitsmangel oder Leberfunktionsstörung)
- Triglyceride (Marker für Hyperlipämie, wenn viele Kohlenhydrate in Fette umgesetzt werden)
- Kalzium (Marker für Nierenprobleme, Tetanie, Muskelprobleme)
- Kalium (Marker für Übersäuerung, Acidose, Anämie, Muskelprobleme, Durchfall/ Kotwasser)
- Magnesiummengenüberprüfung (Marker für Nierenprobleme, Erkrankungen der Muskulatur)
- Natrium (Marker für Wassermangel oder Nierenprobleme)
- Zink (Marker für Hautprobleme und Mangelerscheinungen)
- Selen (Marker für Stoffwechselstörung, Vergiftungen, Muskelerkrankungen, Muskelschwäche)
- Kupfer (Marker für Blutarmut, Erkrankungen des Bewegungsapparats)
- Phosphat anorganisch (Marker für Überfunktion der Nebenschilddrüse oder Mangelerkrankungen)
- Chlorid (Marker für Störungen im Säure-Basen-Haushalt)
- Cholesterol (Marker für Hyperlipämie, Unterfunktion der Schilddrüse, Leberfunktionsstörungen)
- a1-Globulin (Marker für chronische Entzündungsformen und Leberfunktionsstörungen)
- a2-Globulin (Marker für chronische Entzündungen, chronische Leberfunktionsstörung)
- ß1-Globulin (Marker für Proteinverlust, Ödembildung, Immunstörung, Blutarmut)
- ß2-Globulin (Marker für Entzündungen, Leberprobleme, Pilzerkrankungen)
- y-Globulin (Marker für akute Entzündungen, Infektionen der Haut, Leberprobleme, Immunprobleme)

Differenzialblutbild

- Eosinophile Gran. (abs.) (Marker für Verwurmung, Hautparasiten, Allergien, hormonelle Probleme, Stoffwechselstörungen)
- Stabkernige Gran. (abs.) (Marker für Leukämie, Virusinfektion, Parasitenbefall)
- Basophile G. (Stabkernigen Gran.) (Marker für Hyperlipidämie)

- Segmentkenige Gran. (abs.) (Marker für bakterielle Entzündungsformen, Virus, Giftstoffe, Blutarmut)
- Lymphozyten (Marker für Infektionen und Stress)
- Monozyten (Marker für Viruserkrankungen)

Die Interpretation der Werte übernimmt in der Regel mit mehr oder minder professioneller Genauigkeit die veterinärmedizinische Praxis.

Es schadet aber nicht, sich einige dieser Werte als Pferdemensch genauer anzusehen, um bei Bedarf bewusste Entscheidungen für oder gegen eine zusätzliche Supplementierung von Mikronährstoffen zu treffen.

Im Rahmen dieses Buches beschränke ich mich auf einige wenige, ausgewählte Mikronährstoffe und deren Einfluss auf das gesunderhaltende Training. Ein Großteil wird glücklicherweise über das große Blutbild abgedeckt. Einige andere sind für die Gesunderhaltung deines Pferdes wichtig, tauchen aber in besagter Diagnostik nicht auf.

Eisen

Eisen ist Teil der essenziellen Spurenelemente, die der Körper nicht selbst herstellen kann. Ein Mangel macht sich durch Blutarmut (Anämie) bemerkbar, man fühlt sich schlapp, müde und ist nach sportlichen Belastungen anhaltend kaputt. Kein Wunder, denn Eisen ist auch für den Energiestoffwechsel der Zellen von enormer Bedeutung. Eisen benötigt Vitamin C zur optimalen Resorption und wird deshalb in der Regel zusammen eingenommen. Grundsätzlich sind Pferde in der Lage, Vitamin C selbst zu synthetisieren. In Zeiten von starkem Bedarf oder bei Krankheit reicht diese natürliche Synthesekapazität aber nicht aus, dann ist eine Zufuhr von außen notwendig.

Entsprechende hochwertige Ergänzungsfuttermittel für Pferde enthalten deshalb oft Kombinationen aus zusammenspielenden Mineralstoffen und Spurenelementen.

Ferritin als Speicherwert ist leider nicht im großen Blutbild enthalten, kann also nur schwer im Standardverfahren bestimmt werden. Eine Überdosierung von Eisen kann problematisch sein. Es ist also sinnvoll, sich insbesondere bei der Gabe von organisch gebundenem Eisen langsam an eine optimale Versorgung heranzutasten. Anorganisches Eisen (Eisensulfat) wird zwar schlechter aufgenommen, lässt sich aber auch nicht so leicht überdosieren.

Magnesium

Magnesium allein ist an wenigstens 600 enzymatischen Vorgängen[127] im Körper beteiligt. Ein Wert im oberen Drittel zeigt an, dass der Magnesiumspiegel höchstwahrscheinlich ausreichend ist. Liegt der Wert im untersten Teil des Zielbereichs, kannst du dir sicher sein, dass bereits einiges an Magnesium aus dem Knochen herausgelöst wurde. Dann ist das Blutbild vielleicht noch oberflächlich betrachtet o.k., während im Grunde bereits Abbruchprojekte am Skelett stattfinden.

Magnesium ist im Sinne unseres gesunderhaltenen Trainings ein wichtiger Part, denn dieser Mineralstoff reguliert den Säure-Basen-Haushalt im Körper. Gerät der aus dem Gleichgewicht, kommt es im Rahmen der Osteoklastenaktivierung zur Herauslösung von Mineralstoffen aus dem Knochen. Die Folge: poröse Knochen, ganz ähnlich den Effekten, die ein Proteinmangel mit sich bringt. In Folge der Osteoklastenaktivierung werden auch weitere Mineralstoffe wie Kalzium und Phosphor herausgelöst. Teilweise wird das im großen Blutbild untersucht, ein Mangel an diesen Stoffen gibt dir also Hinweise darauf, dass unter Umständen auch der Magnesiumwert nicht ganz so optimal sein könnte.

Zink

Zink wird im Rahmen des Stoffwechsels vor allem für eine optimale Versorgung von Haut, Hufe, Fell, für den Zuckerstoffwechsel und die Gesundheit der Augen benötigt.

Zinkmangel = Fell schlechter, das ist ein relativ offensichtliches Anzeichen dafür, dass bei diesem

[127] Micke 2020

Nährstoff etwas im Argen liegen kann. Natürlich ist es nicht immer der Zinkmangel, der für hässliches Fell sorgt, aber oft genug steckt eben doch ein Mangel dieses Mikronährstoffs dahinter.

Ein geschwächtes Immunsystem ist ebenfalls ein guter Marker für einen möglichen Zinkmangel. Denn jeder Infekt deines Pferdes lässt den Pferdekörper Unmengen an Zink für das Immunsystem verheizen, was wiederum in einen Mangel führen kann.

Bei Zinkmangel bleibt das **Gesamteiweiß** oft auf einem Plateau und steigt trotz höherer Proteinzufuhr nicht weiter an. Und warum? Weil Zink unbedingt für die weitere Eiweißaufspaltung benötigt wird. Eine höhere Proteindosis über die Fütterung verpufft dann leider ungenutzt, weil durch den Zinkmangel der Verdauungstrakt die Proteine nicht vollständig synthetisieren kann.

Vitamine

Die **Vitamine A, C und E** sind zwingend nötig für die Kollagenproduktion, was wiederum für die elastischen Gewebestrukturen wie Sehnen und Bänder unverzichtbar ist.

Günstige Vitamin-C-Lieferanten sind getrocknete Hagebutten. Pferde können Vitamin C zwar generell selbst produzieren, aber bei erhöhtem Stress oder Infekten kann es sehr sinnvoll sein, auf externe Quellen zurückzugreifen.

Wichtig: Neigt dein Pferd zu Allergien oder Unverträglichkeiten, sind getrocknete Hagebutten mit ihrem höheren Histamingehalt keine gute Quelle, um die Allergieneigung nicht auch noch zu befeuern.

Vitamin C und Vitamin E (Tocopherol) bedingen einander, um im Stoffkreislauf freie Radikale einzufangen, die wiederum für Alterungsprozesse verantwortlich sind.

B-Vitamine dienen der Zellerneuerung, beeinflussen die Stimmung und das Gemüt und unterstützen die Energielieferung auf Zellniveau. Wenn du ein eher nervöses oder auch ein lethargisches Pferd im Stall stehen hast, ist ein Blick auf die B-Vitamine und deren Level hilfreich, um seinen Gemütszustand durch Gabe geeigneter Präparate zu stabilisieren.

Die B-Vitamine werden bedauerlicherweise nicht im großen Blutbild abgedeckt.

Hyaluronsäure

Manche kennen die Hyaluronsäure vor allem aus dem Drogerieregal in der Anti-Aging-Sektion. Für Pferdemenschen hat dieser körpereigene Bestandteil eine etwas andere Bedeutung, der sich durchaus auch mit Anti-Aging befasst, allerdings vorrangig die der Gelenke und des passiven Bewegungsapparats. Steht dem Vierbeiner nicht ausreichend Hyaluronsäure zur Verfügung, steigt der Gelenkverschleiß, das Verletzungsrisiko steigt.

Eine verminderte Produktion von Hyaluronsäure geschieht im Laufe des Lebens automatisch – bei Pferd und Mensch – sodass die Haut schlaffer und die Gelenke verschleißanfälliger werden. Es ist also Teil des normalen Alterungsprozesses. Fehlt es bei einem jüngeren Pferd aber an diesem wichtigen Baustoff, dann setzt der altersbedingte Raubbau am Gelenk schlicht aufgrund von Hyaluronmangel noch früher ein!

Bei einem Pferd mit Fehlstellungen macht es vorausschauend durchaus Sinn, Hyaluronsäure zu verabreichen, um die sich aus den Fehlstellungen früher oder später entwickelnde Arthrose noch etwas hinauszuzögern und auch bei bereits bestehender Erkrankung symptomfrei zu halten.

Orale Gaben können die Mangelerscheinungen begrenzen. Noch besser ist es aber, sich von Anfang an auf Ergänzungsfuttermittel mit Hyaluronsäure einzulassen, um diesen Mangel gar nicht erst entstehen zu lassen.

Collagen

Collagen ist einer der Bausteine, die sich überaus positiv auf die Zellerneuerung auswirken. Collagen besteht aus Aminosäureverbindungen, die empfindlich auf Stoffwechselstörungen reagieren. Orthopädische Probleme deines Pferdes können unter Umständen auf einen Collagenmangel beruhen.

Wenn beim zu dünnem Pferd das Bindegewebe ausgezehrt ist, wenn dein Vierbeiner zu Sehnenschäden neigt oder extrem weiche Fesseln hat, dann ist die Gabe von hochwertigem Collagen durchaus sinnvoll, ergänzend zu einer großzügigen Proteinversorgung.

Wichtig: Die Collagen-Synthese benötigt einen passenden Vitamin-C-Level, um angestoßen zu werden. Wenn du also bei schwachem Bindegewebe Collagen zur Stärkung geben möchtest, ist eine Ergänzung mit Vitamin C-haltigen Futtermitteln, wie die bereits erwähnten getrockneten Hagebutten, nötig. Die Vitamine A und E sowie Magnesium, Eisen und ergänzend die Aminosäure Arginin stärken die Collagensynthese.

Eiweißmangel oder ein niedriger Gesamteiweißwert

Niedrige Eiweißwerte deuten oft auf eine nicht ausreichende Eiweißsynthese hin. Wahlweise, weil die Zufuhr an Protein unzureichend ist, Stichwort nur Heu oder Heu- und Getreidefütterung. Oder weil zur Synthese benötigte Mikronährstoffe im Mangel liegen.

Auch ohne Blick aufs große Blutbild zeigt sich ein anhaltender Eiweißmangel durch spröde Knochen und verfrüht einsetzende Alterungsprozesse. Die Erholung von kleineren Blessuren dauert, die Muskeln bleiben nach einer Belastung länger steif.

Ein insgesamt guter Gesamteiweißwert sollte im oberen Viertel des Normbereichs liegen. Schließlich besteht das Immunsystem im Kern genauso aus Eiweißverbindungen, wie die Muskeln, die Haut, das Fell, die Hufe. Selbst die Glückshormone wie Oxytocin, Serotonin, Dopamin und Endorphin benötigen Eiweiß, um in ausreichender Menge synthetisiert zu werden.

Ein guter, also im oberen Viertel angesiedelter Gesamteiweißwert bedeutet, dass dein geliebter Vierbeiner nicht nur:

- ein *bisschen* Muskeln aufbaut,
- ein *bisschen* immunstark reagiert und
- ein *bisschen* glücklich ist,

sondern

- ***richtig*** gut Muskeln aufbaut,
- ***richtig*** gut gegen Infekte gewappnet ist und
- ***richtig*** glücklich ist.

Hormone

Das Thema Hormone ist so umfassend, es bräuchte ein eigenes Buch dafür. Bis dahin schauen wir uns nur sehr selektiv eine kleine Handvoll der typischerweise im gesunderhaltenen Dressurtraining relevanten Hormone an.

> *Die arbeitende Muskulatur ist ein endokrines Organ, das zahlreiche hormonartige Stoffe ausschüttet.*[128]

Genauer gesagt werden Myokine ausgeschüttet, die sich an vielerlei Orten nützlich machen. Unter anderem regulieren sie den Stoffwechsel, heben die Laune und scheinen nach ersten Untersuchungen auch die Gehirnleistung zu erhöhen. Ein Myokinmangel macht sich neben vielen anderen Faktoren auch oft durch eine getrübte Stimmung bemerkbar.

Wer gesundes, anabolikafreies Krafttraining absolviert, stimuliert also Körper und Gehirn. Gleichzeitig. Klingt gut, nicht wahr?

Nun wirken Hormone nicht einfach so im luftleeren Raum vor sich hin, sondern docken an geeignete Rezeptoren in den Zellen oder im Zellkern an. Um Hormone inklusive der immens wichtigen Myokine zu produzieren, benötigt der Körper die passenden Bausteine. Allen voran Eiweiß, aber auch verschiedene Mineralstoffe, Vitamine und Spurenelemente. Ohne diese Baustoffe werden keine Hormone in ausreichender Menge produziert.

[128] Prof. Wend-Uwe Boeckh-Behrens in: Strunz 2013

Beim Menschen weiß man bereits seit längerem, dass ein D3-Mangel (Hormon, oft fälschlich als Vitamin gelesen) sich indirekt auf die Synthese von Serotonin, Dopamin und Noradrenalin auswirkt[129]. Alle drei Hormone sind eng mit der psychischen Verfassung verbunden, ein gestörter Produktionsablauf senkt - wortwörtlich - die Stimmung.

Testosteron, Progesteron und Östrogen

Sie gelten als Geschlechtshormone schlechthin, treten aber sowohl bei Hengsten, als auch bei Stuten und in geringerem Umfang bei Wallachen auf. Geschlechtshormone wie Testosteron und Östrogen sind gewebspflegend, unterstützen also die ideale Aufrechterhaltung von Knochen und Bindegewebe. Hengste und Stuten neigen, im Gegensatz zu Wallachen, unter anderem auch deshalb etwas weniger zu Arthrosen oder Bänderabrissen. Der Wegfall der Geschlechtshormone bedeutet für den Wallach ein etwas höheres Risiko für derlei Grunderkrankungen.

Testosteron macht wach, aufnahmebereit und im Falle von Hengsten oft auch mehr oder minder selbstbewusst. Der Gerechtigkeitssinn erhöht sich ebenso. Gleichzeitig spielt Testosteron eine bedeutende Rolle dabei, wie leicht sich generell Muskelmasse aufbaut. Je niedriger das Hormonlevel, desto herausfordernder kann das Aufmuskeln werden.

Östrogen dagegen wird als Kümmer-Hormon beschrieben, das insbesondere in dominanten Stuten sehr aktiv ist. Sie sind beschützend, wachsam und auf das Wohl der Herde bedacht. Östrogen und Progesteron sollten in einem guten Verhältnis zueinander stehen. Progesteron hat einen beruhigenden Effekt, während Östrogen eher aufputschend wirkt.

Wallache weisen in der Regel logischerweise durch die Kastration die geringsten Geschlechtshormonwerte auf. Fällt bei der veterinärmedizinischen Kontrolle ein höherer Testosteronwert auf, lässt sich das in der Regel auf verbliebene Hodengewebsreste zurückführen.

[129] Eyles 2021

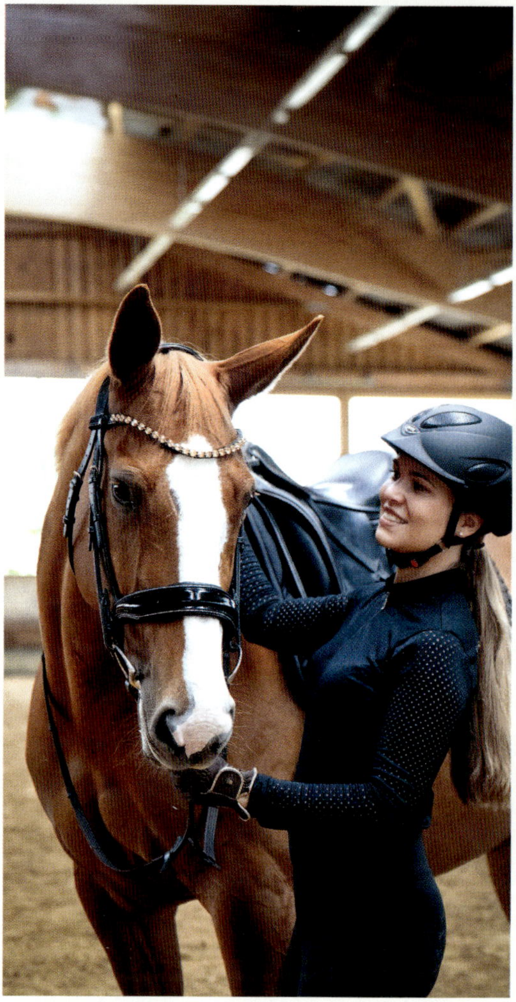

Östrogengeflutete Stute, auf Fotos völlig unauffällig. (Ramona Kopold mit Valentina)

Cortisol

Cortisol, also Stress im negativen Sinne, ist der reinste Nährstoffräuber. Der ständig aktivierte Sympathikus kurbelt den Stoffwechsel zu Höchstleistungen an, der Körper steht geradezu unter Strom.

Dabei ist der Stress nicht immer von außen zu erkennen. Dein eher introvertiertes Pferdchen kann innerlich genauso vor Stress vergehen wie das Tier, das sich mit nervösen Zuckungen durch die nächste Lektion quält. Das macht es auch so schwierig, eine adäquate Nährstoffberechnung rein anhand von

Stockmaß und Gewicht anzustreben. Du kannst deinem Pferd nur vor die Stirn gucken, wie ausgeglichen oder gestresst es sich im Inneren fühlt, siehst du so spontan eben nicht.

Im Rahmen der Möglichkeiten optimale Haltungsbedingungen zu bieten, sich die Zeit für stressreduzierendes Lektionsarbeiten zu nehmen und eine möglichst optimale Nährstoffbasis bei der Fütterung bereitzustellen, ist schon mal ein guter Anfang.

Hohe Cortisolwerte – warum und wodurch auch immer verursacht – verzuckern die Muskelmasse und tragen dazu bei, dass dein Pferd seine Muskulatur verliert! Sein Körper trägt die energiereichen Muskelfasern Protein für Protein ab, um daraus Energie für das unter Strom stehende Nervenkostüm zu produzieren. Ein dauerhaft zu hoher Cortisollevel ist also nicht nur wegen der Belastung des gesamten Nervensystems zu vermeiden, sondern auch mit Blick auf den Erhalt der so aufwendig auftrainierten Muskulatur.

Gemeinsames Futtern in der Box kann entspannend und beruhigend wirken, wenn sich die Pferde gut kennen und sich entsprechend mögen. (Stute Pandora mit Sohn Flo)

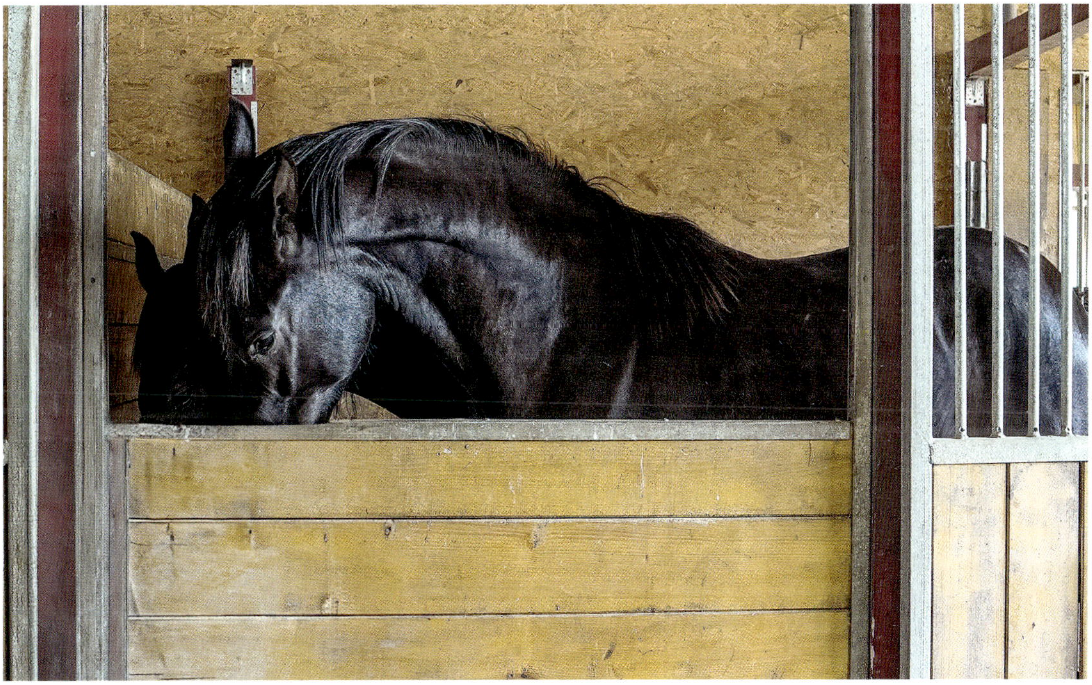

Zu dick, zu dünn oder genau richtig

Woher weißt du, ob dein Pferd zu dick, zu dünn oder genau richtig ist? Da hilft zunächst ein Gang zur veterinärmedizinischen Praxis deines Vertrauens. Lass deinen geliebten Vierbeiner einmal auf die Waage stellen und hör dir die professionelle medizinische Einschätzung zum Leibesumfang an.
In die *gute* Einschätzung sollte mit einfließen, welche genetischen Veranlagungen bei Körperbau und Energieverbrauch eine Rolle spielen, sowie der Leistungsgrad, den dein Reitpferd erreicht hat.

Ein hängender Bauch alleine darf keine allzu große Rolle spielen. Es ist wichtig, dass sich deine veterinärmedizinische Praxis genauer mit deinem Pferd, seiner Bewegungsart und seiner Fütterung auseinandersetzt, um dann anhand eingehender Untersuchungen zu entscheiden, ob sich Muskelmasse und Fettanteile in einem gesunderhaltenden Verhältnis befinden. Meiner Erfahrung nach bringt kaum eine Praxis die erforderliche Expertise mit, um das Pferdegewicht entsprechend einzuordnen.

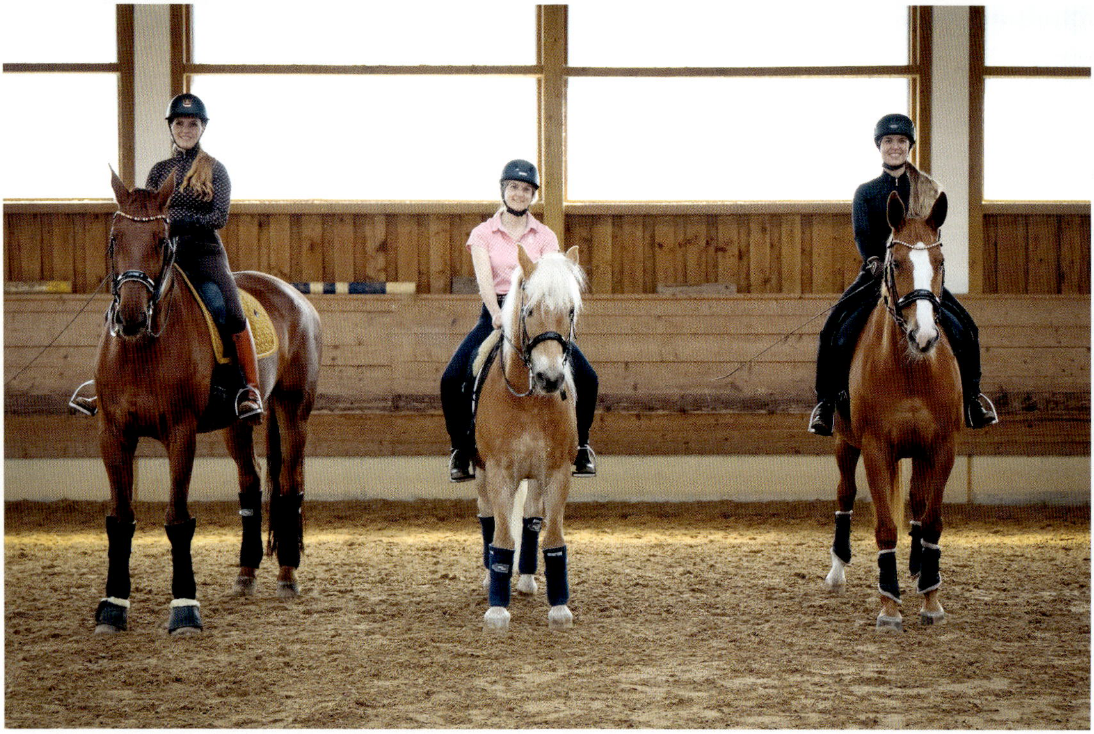

Zwei Warmblüter und eine Robustrasse auf einem Bild. Alle benötigen unterschiedliche Futterrationen. (Alexandra Falch, Kathrin Meinikheim und Ramona Kopold auf Campari, Nico und Valentina)

Wie viel Energie braucht dein Pferd?

In der Regel wird dein Pferd bei Fragen zum Futterbedarf stumpf gewogen. Dann wird anhand seiner Rasse und seiner körperlichen Betätigung eine Empfehlung abgegeben, wie viel es mindestens oder maximal zu sich nehmen dürfe.

Energiemenge

Mit einkalkuliert sind dabei bereits, dass sich nur rund 40 bis 70 Prozent der aufgenommenen **Bruttoenergie**, gemessen in Megajoule, auch umsetzen lassen. 30 bis 60 Prozent „verliert" das Tier bereits durch unverdauliche Stoffe im Kot, durch Harnabsetzen und Gasausstoß über Lunge und Rektum. Die reine **Nettoenergie** beträgt je nach Pferd, Futtermittel und Effizienz des Verdauungsapparats zwischen 20 und 60 Prozent. Diese Nettoenergie steht dem Vierbeiner dann für Bewegung, Muskelaufbau und im Falle von säugenden Stuten auch für die Milchbildung zur Verfügung.
Manchmal entfällt bei der Futtermengenberechnung der immens wichtige Zwischenschritt der Einstufung in unterschiedliche Trainingsstufen. Da wird dann der aufgemuskelte Reitkunstpanzer in seinem Energiebedarf mit dem berenteten Weidepferd gleichgestellt.

Gewicht / Größe im Quadrat

Wie sinnvoll das ist, sehen wir bei der BMI-Bemessung menschlicher Bodybuilder. Auch hier wird die deutlich schwerere Muskelmasse nicht vom vergleichsweise hohen Gewicht unterschieden. Der ursprünglich vom Mathematiker Adolphe Quetelet 1832 entwickelte Quetelet-Index bemaß den „normalen Mann" anhand einer Datenlage, die vorranging auf Größe und Gewicht angelsächsischer Männer beruhte.[130] Der Mathematiker hatte bei der Entwicklung seiner Formel keinerlei Interesse daran, Menschen aus gesundheitlicher Sicht in gesunde oder kranke Gewichtsgruppen einzuteilen. Alles, was er wollte, war aus Liebe zur Datenanalyse möglichst ideal passende Formeln zu entwickeln, um Menschen zu repräsentieren. Erst Luis Dublin, seines Zeichens Vizepräsident einer US-amerikanischen Lebensversicherung sowie Statistiker, teilte den der Versicherung vorliegenden Zahlen aus Körpergröße, Gewicht und Todesarten signifikante Gefährdungsklassen zu. In den 1970ern schließlich übernahm Ancel Keys die statistische Grundlage der Quetelet-Formel und brachte sie mit den Daten aus US-amerikanischen Lebensversicherungen zusammen.[131] Die ab dann in Body-Mass-Index umbenannte Formel teilte bis 1998 anhand der ursprünglichen Einteilung durch Dublin und Keys die Bevölkerung unabhängig von Muskelmasse, Alter oder Geschlecht in Unter-, Normal- oder Übergewicht ein. Ab 1998 verschoben sich die Grenzwerte nochmals, sodass wesentlich mehr Menschen in den Bereich des Übergewichts rutschten.[132]

Ein Kilo Fett = ein Kilo Muskeln

Ein Kilo ist ein Kilo, unabhängig davon, ob es sich um Muskel- oder Fettgewebe handelt. Auf gängigen Waagen lässt sich logischerweise nicht unterscheiden, ob das Gewicht nun eher auf Muskeln oder Fett zurückzuführen ist. Stattdessen verlassen wir uns nur zu gern aufs Auge. Diese feine Unterscheidung zwischen Fett- und Muskelmasse wurde bei der Erstellung der bis heute genutzten BMI-Formel aber nicht beachtet. Dabei war schon damals bekannt, dass aktive Körpermasse (Muskeln) gesundheitlich vorteilhafter ist als passive Körpermasse (Fettdepots). Ordentlich aufgemuskelte Körper reduzieren insbesondere im Alter die Knochenalterung, das Risiko für Stürze und damit zusammenhängende weitere Risiken wird durch einen gesunderhaltenen aktiven Muskelapparat gesenkt. Rein rechnerisch gilt der 100-Kilogramm-Mensch mit 1,70 Meter Körpergröße und 55 Prozent Muskelmasse als genauso übergewichtig, wie der gleich große und gleich schwere Mensch mit 25 Prozent Muskelmasse und entsprechend größeren Fettdepots.

Was lernen wir daraus? Mathematische Formeln sind wunderbar, aber neben der Datenbasis müssen eben auch weitere wichtige Faktoren beachtet werden. Im Falle des Pferdesports sind diese wichtigen Faktoren neben der reinen Betrachtung von Gewicht und Größe:

- Alter
- Rasse und genetische Veranlagung zu Muskel-/Fettverteilung
- Energie-, Nährstoff- und Proteinbedarf anhand der tatsächlichen Arbeitsleistung

Ohne Einbezug dieser Faktoren wird dein wohl bemuskeltes Pferd womöglich als zu dick eingestuft und du erhältst den Ratschlag, ihm zügig die Rationen zu kürzen.

Deshalb gibt es an dieser Stelle auch keine simple Kalorienberechnung, in die du nur noch Stockmaß und Gewicht deines Pferdes eintragen musst.

Am Ende entscheidet sich anhand des Erhaltungs- und des Leistungsbedarfs, wie viel Energie der vierbeinige Schützling pro Tag benötigt.

Der **Erhaltungsbedarf** deckt den Grundbedarf des Körpers, um Organe und Muskeln wortwörtlich am Laufen zu halten. Denk daran: Bei Nährstoffmangel greift der Körper letztlich auf die Grundreserven in den Muskeln und Knochen zurück, um das

[130] Karasu 2016
[131] Eknoyan 2007
[132] Wewetzer 2011

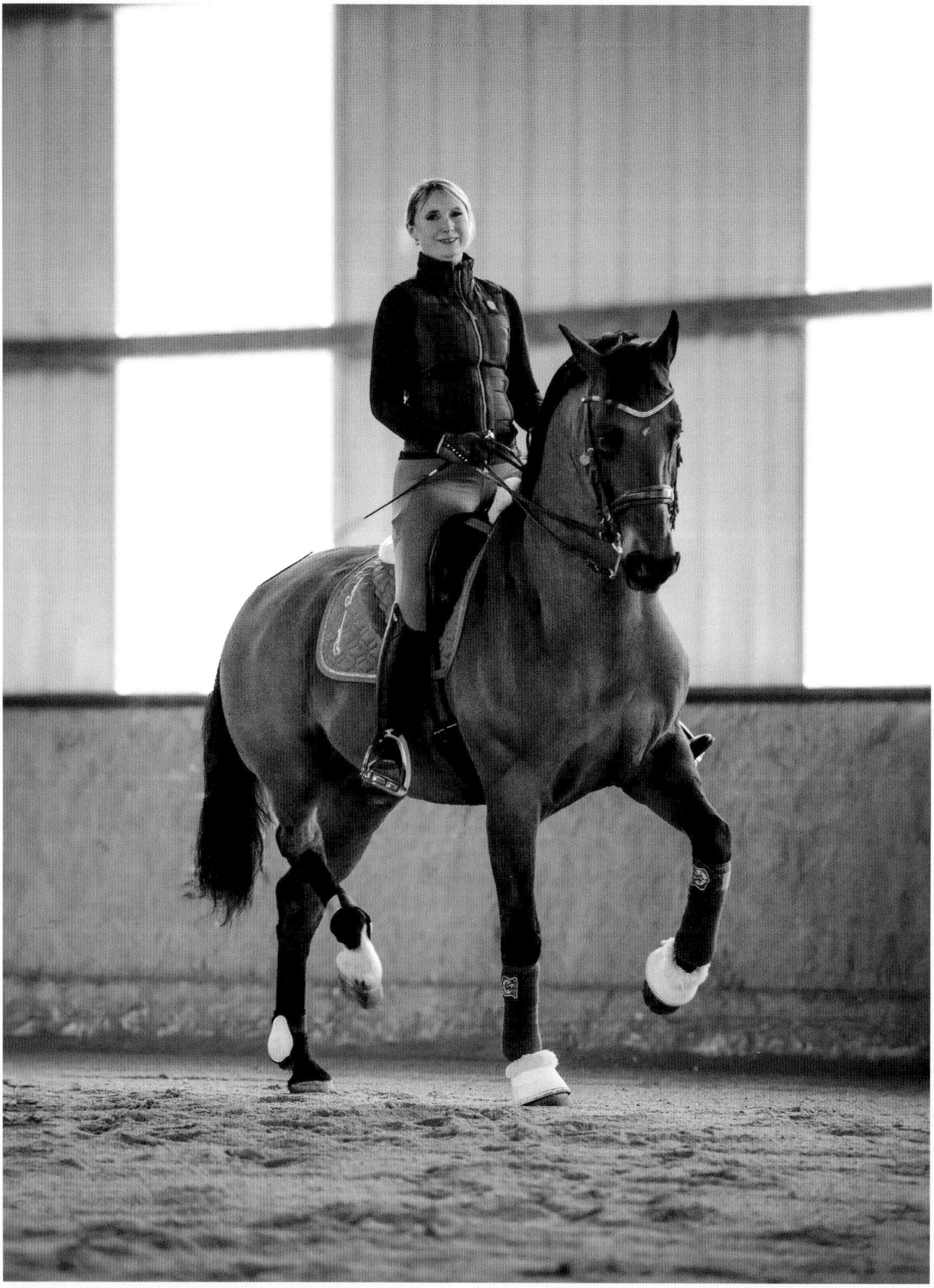

Leo mit seinen 20 Jahren, war aufgrund der Dressurkunst in seinem Leben noch nie lahm. (Sonja mit Leo)

Überleben zu sichern. Eine mangelhafte Versorgung im Bereich des Erhaltungsbedarfs führt also zu langfristigen Schäden am gesamten Organ- und Bewegungsapparat.

Der **Leistungsbedarf** wiederum orientiert sich daran, was dein Pferd leistet. Fohlen und Jährlinge haben einen anderen Energie- und Nährstoffbedarf als ausgewachsene Tiere. Die trächtige oder säugende Stute benötigt wesentlich mehr Eiweiß im Futter als die siebenjährige Stute, die hier und da eine Runde zum Joggen an die Longe genommen wird.

Genetik, Alter, Rasse, Temperament, Haltungsform und Klima wirken sich ebenfalls auf den Energiebedarf und -verbrauch des Vierbeiners aus. Es ist deshalb wichtig, wirklich auf den individuellen Energie- und Mikronährstoffbedarf des einzelnen Tieres zu schauen. Die typischen Faustregeln für Jährlinge, tragende oder säugende Stuten, Hengste oder Wallache und Seniorenpferd decken in der Regel eben nicht das genetische Erbe ab. Geht ja auch gar nicht, Faustregeln und Empfehlungen sollen ja möglichst breit gefasste Richtwerte ergeben. Nutz zusätzlich unbedingt deine Augen, um den Zustand von Fell und Zähnen zusammen mit dem Status der Muskulatur und der Gelenke regelmäßig zu begutachten.

Das zu dicke Pferd

Die Ursachen für Mehrgewicht beim Pferd sind vielfältig. Oft ist es eine Kombination aus nicht ganz richtig eingestelltem Futter und mangelnder Bewegung. Auch die genetische Veranlagung spielt eine Rolle. Beim typischen Isländer sind Fettdepots hier und da ja nahezu obligatorisch, beim reinrassigen Araber wäre das Anfüttern von Fettpölsterchen schon eine Kunstform für sich. Die fraglichen Fettdepots befinden sich vorrangig an diesen Stellen:

- (nicht) Fühlbarkeit der Rippen
- Fettansatz am Mähnenkamm, abhängig von der Pferderasse
- Fettpolster am Widerrist
- Wulstbildung im Lendenbereich
- Fettpolster am Schweifansatz
- Fettpolster hinter der Schulter

Die sicherste Identifikation für Fettdepots ist meiner Erfahrung nach, inwieweit du die Rippen fühlen kannst. Sind sie im Stand ohne Drehung des Rumpfes sichtbar, ist das Tier ganz sicher nicht zu dick, sondern eher zu schlank. Die hinteren Rippen sollten nicht sichtbar, aber mit wenig Druck tastbar sein. Brauchst du deutlich mehr Kraft, um die hinteren Rippen mit den Fingern zu ertasten, kann das ein Anzeichen für angesetzte Fettpolster sein.

Übrigens neigen Wallache teils zu Wassereinlagerungen. Was aussieht wie extra Fettpakete, ist eigentlich bloß Wasser. Die kleinen Ödeme sitzen oft dort, wo die Schabracke endet.

Während Rassen wie insbesondere die Iberer am Mähnenkamm extra Speck für schlechte Zeiten ansetzen, sind die heutigen Vollblüter kaum in der Lage, Fettdepots an dieser Stelle zu bilden.

Ein leicht hängender Bauch alleine beziehungsweise die Bauchlinie selbst ist kein eindeutiger Indikator für größere Fettdepots! Denn allzu oft stammt der hängende Bauch aus einer komplexen Kette aus Futterreduktion wegen vermeintlicher Verfettung, wobei in Folge vor allem die Eiweißrationen heruntergekürzt werden. Der körpereigene Stoffwechsel muss auf die Aminosäureverbindungen in der Muskulatur zurückgreifen. Schneller als gedacht, sind die Bauchmuskeln weggeknabbert. Der schwere Verdauungstrakt zieht aufgrund der fehlenden stützenden Muskelstränge immer stärker nach unten und hängt durch.

Pferdemenschen tun gut daran, hier den eigenen Blick zu schulen. Zu gerne werden nämlich auch ordentlich aufgemuskelte Vierbeiner als dick bezeichnet. Dabei ist an dieser Stelle eben nicht das potenziell gesundheitsreduzierende Fettdepot zu sehen, sondern gesunderhaltene, kräftig ausgeprägte Muskulatur.

Gutes Fett, böses Fett

Fett ist nicht gleich Fett. Wie bei allen körpereigenen Prozessen gibt es auch hier durchaus erwünschte, gesunderhaltene Strukturen. **Braunes Fettgewebe (BAT)** zählt zu den durchaus erhaltenswerten Gewebeformen. Es wandelt Fettzellen in Wärme um, die zur Stabilisierung der Körpertemperatur dringend benötigt wird. Es ist bisher bei Säugetieren nur gering erforscht, obwohl es gerade bei Neugeborenen zur enorm wichtigen Temperaturregulierung des Körpers beiträgt. Für Pferde gibt es derzeit nicht einmal eine Einschätzung dazu, welchen Anteil das braune Fettgewebe an der Gesamtmasse ausmacht[133]. Ich erwähne es der Vollständigkeit halber, künftige Forschung bringt vielleicht noch etwas Licht in diese Gewebestruktur.

Der Gesamtanteil des weißen Fetts macht – abhängig vom Pferd, der genetischen Veranlagung, seinem Trainingsstand usw. – zwischen drei und sechsunddreißig Prozent der Körpermasse aus. Dieses weiße Fett ist oft gut sichtbar auf den Rippen und an der Kruppe unter der Haut eingelagert. Weniger auffällig, aber mit einer höheren Wahrscheinlichkeit für beeinträchtigende Grunderkrankungen ist das viszerale Fett[134], welches sich im Körperrumpf als Hülle um die Organe aufbauen kann.

Weißes Fett in seiner Gesamtheit neigt zu entzündlichen Reaktionen (eng. silent inflammation), die den gesamten Stoffkreislauf beeinträchtigen. Dabei werden vermehrt Zytokine ausgeschüttet, eine Proteinform, die Immunzellen an Orte mit Verletzungen beordern sollen. Die Menge dieser Signalzellen kann bei umfangreicheren Fettdepots rasant ansteigen, mit gravierenden Auswirkungen für das Immunsystem und den Stoffwechsel.

Dazu kommt der Botenstoff **Histamin**, welcher eine große Rolle bei Allergien und Unverträglichkeiten spielt und unter anderem auch als Triggersignal bei Entzündungsprozessen fungiert. Hohe Histaminwerte sind in der Regel ein weiterer Hinweis auf ein außer Kontrolle geratenes Immunsystem, das sich oft mit entzündlichen Prozessen herumschlagen muss.

Beim Menschen sind typische Depots an Bauch, Hüften und Oberschenkeln mit nachweislich erhöhten Risiken für Herzkreislauferkrankungen verknüpft. Bei Pferden mit übermäßigen weißen Fettdepots kommt es häufiger zum Equinen Metabolischen Syndrom, einer Stoffwechselerkrankung mit massiven gesundheitsbelastenden Auswirkungen.

Dieses gebildete Fettgewebe produziert sogenannte Zytokine, die als Botenstoffe u. a. bei der Entstehung von Entzündungsprozessen beteiligt sind. Auch das Stresshormon Cortisol wird vermehrt ausgeschüttet. Bestimmte Fettgewebshormone fördern die Ausbildung einer Insulinresistenz und damit einer Blutüberzuckerung, die wiederum zu erhöhten Insulinausschüttungen führt. Diese stehen im Verdacht, Hufrehe auslösen zu können.[135]

Hufrehe ist kein Spaß, weder fürs Pferd noch für die die Veterinärkosten begleichenden Menschen. Da das Auftreten von Hufrehen mit inflammatorischen Prozessen sowie einer beginnenden Insulinresistenz assoziiert wird, ist eine Vermeidung anhand von Fettdepotreduzierung die sinnvollste Strategie dagegen. Witzigerweise ist es vor allem das Eiweiß, dem die Schuld am Auftreten der Hufrehe in die sprichwörtlichen Schuhe geschoben wurde. Wie die moderne Forschung zeigt, ist das aber maximaler Blödsinn.

Zusätzliche antiinflammatorische Maßnahmen wie die Gabe von **Astaxanthintropfen** und **Omega-3-Fettsäuren** können helfen, die entzündlichen Prozesse im Pferdekörper zu stoppen.

[133] McCullogh 2023
[134] Hwang 2019
[135] Weyrauch

Erschwerte Trainingsbedingungen und schlechte Stimmung

Fettdepots im Übermaß sind die Ursache für entzündliche Prozesse[136] im gesamten Körper, die die Gesundheit langfristig beeinflussen. Die Wahrscheinlichkeit für eine Insulinresistenz steigt, der Energiestoffkreislauf ist nachhaltig gestört.[137] Selbst Ernährungsumstellungen führen bei einer bestehenden Insulinresistenz nicht mehr so einfach zum Erfolg, denn die aufgenommenen Kohlenhydrate wandern ohne Umwege direkt in die Fettdepots, statt als Energielieferanten für die Zellen zu dienen. Beim Menschen ließ sich nachweisen, dass die erforderlichen Chemorezeptoren zur Aktivierung der Fettverbrennung im als besonders schädlich klassifizierten Bauchfettgewebe durch die entzündlichen Prozesse sogar gänzlich blockiert wurden. So sehr sich die Probanden mit der Ernährungsumstellung auch bemühten, das hartnäckige Bauchfett blieb![138]

Britische Forscher konnten nachweisen, dass sich das klassische Jojo-Verhalten negativ auf die spätere Aufmuskelung auswirkt. Der Organismus scheint sich gegen künftige Gewichtsschwankungen mit besonders renitenten Fettdepots absichern zu wollen.[139] Das macht es umso schwieriger, einmal aufgebaute Fettspeicher wieder loszuwerden.

Als wäre das alles nicht genug, verschlechtern die entzündlichen Prozesse, die von den Fettdepots ausgehen, auch noch die Stimmung. Die verstärkte Ausschüttung von Zytokinen wird mit depressiven Verstimmungen, Depressionen und Erschöpfungszuständen (Fatigue) in Zusammenhang gebracht.[140] Sinken aufgrund von gezielten anti-entzündlichen Maßnahmen die Zytokinwerte im Gewebe ab, hebt sich – zumindest in einem gewissen Grad – die Stimmung und die Energie kehrt zurück.

Dein zu dickes Pferd mit trüber Grundstimmung ist also nicht einfach nur faul und steht lieber in der Gegend herum, es kann unter Umständen aufgrund seiner gesundheitlichen Situation gar nicht anders.

[136] Stulnig 2009
[137] Schmidt 2015
[138] Sanyal 2017
[139] Yates et al. 2023
[140] Lee et al. 2019

Zu dicke Pferde regulieren

Logisch, dass du hier zuerst Training und Futtermittel optimieren solltest. Nur wie genau?

1. **Prüfe das Futter.**
   Versteckte Zuckerarten wie Glukose, Fruktose oder Dextrose in Kraft- und Spezialfutter verändern die Kalorienbilanz erheblich. Steht ansonsten nur Heu und ausgiebiger Weidegang auf der Speisekarte? Dann wird es Zeit, die Fütterung ganz genau unter die Lupe zu nehmen.

2. **Verändere die Futterrationen.**
   Als Faserverwerter sind Pferde natürlich auf Faserstoffe aus Gras und Heu angewiesen. Ganz weglassen wäre also eine schlechte Idee. Trotzdem kannst du die Portionen der kohlenhydratreicheren Heuschnitte rationieren und die Koppelzeiten schlicht streichen. Das saftig grüne, zuckerreiche Wiesengras ist deinem Pferd zumindest in der akuten Phase der Fettdepotreduktion schlicht nicht zuträglich! Getreide sollte beim Pferd mit kräftigen Fettdepots keins mehr gefüttert werden.

3. **Ab zum Kraftsport!**
   Cardio ist ganz nett, hilft aber nicht beim aktiven Umbau des Stoffwechsels. Dafür ist Kraftsport nötig mit einer entsprechenden Intensität, um die Insulinsensitivität der Zellen zu steigern. Bestens eignen sich hierfür anfangs die Seitengänge, denn es gibt nichts, was sich zur Aufmuskelung von Pferden besser macht! Später können dann ja auch die höheren Lektionen den Kraftsport ganz wunderbar ergänzen.

Trau nicht nur der Waage, sondern vor allem deinem Blick. Durch intensives Bodybuilding wird sich der Körper deines geliebten Vierbeiners kräftig verändern. Die Zahl auf der Waage steigt dann unter Umständen sogar noch, aber statt inflammatorischer Depots rund um Mähnenkamm und Kruppe, hat es dann hübsche Muskelpakete vorzuweisen, die für ein langes und gesundes Reitpferdeleben unverzichtbar sind.

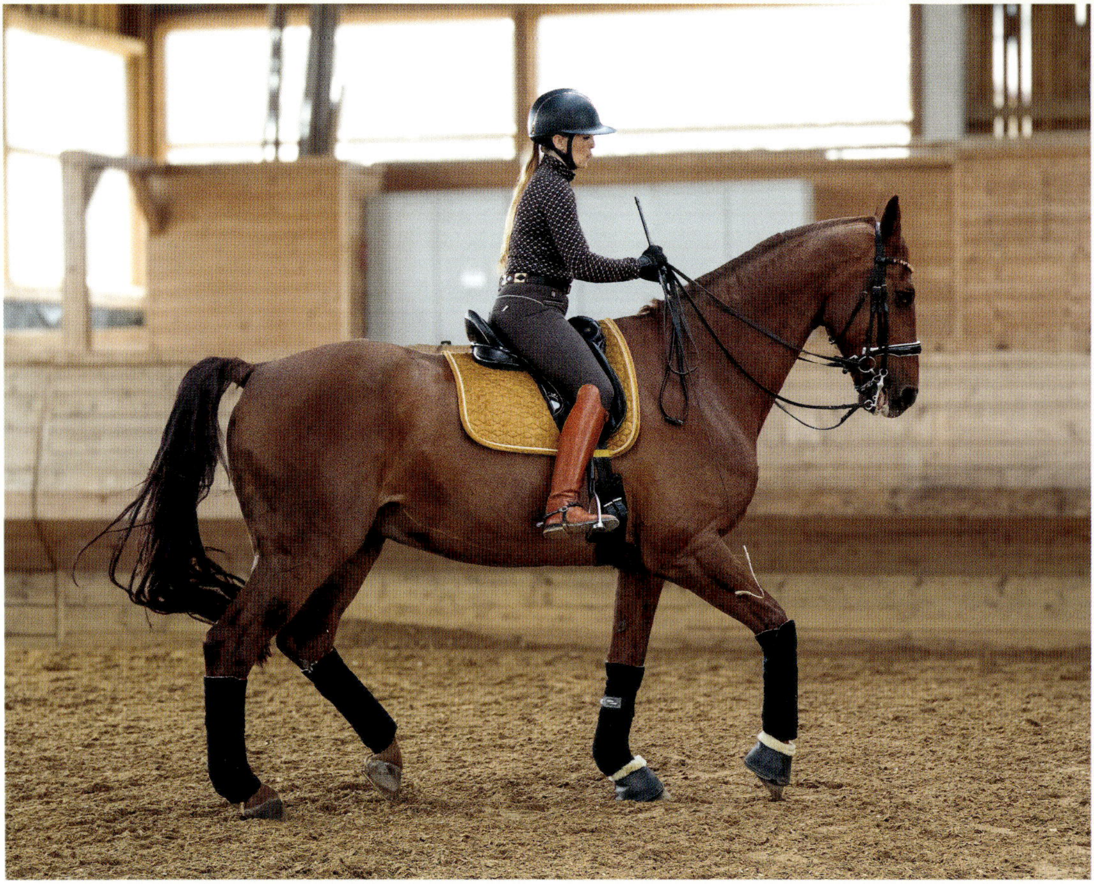

Großes Pferd mit eher katabolem Stoffwechsel. (Alexandra Falch auf Campari)

Das zu dünne Pferd

Nun ist nicht jedes Pferd automatisch zu dick. Auch zu wenig Gewicht auf den Pferderippen wirkt sich auf seine Gesundheit aus. Energiemangel aufgrund von falschem oder zu wenig Futter fordert einen hohen Tribut. Bei Vollblütern etwa wird gerne mal die Futterportion rationiert, um seinem überschäumenden Temperament den Energiezufluss (= das Futter) zu kappen. Konstant hungrige Pferde sind tendenziell müder und damit leichter vom Sattel aus zu händeln. Logisch, wer sich vor Energiemangel kaum noch rühren kann, gibt bei der Arbeit auch keine Widerworte.

Nur schädigt konstanter Nahrungsmangel den Körper massiv, sodass sicherlich niemand freiwillig seinen geliebten Vierbeiner vor leerer Raufe stehen lassen würde. Bei untergewichtigen Menschen ist beispielsweise die Leber messbar kleiner, ebenso wie bei untergewichtigen Pferden. Somit kann sie ihrer lebenswichtigen Funktion der Entgiftung kaum noch nachkommen. Und warum wird die Leber kleiner? Weil sich der im konstanten Nahrungsmangel befindliche Stoffwechsel erst an den Fettdepots vergreift, danach die Aminosäuren aus den Muskeln wegknabbert, Sehnen und Bänder ihrer Stabilität durch Gewebsabbau beraubt und wenn dann nichts anderes mehr übrig ist, auch noch die Organe aufzehrt. Dieser Prozess ist hochgradig schädlich fürs Pferd, sein Immunsystem leidet massiv unter dem Verlust wichtiger Gewebestrukturen, die für immunstärkende Prozesse unbedingt erforderlich sind.

Zu dünne Pferde auffüttern in drei Schritten

Gesetz dem Fall, dass dein geliebter Vierbeiner nach einer überstandenen Krankheit schützende Muskelstrukturen verloren hat oder in einem abgemagerten Zustand von dir übernommen wurde, kannst du diese drei Schritte ergreifen.

1. **Füttere häufiger.**
   Das kurbelt die Insulinausschüttung an, Kohlenhydrate aus der Nahrung werden eher in Fettdepots eingelagert und dienen dort als Energiespeicher. Der körpereigene Raubbau an den Gewebestrukturen zur Energiegewinnung wird gestoppt.

2. **Füttere energiereich.**
   Kraftfutter mit einem übergangsweise höheren Anteil an mehrkettigen Kohlenhydraten, ausgewählten kleinen Dosen an hochwertigen flüssigen Fetten und natürlich eine großzügige Menge an Proteinen, liefert Energie für das zu dünne Pferd.

3. **Aufmuskeln!**
   Logisch, oder? Die Muskulatur erhöht rein physikalisch natürlich das Gewicht. Zusätzlich stärkt und schützt sie die sonst für weitere Verschleißerscheinungen anfälligen Bänder und Sehnen. Über den Muskelaufbau werden Alterserscheinungen am Knochen reduziert, die Gefahr von knochenbrechenden Stürzen sinkt ebenfalls.

Ist die Ursache für den Gewichtsverlust nicht klar, hilft ein Besuch vom Veterinär weiter. Überspringe die Ursachenforschung nicht, um keine bisher unerkannten Erkrankungen zu übersehen. Aber: Die Fütterung darf schon direkt bei augenscheinlich zu dünnem Pferd angepasst werden. Da ist das Warten auf die medizinische Diagnostik fehl am Platze.

Das Pferd, das genau richtig ist

Nun gibt es immer wieder Fälle, bei denen die hängende Bauchlinie eines Vierbeiners als Indikator für Übergewicht herangezogen wird.

Dem Tierchen wird die Heuration samt allem anderen reduziert. Der Bauch hängt stärker, die Pferdemenschen verzweifeln. Woran liegts?

Ganz einfach: Individuell nicht passendes Futter plus Fokus auf vermeintliche Fettpolster, die eigentlich nur eine hängende Bauchlinie darstellen, verzerren den Blick. Oft genug hat das Pferd mit geblähtem Bauch zu kämpfen, Fettreserven sind aber gar keine da. Die Wahrscheinlichkeit, dass eine Trageerschöpfung dazukommt, ist gigantisch groß. Die entsteht bei auszehrender, also wenig geeigneter Fütterung ziemlich rasant durch den Verlust an Aminosäuren aus dem passiven Bewegungsapparat samt Muskulatur. Da fängt am Ende kein stabilisierendes Gewebe mehr die Gewichtsbelastung beim Reiten auf.

In den letzten Kapiteln müsste deutlich geworden sein, wie massiv sich das nicht geeignete bis fehlende Training auf den Reitpferdekörper auswirkt. Am Ende sackt der Brustkorb zwischen den Schulterblättern ab und im schlimmsten Fall droht ein Senkrücken. Nur die Bauchlinie scheint weiterhin prall, also werden dem Tier noch die letzten Eiweißrationen weggekürzt.

Neben dem offiziell gemessenen Gewicht sollten besser die Fettdepots an den hinteren Rippen und Schweifansatz herangezogen werden. Der Zustand von Mähne, Fell und Hufen gibt dir ebenfalls Auskunft darüber, ob das Futter noch die eine oder andere Extraration Eiweiß oder Mikronährstoffe vertragen könnte.

Spezialmischung statt Möhrchen

Nichts gegen gelegentliche Belohnungsleckereien, aber für eine ausgewogene und gesunderhaltene Fütterung deines Vierbeiners sind Möhren oder Äpfel in großen Mengen nicht so sinnvoll.

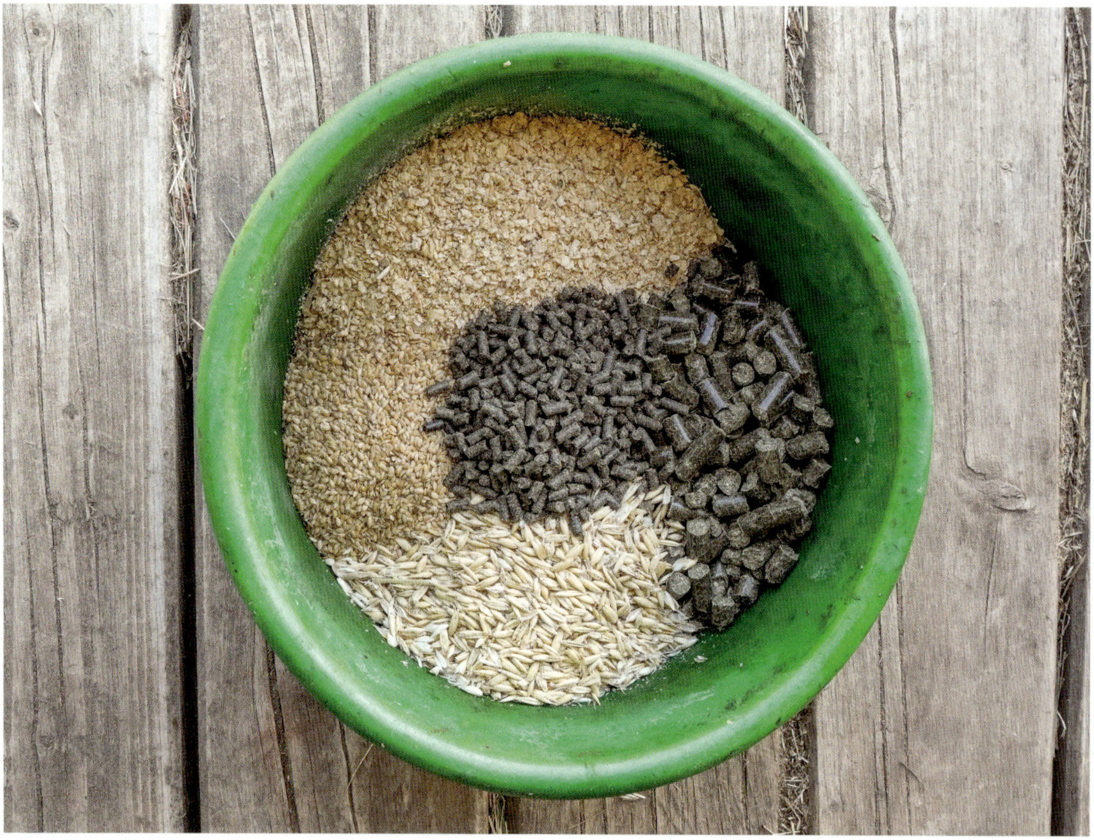

Mineralfuttermischung, von links oben nach rechts oben ausgehend: Sojaschrot, gelber Leinsamen, Hafer, Esparsette.

In meiner bevorzugten Spezialmischung für stark versammlungslastig trainierte Pferde findet sich dagegen neben an das Pferd angepasste Mengen Heu vorrangig Sojaschrot, teilweise auch Luzerne, Esparsette oder bei katabolen Pferdetypen Hafer.

Wenn man Mash füttert, egal ob mit oder ohne Getreide als Bestandteil, bietet es sich an, zusätzliche Eiweißlieferanten wie Chia- und Leinsamen zu ergänzen oder hochwertige Öle. Die werden allerdings sparsam über das Mash getröpfelt, um die Verdauung nicht zu überlasten.

BIST DU DA? GEISTIGE ABWESENHEIT SCHADET DEINER REITKUNST

KURZ UND KNAPP:

- Achtsamkeit auf dem Pferd reduziert die Fehlerquote.
- Fürsorge für dich selbst ist wichtig und für dich selbst einzustehen, gehört hier unbedingt mit dazu.
- Respekt zwischen dir und deinem Pferd ist die Basis für eine optimale Zusammenarbeit.
- Dein Pferd wird, wie du es benennst.

Pferde können Stress riechen. Ja, wirklich! Sie lesen unsere Körpersprache und können unseren Herzschlag auch aus einiger Entfernung hören. All das wird vom Vierbeiner instinktiv ausgewertet. Ein emotional angestrengtes Reitgewicht, das sie huckepack auf den Schultern durch die Gegend spazieren tragen, macht also etwas mit dem Pferd. Teilweise sogar geruhsame introvertierte Schützlinge können nervös auf jedes fliegende Blatt reagieren. Warum auch nicht, wenn du als Reitgewicht obenauf doch offensichtlich unter Stress stehst? Das ist auch völlig unabhängig davon, aus welcher Ecke dieser Stress auf dich einwirkt, es muss also gar nichts primär mit dem Reiten selbst zu tun haben.

Emotionale Baustellen wie finanzielle Themen und Sorgen, die die eigene Gesundheit betreffen sowie die inneren To-do-Listen sind Stressoren, die viele Menschen belasten können. Dazu kommt noch die individuelle körperliche Veranlagung.

Auch epigenetische Veränderungen sowie in der Vergangenheit liegende Traumata, die das körpereigene Stresssystem massiv beeinflussen und triggern, können Auswirkungen auf unsere Stresssensibilität im Alltag haben.

Stress ist, wie wir im Fütterungskapitel gesehen haben, nicht zwangsläufig schlecht. Die hormonelle Stressreaktion macht uns in kritischen Situationen, die unter Umständen lebensgefährdend ausfallen, aufmerksamer und reduziert kurzfristig die Schmerzempfindlichkeit. In der Freizeitreiterei wirst du das höchstwahrscheinlich so nie kennenlernen. Profis in der Reiterei, die Pferde anreiten oder mit hypersensiblen Tieren arbeiten, kommen schon eher in solche Situationen.

Achtsamkeit, Selbstfürsorge und eine dem Schützling zugewandte Grundeinstellung bei gleichzeitiger liebevoller Konsequenz wirken sich positiv auf das Sensibelchen aus. Das gibt deinem Tier auch die körpersprachliche Bestätigung, dass du immer den Überblick zur Lage hast und es daher verdienst, die Führungsrolle in eurer Miniherde auszufüllen.

Liebevolle Konsequenz darf sein

Apropos liebevolle Konsequenz: Wenn du eine Regel aufstellst, solltest du sie auch durchsetzen. Das ist selbstverständlich kein Aufruf zur Gewalt! Aber der Hinweis an dich, Ansprüche ans Pferd liebevoll durchzusetzen, wenn du sie gestellt hast. Ein typisches Beispiel ist die Forderung, dass dein Pferd beim Üben von Seitengängen von dir wegweicht.

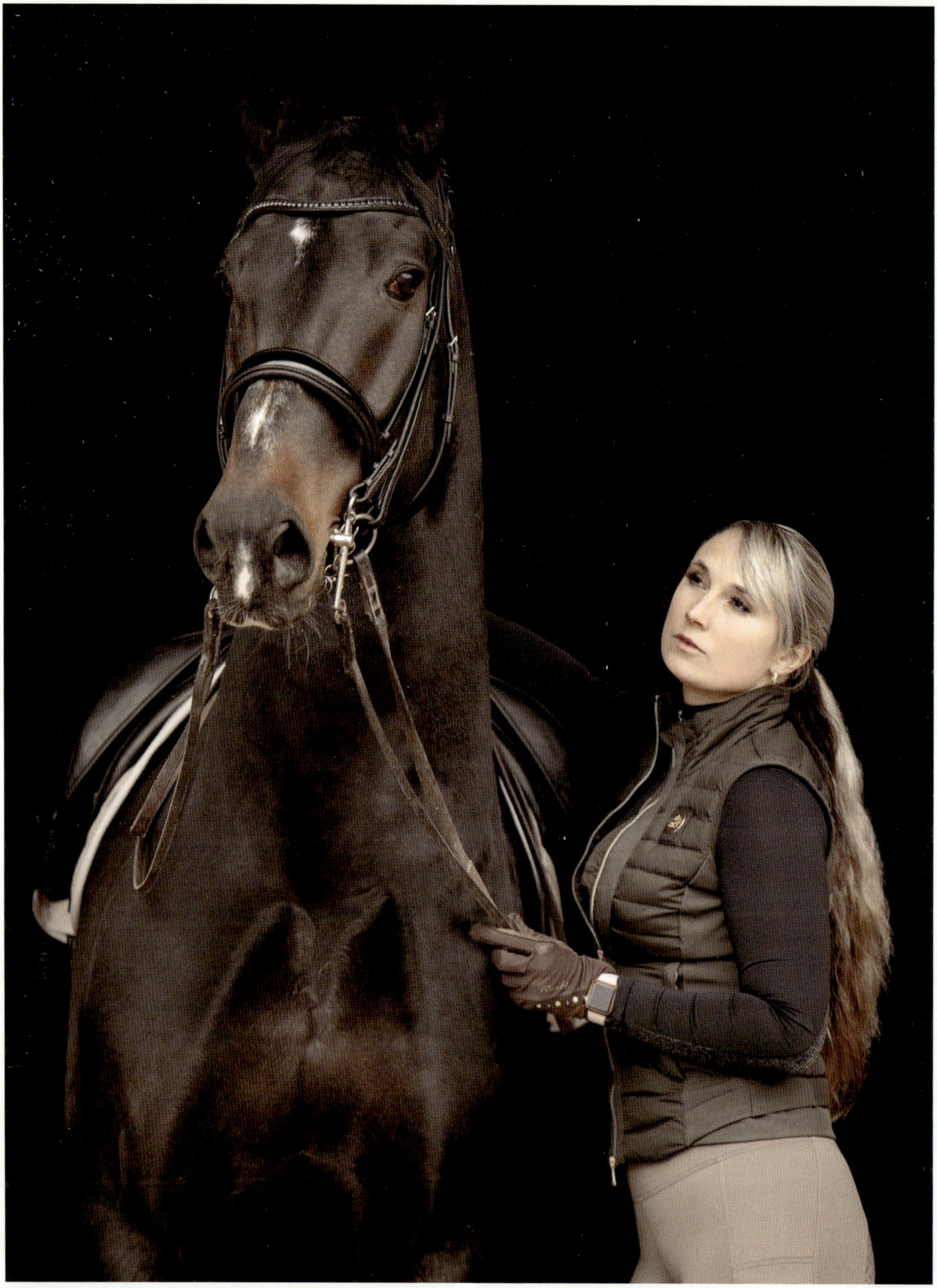

Richte deine Aufmerksamkeit aufs Pferd, denn dann wendet es sich auch dir zu.

Sobald es diesen Auftrag schön brav erfüllt, wird gelobt. Klappt es noch nicht, forderst du dieses Zurückweichen weiter ein.

Pferde lieben Routinen und Rituale. Die weitverbreitete Meinung, dass das Training möglichst abwechslungsreich ausfallen sollte, kann ich nicht vollumfänglich bestätigen. Für sensible, unsichere Vierbeiner sind die immer gleichen Abläufe perfekt, um ihnen und auch dir die tägliche Arbeit miteinander zu erleichtern. Ein schöner Nebeneffekt entsteht durch die Tatsache, dass das Stresshormon Cortisol tendenziell sinkt, weil dein Tier Sicherheit durch vertraute Abläufe gewinnt und sich deshalb weniger stresst.

Wenn du selbst bemerkst, dass du dich durch routinierte Abläufe sicherer und gestärkter fühlst, profitierst du von gleichen Abläufen ganz ähnlich stark wie dein sensibleres Pferd.

Achtsam im Hier und Jetzt

Wenn du dein Pferd selbst putzt, hast du einen unschlagbaren Vorteil dabei, die Gesundheit und das Wohlbefinden deines vierbeinigen Schützlings zu begutachten. Ohne Sattel kannst du die Rückenmuskulatur ungehindert betrachten. Die gesamte topografische Formung des Körpers lässt sich dabei optimal unter die Lupe nehmen. Auch der Trend zur Auf- oder Abmuskelung lässt sich mit einem geschulten Blick im Laufe der gewonnenen Erfahrung in der Pferdeausbildung bestens beurteilen. Professionellen Reiterinnen und Reitern wird das Pferd gern fix und fertig vor die Nase gestellt. Das ist bei streng getakteten Zeitplänen zwar oft sinnvoll, aber nicht hilfreich bei der Einschätzung des Gesundheitszustands des Pferdes.

Dafür braucht es Zeit, um in Ruhe das ganze Tier zu betrachten. Wo klappt das besser als beim Putzen? Du schulst deinen Blick auf das individuelle Pferd und seine Eigenheiten. Arbeitest du regelmäßig mit Videoanalysen oder Fotos, kann das auch helfen. Aber nichts ersetzt das meditative Putzen deines Pferdes, um ideale Einblicke in seinen Gesundheitszustand zu erhalten.

Dafür musst du mit deinen Gedanken aber im Hier und Jetzt bleiben, um aufmerksam und aufnahmefähig für das vor dir stehende Pferd zu sein. Dann kannst du dir genau ansehen,

- in welchem Zustand das Fell am gesamten Körper ist. Gibt es Anzeichen für einen Nährstoffmangel, für scheuernde Ausrüstungsgegenstände?
- wo dein Tier auf Berührungen empfindlich reagiert – und ob sich das kürzlich geändert hat.
- wie sich dein vierbeiniger Schützling beim Putzen verhält. Lässt es dich vertrauensvoll jeden Pflegeschritt erledigen oder gibt es Probleme dabei?

Verschlechtert sich der Zustand des Fells, kann ein Zinkmangel vorliegen, wie schon im Fütterungskapitel beschrieben. Entwickelt sich die Muskulatur trotz anspruchsvoller Lektionen nicht weiter, muss vielleicht die Proteinmenge im Futtermix angepasst werden. Berührungsempfindlichkeiten und Verspannungen weisen unter Umständen auf ungünstige Bewegungsmuster hin.

Diese Details erfasst du, indem du bei jedem Schritt der Putzroutine an das denkst, was du gerade tust. Deine sichersten zwei Optionen zur gesundheitlichen Beurteilung deines Pferdes sind zum einen das veterinärmedizinisch veranlasste Blutbild und zum anderen deine Einschätzung per Augenschein. Für letzteres eignet sich das eigenhändige Putzen wirklich hervorragend!

Die Putzroutine stärkt außerdem deine Respektsstellung gegenüber dem neugierigen 600-Kilogramm-Tier, das sich leicht hier und da ablenken lässt. Schneller als du gucken kannst, bist du diejenige, die ums Pferdchen drumherum tanzt, um beim Striegeln nicht über den Haufen geschoben zu werden. Manche Pferde testen auf diese mehr oder weniger subtile Art und Weise, ob du erstens im Hier und Jetzt bist und zweitens, ob du die Führung einforderst.

Sobald du dich vom Pferd beiseiteschieben lässt, gibst du im Zweifel also das Signal, dass das Pferd eigentlich grad die Führungsrolle übernimmt. Nun kommen gerade die sensibleren unter ihnen damit so gar nicht gut klar, werden deshalb also mehr Stress erleben. Die Führungsrolle in der heutigen, modernen Welt verlangt den Tieren viel zu viel ab. Kein Pferd kann eine rote Ampel als das erkennen, was es ist. Für diese Art Welt ist es mit seinen Instinkten ja auch gar nicht gemacht. In der Herde als einem hochkomplexen sozialen Gefüge ist das subtile Wer-bewegt-wen vom allerersten Tag an Teil der Kommunikation der Pferde untereinander.

> *In den Raum, den die Leitstute, oder auch ein in der Herdenrangfolge höherstehendes Pferd für sich beansprucht, darf kein Pferd ohne explizite Einladung eindringen. Dieser Raum wechselt ständig in seiner Größe. Es ist spannend zu beobachten, dass situationsbedingt mitunter eine große Distanz beansprucht wird, kurz darauf eine geringere Distanz.*[141]

Für die Torpedo-Pferdchen mit überschäumendem Temperament ist das gelingende Herumschieben des Pferdemenschen das Zeichen, noch ein bisschen mehr aufzudrehen. Es wird deinen Forderungen im Training später dann eher schlechter als besser folgen.

Demokratische Verhandlungsprozesse funktionieren in diesem Rahmen zwischen Pferd und Mensch so gar nicht. Das Tier ist mein Schutzbefohlener, für den ich nach bestem Wissen und Gewissen zu handeln habe. Deshalb kann ich mich auch gar nicht nach seinem Gutdünken herumschubsen lassen, als wäre ich eine meinungslose Scheibe Toastbrot. Noch möchte ich, dass mein Pferd mich als Scheibe Toastbrot betrachtet und entsprechend behandelt.

Mitmachübung: Konzentriere dich beim Putzen bewusst aufs Pferd und darauf, was es gerade tut – oder eben nicht tut. Bleib im Hier und Jetzt, lass dich nicht herumschieben und zeige eine liebevolle, zugewandte und achtsame Präsenz. Und nun beobachte genau, wie sich die Kommunikation mit deinem geliebten Vierbeiner verändert.

[141] IWest

Im Hier und Jetzt bleiben heißt, sich nicht in den Gedanken zu verlieren.

Das trifft auch auf die Momente an der Hand bei der Bodenarbeit zu. Erst recht, wenn Reitgewicht und Pferd eine Einheit ergeben sollen. Das tänzelnde Dressurwunder in maximaler Leichtigkeit geschieht nicht, wenn das Reitgewicht obenauf von Einkaufslisten oder staubigen Schuhen träumt.

Stattdessen ist Einfühlungsvermögen angesagt. Wie sich die Muskeln gerade unter den eigenen Sitzhöckern bewegen, wohin die Schulter ausweicht, wie sich die Rotation der Brustwirbelsäule des Pferdes anfühlt, das alles sind relevante Gedanken, die du beim Reiten haben solltest.

Achtsames am Pferd bleiben schafft einen enormen Wissensvorsprung, mit dem sich auf minimalster Hilfengebung Erfolge einstellen können. Fällt mir auf, dass das Reitpferd nicht ganz symmetrisch ausbalanciert ist, dann kann ich mich selbst zentriert hinsetzen und prüfen, ob die Schiefe von mir verursacht wird. Notfalls stehe ich auch kurzzeitig im Sattel auf, um mich zentrierter wieder zu setzen. Denn nur wenn mein Sitz optimal ist, kann ich die Informationen über die Brustkorbrotation auch wirklich korrekt auswerten. Logisch, oder? Dafür muss ich achtsam gegenüber meinem Pferd und meinem eigenen Körper sein.

Liegt die registrierte leichte Asymmetrie nicht am reiterlichen Sitz, kannst du mithilfe des Sitzes oder mit dem erneuten korrekten Positionieren der Halsbasis und Lektionen in Seitengängen und Mini-Seitengang wie Schultervor oder angedachtes Travers das Pferd zurück in die Symmetrie bringen.

Bin ich in Gedanken bei der Heimfahrt und was alles noch zu erledigen ist, gelingt mir das logischerweise schlechter.

Diese Form der Achtsamkeit ist mental anstrengend. Und das darf sie auch sein, um optimale Leistungen zu erhalten. Diese Sorgfalt beim Hilfeneinsatz und eine regelrechte Blickschulung ist permanent nötig. Einmal proben und abhaken ist nicht im Bereich des Machbaren. Stattdessen ist es wichtig, möglichst häufig von oben auf die Halslinie

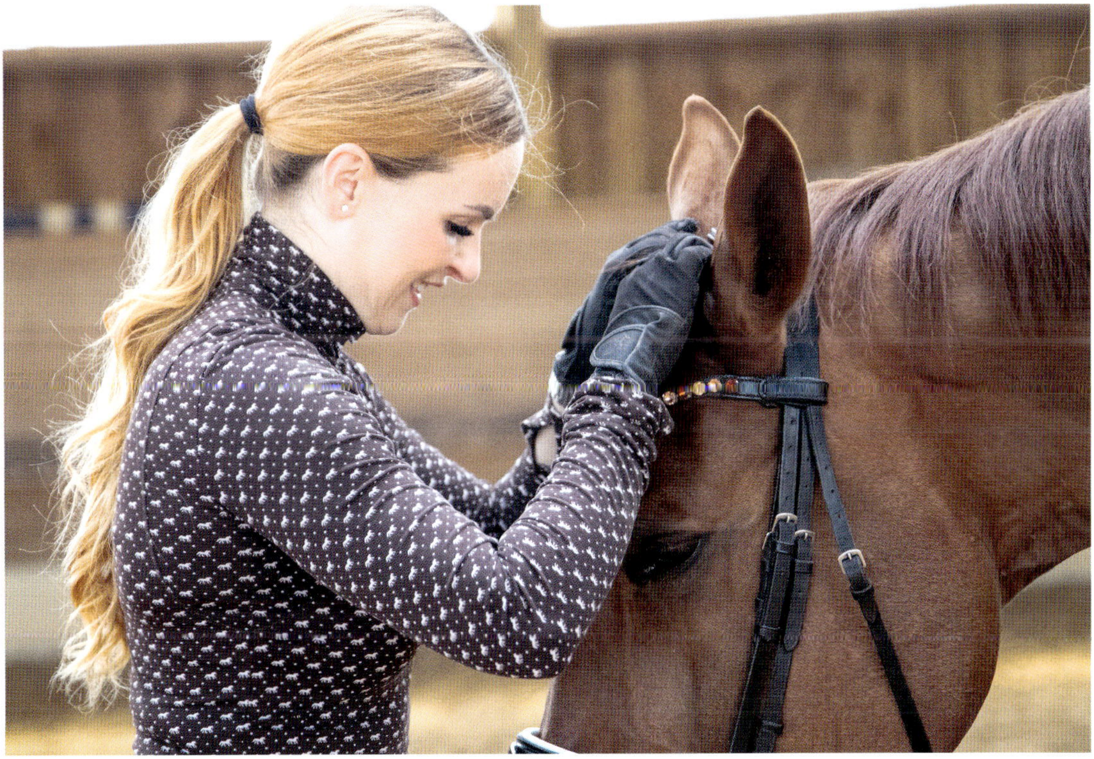

Reiterin und Pferd im Einklang. (Alexandra Falch mit Campari)

zu schielen, ohne dabei den eigenen Kopf sinken zu lassen. Schlängelt sich der Hals korkenziehermäßig unter mir, um der Belastung durch eine anstrengende Schulungslektion auszuweichen?

Die Konzentration muss sehr stark darauf gerichtet sein, die Halsbasis mittig zu halten. Umso schwächer das Pferd ist, desto stärker muss ich mich genau darauf konzentrieren, immerhin ist der stabile mittig getragene Hals eine Grundvoraussetzung für die Rumpfhebung.

Alles, was ich mit meinem Hintern fühle, hat enorm viel Aussagekraft für die Arbeit mit und auf dem Pferd.

Hilfe bei den Hilfen

Emotionale Anspannung zeigt sich im Körper, die Muskulatur signalisiert das recht deutlich.

Wenn wir gestresst sind, spannen sich automatisch die Muskeln an den Augen, der Stirn und im Bereich des Kiefers an genauso wie die Muskulatur im Schulter-Nacken-Bereich und im Rücken.[142]

Wenn der Kopf mit harten Brocken kämpft, ist dein Körper ganz sicher weder entspannt noch flüssig in der Bewegung. Stattdessen schüttet der im Stresszustand befindliche Körper massig Adrenalin, Noradrenalin und Cortisol aus. Bleibst du emotional über längere Zeiträume hinweg im Dauerstress, wird deine Muskulatur in Daueranspannung versetzt. Bewusste Muskelentspannung fällt dann schwer.

[142] Froböse 2023: S. 158 f.

Sensible Vierbeiner reagieren darauf mit mehr oder minder starker Vehemenz. Vom Verschlechtern der Grundstimmung bis hin zur massiven Verweigerung vonseiten des Tieres kann alles möglich sein. Das tritt dann sogar bei üblicherweise nicht verweigerten, eher leichten Lektionen auf.

Bester Indikator dafür ist deine Hilfengebung am Zügel. Im Kopf nicht bei der Sache, Hände verkrampft und von einer leichten und feinen Hilfengebung kann keine Rede mehr sein. Je nach Pferdetemperament bedeutet das für den vierbeinigen Schützling eine massive Fehlkommunikation. Es macht ja nichts falsch und wird trotzdem in der Sprache der Hilfen per Zug am Maul de facto angebrüllt.

Kooperation kannst du in dieser Situation nur vom geduldigen Pferd mit duldsamem Temperament erwarten. Ein heißblütiges extrovertiertes Pferdchen wird seinen Unmut dagegen klar zeigen.

Bewusste verkrampfungsreduzierende Übungen helfen dabei, Hände, Arme und insgesamt den kompletten Körper elastisch zu halten. Die **progressive Muskelentspannung** ist ein wunderbares Hilfsmittel, um die beste Ansteuerbarkeit der Muskeln und dadurch der Gelenke zu erreichen. Funktioniert übrigens auch besser als das üblicherweise so gern eingesetzte Dehnen. Versammlung (beim Pferd) beziehungsweise Krafttraining (beim Menschen) als Formen der maximalen Anspannung der Muskeln liefern am Ende eine wirklich entspannte Muskulatur.

Mitmachübung: Falls du, wie übrigens viele Menschen heutzutage, unter verspanntem Nacken leidest und die üblichen sanften Nackenstretchings nicht so richtig helfen, kannst du etwas anderes ausprobieren. Spanne dafür deinen Nacken an – und zwar so richtig, möglichst bretthart. Zieh dabei deine Schultern bis zu den Ohren hoch und lass alles richtig fest werden. Dann loslassen, durchatmen, die Schultern wieder nach unten fallen lassen und beobachten, wie sich die Muskulatur lockert.

Nimm dir auf dem Pferd einen Moment, um dich ins Tier einzufühlen. Atme tief durch und arbeite dich von deinen Fingerspitzen ausgehend durch deinen eigenen Körper hindurch. Versuche, durch tiefes In-den-Bauch-Atmen verbunden mit längerem Ausatmen dein eigenes Stresslevel zu reduzieren. Allein durch die bewusste Atmung wird das Verkrampfen des Körpers geringer.

Lass bewusst los, lockere verkrampfte oder zu fest angespannte Muskelgruppen. Achte auf einen elastischen Sitz, richte dich auf und lass den Kopf vorsätzlich nicht hängen. Wie im vergangenen Kapitel bewiesen, hebt das wissenschaftlich bestätigt die Laune. Gilt nicht nur für Pferde, sondern auch für Menschen.

Innere Monologe können auch helfen. Sag dir selbst beim Traben vor, was du gerade tun möchtest. Nämlich: Sitzen, sitzen, sitzen! Dann bleibt der Hintern auch (hoffentlich) am Sattel kleben.

Me, myself and I

Der Mensch ist ein soziales Wesen. Als solches kümmern wir uns grundsätzlich um das Wohlbefinden derjenigen, die wir lieben. Kinder, Lebensabschnittsgefährten und weitere Angehörige gehören in der Regel zum Kreis derjenigen, die umsorgt werden. Dr. Volker Busch spricht in einer seiner *Gehirn Gehört*-Podcastfolgen über eine Studie, welches die mit der Liebe verknüpften Areale des Gehirns nachweisen sollte. Dazu wurden Müttern Bilder ihrer Liebsten präsentiert und per MRT die Gehirntätigkeit beobachtet.

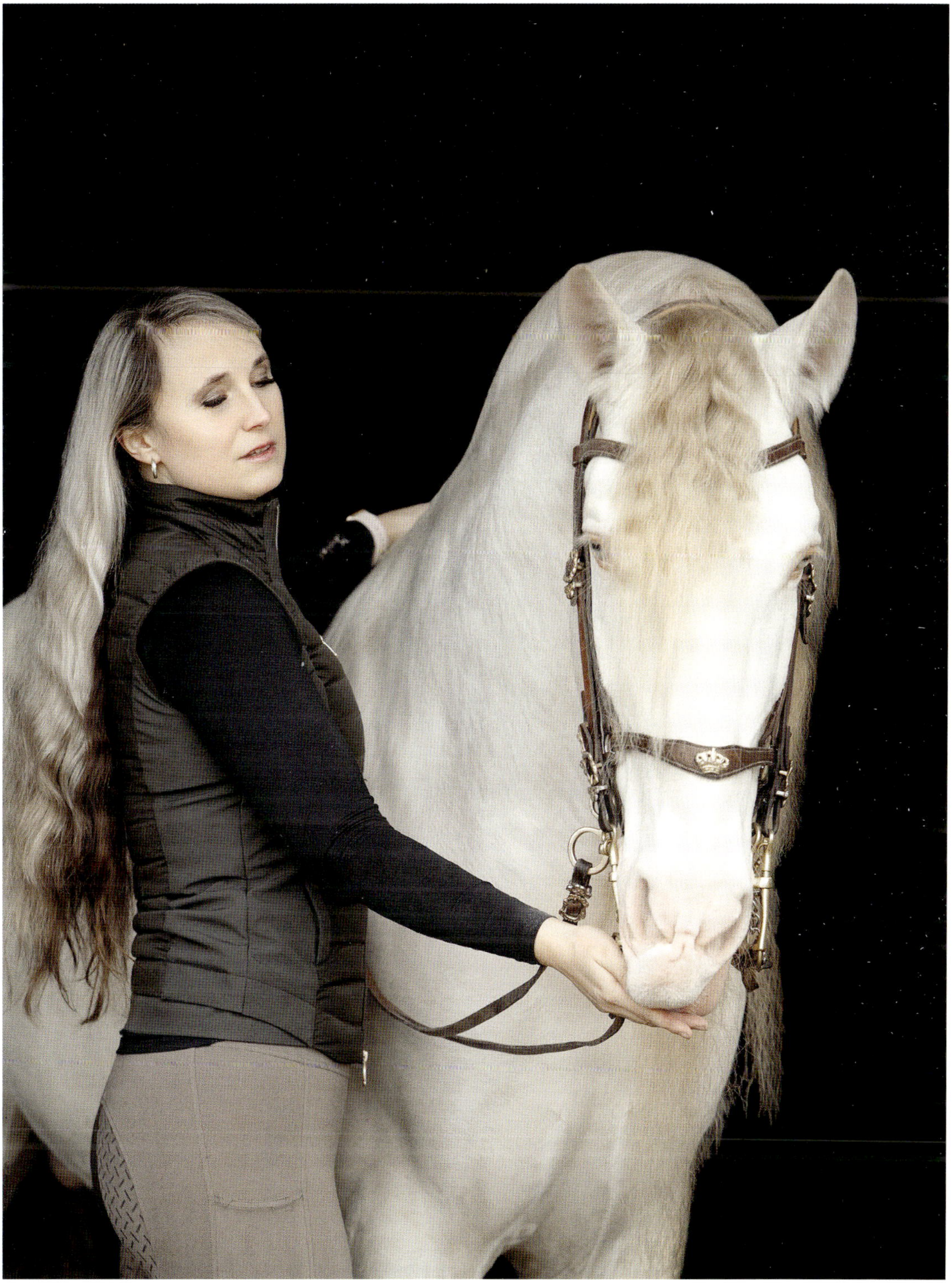

Der Mensch auf dem Pferderücken ist viel mehr als bloßes Reitgewicht. Zusammen mit dem Tier ergibt sich im besten Falle eine Einheit, die gemeinsam Reitkunst erschafft. (Sonja mit Luisanto)

Es existiert ein altes treffendes chinesisches Sprichwort. Es lautet:

Der Geist, der allen Dingen Leben verleiht, ist die Liebe.

Die wissenschaftliche Forschung zur Liebe als Gefühl ist vergleichsweise jung, die Datenlage teilweise noch recht dünn. Deshalb widmen sich Forschende nun vermehrt den Fragen, wie sich Bindungen, Emotionen und Gefühle darstellen, messen und beziffern lassen.

Ganz am Rande der von Dr. Bausch angesprochenen Studie zeigte sich, dass die beteiligten Mütter nur dann in der Lage waren, Liebe zu empfinden, wenn sie Socken anhatten. Warum ausgerechnet Socken? Weil der MRT-Raum so kalt war, dass die Frauen froren. Solange ihr Körper entsprechend durch die äußeren Reize im absoluten Stresszustand war, ließ sich das Gehirnareal für die Liebe kaum aktivieren. Mit warmen Füßen dank Wollsocken ging es dann aber doch. Wer hätte das gedacht? Selbstfürsorge ist notwendig, um liebevolle Gefühle zuzulassen.

Zuneigung zeigt sich auf vielen Wegen. Vertrauensvolles Anlehnen gehört unbedingt dazu. (Sonja mit Lusitano)

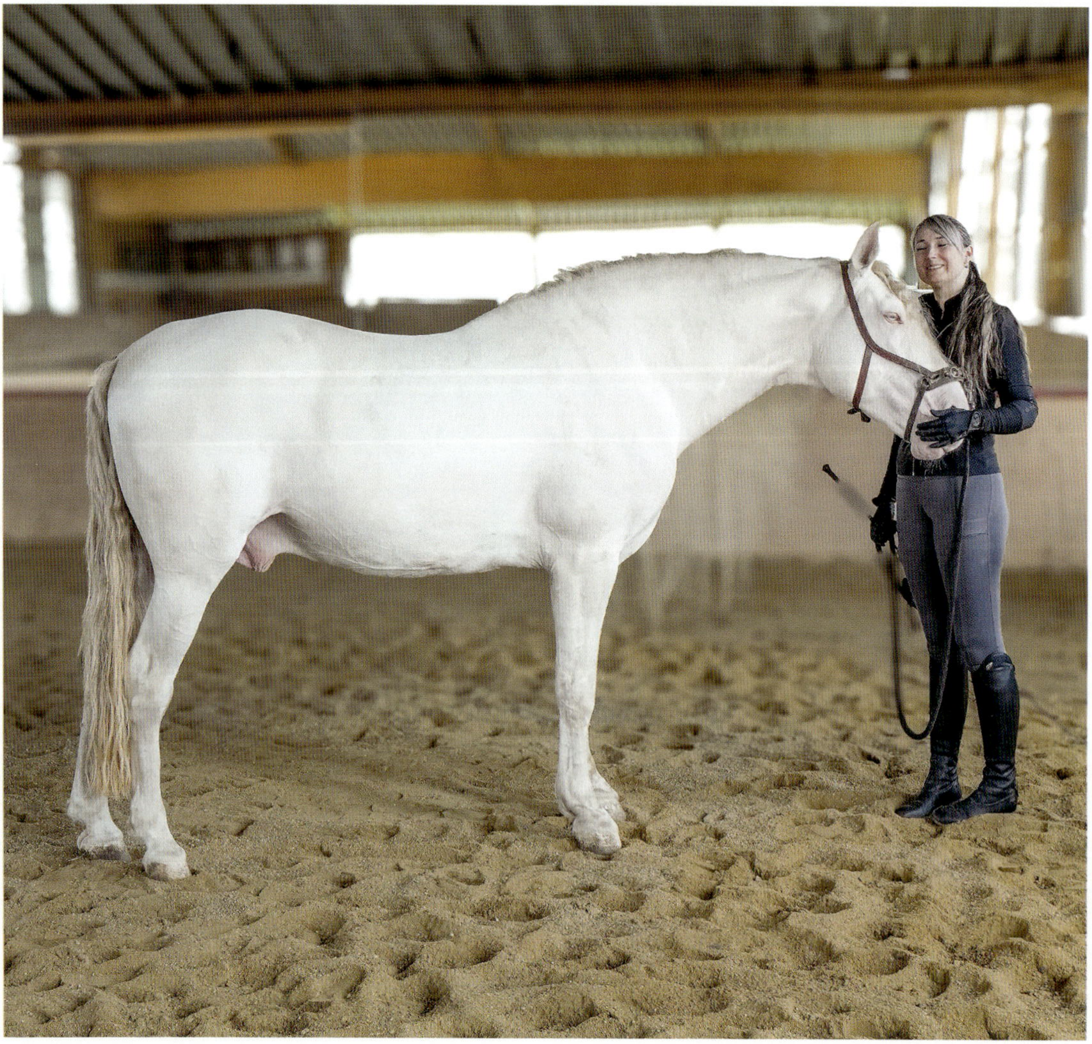

Die Studie: Neuronales Feuerwerk = Liebe

Um zu ergründen, wie sich Liebe als Gefühl im Gehirn repräsentiert, haben Forschende des University College London 2004[143] Mütter mittels MRT beobachtet. Dabei wurden den Frauen Bilder ihrer eigenen sowie von fremden Kindern gezeigt. Bestimmte Gehirnareale leuchteten immer dann auf, wenn die eigenen Kinder zu sehen waren. Klarer Fall, dass da die Liebe als Gefühl dahinterstecken muss!

In einem erweiterten Setting wurden den Müttern zusätzlich noch Bilder ihrer Partner gezeigt. Auch hier: Gefühlsgewitter im Gehirn in derselben Region.

Elterliche und partnerschaftliche Liebe sind also nachweislich im gleichen Gefühlsareal des Gehirns angesiedelt. Diese Regionen können aber nur angesprochen werden, wenn die Bedingungen dafür stimmen. Im Falle der teilnehmenden Mütter bedingt das eine annehmbare Raumtemperatur. Innere und äußere Reizungen des Nervensystems erschweren die Wahrnehmung und das Abrufen der Gefühle. Für ein bindungsförderliches, zugewandtes und wohlwollendes Verhalten darf das Nervensystem nicht komplett durch eigene mentale und körperliche Bedürfnisse überlastet sein! Wird den ureigensten Bedürfnissen kein Raum gegeben, sinkt im gleichen Maße die Fähigkeit, Liebe zu spüren.

Vor allem Frauen fällt es aufgrund der gesellschaftlichen Sozialisierung oft besonders schwer, für sich selbst einzustehen und eigene Bedürfnisse zu priorisieren. Sie leisten im Schnitt weitaus mehr Sorgearbeit bei der Pflege von Angehörigen und Kindern, organisieren den Großteil des Familien- und Beziehungslebens und haben damit insgesamt weniger Freizeit zur Verfügung als Männer.

[143] Bartels et al. 2004

Dabei ist Zeit mit und vor allem für sich selbst enorm wichtig.

> *Alle Menschen brauchen substanzielle, zusammenhängende freie Zeiten, um sich wohlzufühlen, sich individuell zu entfalten und frei zu sein.*[144]

Es ist aber gar nicht so leicht, sich gegen diese Rahmenbedingungen zu stellen und bewusst für sich selbst einzutreten. Das gilt sowohl für berufliche und familiäre Anlässe als auch für den Moment, wenn einem das Pferd im Stall dauernd auf die Füße latscht.

Liebe = Bindung = hilfreich in allen Belangen

Liebe ist Bindung. Neuronal betrachtet ist die Liebe ein Muster, bei dem es um *angenommen werden* und *geborgen fühlen* geht.

> *Wir lieben, um uns zu verbinden.*[145]

Denn Bindung sichert das Überleben. Gilt für Wolfsrudel, Wildpferdeherden und – den Menschen. Der Anthropologin Margaret Mead wird eine Anekdote zugeschrieben, in der sie den Beginn der Zivilisation des Menschen mit einem einzelnen, gebrochenen und wieder geheilten Knochen in Verbindung bringt. Dabei hatte sie die Knochenheilung auf die Fürsorge der Gruppenmitglieder zurückgeführt, denn ohne Unterstützung der Gruppe führte ein Knochenbruch in der Wildnis meist direkt zum Tod. Wer sich nicht selbst um Nahrung, Wasser und Obdach kümmern kann, stirbt. Erst mit der Fürsorge, sprich der Liebe zum Familien- oder Gruppenmitglied, verloren selbst schwerwiegende Verletzungen etwas von ihrem Schrecken.

Diese ihr zugeschriebene Aussage ist nicht eindeutig belegbar, dafür ist der Begriff der Zivilisation viel zu interpretationsfähig und am Ende gibt es Streit darüber, ob nun geheilte Knochen oder die erste schriftliche Inventarliste für den Beginn der

[144] Bücker 2022: S.201
[145] Busch 2023

heutigen Zivilisation verantwortlich sind. Schlüssig bleibt die Aussage trotzdem, denn wenn sich eine Gruppe Homo sapiens dazu entschieden hat, verletzte Gruppenmitglieder zu schützen, mit Nahrung zu versorgen und bei der Heilung zu unterstützen, dann zeugt das von einer starken Bindung aneinander. Ähnliches lässt sich bei Schimpansen beobachten, die Verletzungen mit Insekten behandeln.

Unsere geliebten vierbeinigen Schützlinge binden sich im natürlichen Herdenverband über Spiele und gegenseitige Fellpflege. Die Beziehung zwischen Pferd und Mensch baut sich oft über liebevolle Streicheleinheiten und Kraulen an Widerrist und Unterhals auf, sowie über ein berechenbares Verhalten des Menschen mit kontinuierlichen, vorhersehbaren Regeln gegenüber dem Vierbeiner, plus einem insgesamt angenehmen Alltag. Dabei steht die Reaktion des Pferdes im Vordergrund: Gefällt ihm das Gekraule? Oder zeigt es körpersprachlich eher Unbehagen? Und wie sensibel reagiert der Mensch auf gezeigtes Unbehagen - oder Freude?

Eine eingegangene tiefe Bindung zwischen Pferdemensch und Pferd bereichert die Ausbildung enorm. Selbst Leistungen, die für dieses Tier mit seiner genetischen und muskulären Voraussetzung eher schwierig wären, werden gerne erbracht und stolz präsentiert. Die Notwendigkeit der liebevollen Konsequenz bleibt bestehen und stärkt sogar die Qualität der Bindung. So weiß dein Pferd sicher, dass es sich auf dich verlassen kann und du die Führung auch in kritischen Momenten übernimmst.

Neben der fürsorglichen Pflege deines Pferdes, den Veterinärrechnungen, der Boden- und Reitarbeit oder der Stalldienste, wie viel Pflege und Fürsorge lässt du dir selbst angedeihen? Wie gut sorgst du für dich selbst?

Aus dem Sockendrama der oben beschriebenen Studie lässt sich für den Umgang mit Pferden ein wichtiger Punkt ableiten. Wer sich auf gefühlsmäßiger Basis binden und diese Gefühle auch abrufen können will, muss sich zunächst um sich selbst kümmern. Erst dann stehen die Ressourcen für neuronales Gehirngewitter aka Liebe zur Verfügung! Wir sind einfach gerechter und wohlwollender gegenüber unserem Schützling, wenn es uns selber gut geht und wir gelernt haben, für uns selbst einzustehen.

Genau dieses neuronale Feuerwerk sorgt für Nachsicht an emotional herausfordernden Tagen. Dr. Busch spricht das in seinem *Gehirn Gehört*-Podcast an: Emotionen können aufkochen und abflachen, Gefühle sind dagegen beständig. Für den Umgang mit den mehr oder weniger sensiblen Vierbeinern ist eins besonders wichtig: Beständigkeit, die bindungsförderndes Verhalten ermöglicht.

Selbstfürsorge ist im Grunde Fürsorge am Pferd.

Auf diesem bindungsfördernden Verhalten fußt die vertrauensvolle Zusammenarbeit, die am Ende wundervolle Dressurlektionen ohne sichtbare Hilfeneinwirkung wie Zauberei erscheinen lässt.

Das heißt nicht, dass Mensch und Pferd jederzeit gut gelaunt und fröhlich pfeifend respektive schnaubend durch die Bahn tänzeln müssen. Kurzfristige Emotionen wie Ärger, Erschöpfung, Langeweile oder Frust haben ihre Berechtigung. Sie dürfen aber beim Umgang mit und am Pferd nicht im Vordergrund stehen.

Vom Dummerle und Blödkopf

„Letzte Woche hat das vierbeinige Sensibelchen bei den Schenkelweichen gezickt, das wird auch heute wieder so sein."

Solche Gedanken kommen. Sie kommen, um zu bleiben, denn häufig wirken sie als selbsterfüllende Prophezeiung nach. Das Pferd zickt, die Lektion ist vermurkst und am Ende war keiner so richtig glücklich mit der Reitstunde.

Dabei vergessen wir oft, wie unglaublich sensibel die Vierbeiner sind. Sie riechen Stress, identifizieren kleinste körperliche Signale wie emotionale Unausgeglichenheit und reagieren entsprechend. Das lasten wir dann gerne dem Pferd an, aber eigentlich ist ja der Mensch derjenige, der gemischte Signale an den geliebten Vierbeiner weitersendet.

Spielen dagegen positive Gedanken die Hauptrolle im kopfeigenen Kino, dann wirkt sich das oft positiv verstärkend auf die Beteiligung des Vierbeiners aus. Es ist also durchaus wichtig, wie die reitende Person emotional und mental gerüstet aufsitzt.

> *Aus psychologischer Sicht handelt es sich bei diesen Erfolgen (durch Affirmationen, A. d. A.) weitgehend um eine „selbsterfüllende Prophezeiung". Durch das positive Denken oder die Erfolgsvisualisierung wird die Motivation, das Selbstverstrauen und die Erfolgserwartung gesteigert.*[146]

Wenn du mit vielen Misserfolgen zu kämpfen hast während des Trainings, wechsle bewusst die Gedanken. Deine Denkmuster tragen zu deinem Ziel bei, können dich auf dem Weg dorthin aber auch sabotieren.

Neckisch gemeinte Spitznamen für das eigene Pferd wie Dummerle, Blödkopf und was auch immer du vielleicht im Reitalltag verwendest, verstärken die negative Gedankenspirale.

Aus dem Pferd, das mal eine Lektion versemmelt hat, wird schnell das Tier, das einfach zu dumm zum Lernen ist. Die Geduld versiegt, die Hilfengebung wird rabiater, der Frust wächst auf beiden Seiten.

Wenn du deinem Pferd also einen schlechten Arbeitswillen unterstellst, denk noch mal scharf nach. Wie unvoreingenommen startest du mit der Arbeit am Pferd? Jeder Tag startet quasi wieder bei null. Erfahrungsgemäß ist in der Reitwelt einmal ganz klar keinmal.

Gewaltfreie Sprache – für dich und fürs Pferd

Marshall Rosenberg gilt als der Erfinder der gewaltfreien Kommunikation.

In seinen Ausführungen legt er dar, dass sich Sprache gewaltvoll anfühlen kann, vor allem wenn sie mit Anschuldigungen im „Du bist ..." und „Du machst immer..." Stil vorgebracht wird.

Demgegenüber steht die gewaltfreie Sprache, die aus der Ich-Perspektive heraus das persönliche Empfinden, die gemachte Beobachtung und das eigene Bedürfnis in den Fokus stellt.

Auf dieser Basis sind Gespräche zwar deutlich aufwendiger und fallen viel länger aus. Die Wahrscheinlichkeit, dass sich das Gegenüber durch diese Aussagen verletzt fühlt, sind aber viel geringer. Gewaltfreie Kommunikation funktioniert natürlich auch für den inneren Monolog, der sich vor allem bei eher langweiligen Tätigkeiten aufdrängt.

Eine Übung für die nächste Schulungslektion könnte in Richtung positiver, gewaltfreier Sprache gegenüber deinem Pferd und dich selbst gehen.

Statt diesem inneren Monolog hier: „**Immer** geht er an dieser Stelle gegen das Bein, **der kapiert das einfach nicht**, was er hier machen soll!" setzt du auf die Ich-Perspektive.

Das passiert während deiner innerlichen Schimpftirade:

- Generalisierung in Form von „immer"
- Konfrontatives Du/der in der Ansprache
- Abwertung anhand von „der kapiert das einfach nicht"

Im gewaltfreien Kontext lautet der innere Gedanke vielleicht eher: „Bei den letzten drei Mal, die wir das probiert haben, ist er gegen die einseitige Schenkelhilfe gegangen. **Ich bin mir nicht sicher, ob ich das richtig vermittelt habe** und ich fühle mich wirklich sehr frustriert, weil ich unbedingt will, dass das besser klappt!"

Hier sind gewaltfreiere Kommunikationsmittel enthalten:

- weniger konfrontierende Ich-Botschaften bei: „Ich bin mir nicht sicher."

[146] Pohler 2001: S. 52

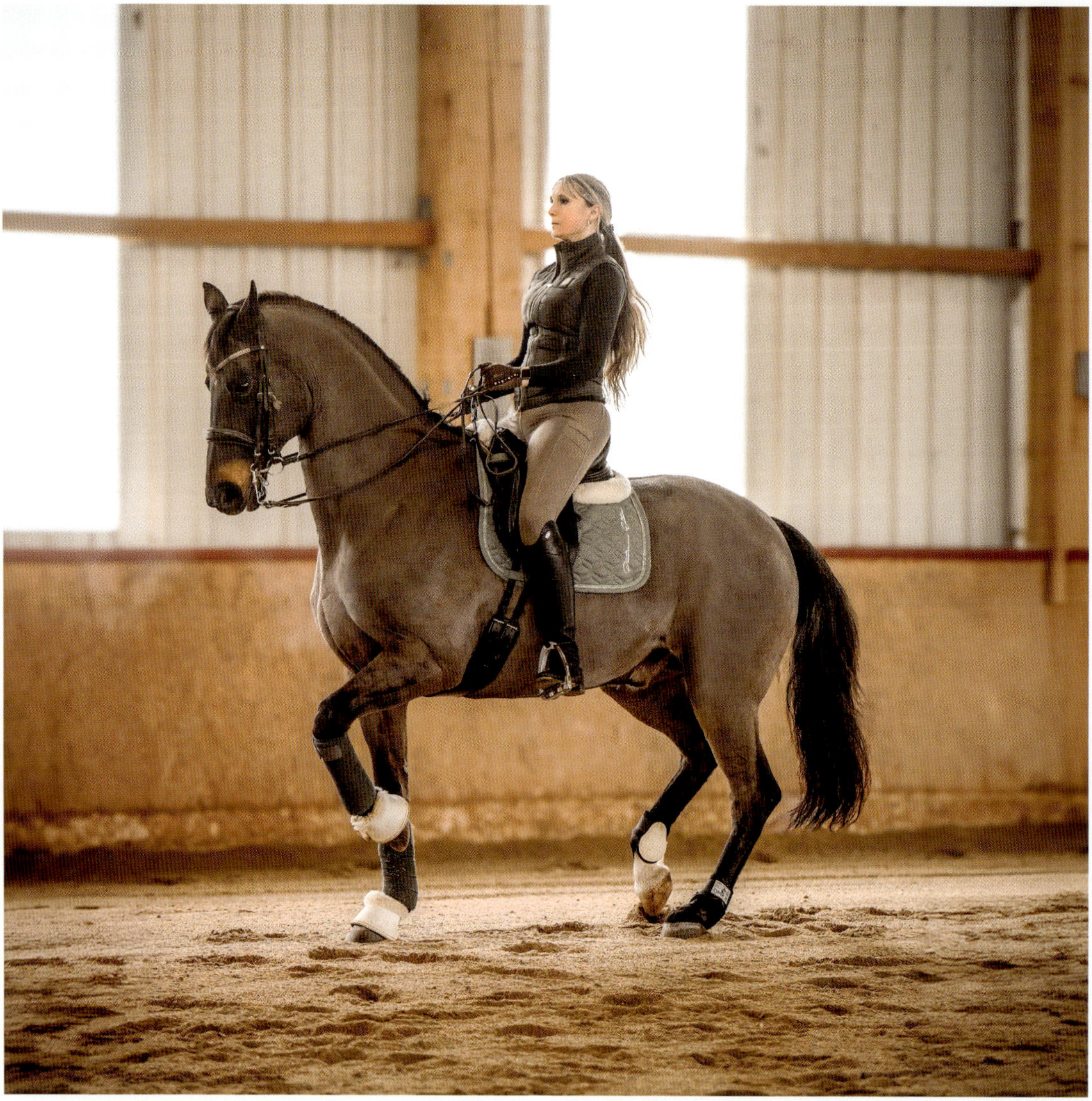

Leo in der Piaffe, voll und ganz bei der Sache. (Sonja auf Leo)

- Klare Zuordnung der Häufigkeit in Form von „Bei den letzten drei Mal".
- Gefühlsmäßige Einordnung der eigenen Frustration, weil die gewünschte Handlung nicht klappt.
- Vorhandene Zielformulierung „ich will unbedingt, dass das klappt!"

Natürlich sprichst du das nicht laut gegenüber deinem Schützling aus, sondern formulierst das schlichtweg innerlich um.

Spürst du den Unterschied, den allein die Formulierung macht?

Auf Dauer nimmt die Seele die Farbe deiner Gedanken an.[147]

Deine Gedanken auf positive Aspekte zurückzulenken, ist Übungssache. Das Gehirn und insbesondere der präfrontale Cortex lernen über Wiederholungen,

[147] Marc Aurel

die sich als Nervenbahnen wortwörtlich ins Gehirn einschreiben. Je öfter du Lektionen wiederholst, desto eher werden sie automatisiert und können bequem abgerufen werden. Du ersparst dir das Nachdenken über Einzelheiten und hast die kognitive Leistung frei für Neues.

Ein Beispiel aus dem Alltag ist dieses hier:

- Liegt mein Knie während des Galoppierens ruhig am Sattel?
- Habe ich den Kopf angehoben für einen guten Überblick, oder starre ich meinem Schützling mit unerwünscht abgesenktem Kinn auf die Halslinie?

Bewusste Wiederholungen einer Tätigkeit bedeuten, dass sie sich neuronal einschreiben und damit verselbstständigen. Gilt für dein Pferd, gilt aber auch für dich und deine Gedankenwelt.

Bei der ersten Fahrstunde ist das nicht anders. Das Anfahren dauert ewig, ständig stirbt der Motor ab und jeder Abbiegevorgang scheint unvorstellbar komplex zu sein. Mit steigender Übung ist es plötzlich leicht, schnell erledigt und die Gedanken sind mit völlig anderen Dingen beschäftigt.

Affirmationen und Mantras können dabei helfen, sich bewusst auf einzelne Tätigkeiten einzustimmen, um die Gedanken davon abzuhalten, wild herumzuwandern. Sie sind im Grunde Meditationstechniken, um den übervollen Kopf auf eine klare Handlung zu fokussieren.

Die berühmte Leichtigkeit auf dem Platz entsteht nicht, wenn Gedankenmüll deinen Kopf und damit deine feine körpersprachliche Kommunikation mit dem Pferd behindert. Die Leichtigkeit im Umgang mit dem Pferd, die anmutige Tänzeleien hervorbringt, entsteht durch Fokussierung auf das Hier und Jetzt. Dieses klare innere Bild dazu, wie die Lektion aussehen soll, ist das A und O in der Pferdeausbildung. Bevor ich überhaupt zur Piaffe ansetze, visualisiere ich innerlich die perfekte Piaffe, lege mir gedanklich die ideale Hilfengebung zurecht und erst dann beginne ich damit, genau diese visualisierten Hilfen für die perfekte Piaffe in die Tat umzusetzen.

In der Passage oder in der Piaffe bin ich exakt bei dem, was meine Hände, meine Hüften und Sitzbeinhöcker, meine Schenkel und Fersen gerade tun. Ist mein Sitz etwas wackelig, dann konzentriere ich mich auf den Sitz, korrigiere meine Position und spreche mir – laut oder leise – ganz klar vor, was ich gerade tue und warum.

Dieser positive und wohlwollende Fokus kommt auch beim Tier an. Im besten Sinne, denn eine klare Kommunikation hilft dem Vierbeiner dabei, sich exakt an den Hilfen zu orientieren. Unsicherheiten verschwinden, das Pferd vertraut sich im besten Falle meiner Rolle als Führungsperson an und folgt auch den kleinsten und leichtesten Hilfen.

Perfektionismus, wohin man sieht

Unter Pferdemenschen ist der Perfektionismus weit verbreitet. Das farblich passende Zaumzeug, der einhundertprozentig passende Sattel, die ideale Fell- und Hufpflege – alles soll perfekt sein. Warum gerade in den Ställen und auf den Turnierplätzen so viele Perfektionen versammelt sind, wäre interessant zu erfahren. Ein möglicher Erklärungsansatz könnte darin liegen, dass hier vor allem Menschen zu finden sind, die an einem Thema dranbleiben und entsprechend viel in das Pferdetraining investieren.

Dieser Wunsch nach Perfektion wird auf dem Reitplatz nur noch stärker. Dann muss jeder Hilfeneinsatz perfekt aufeinander abgestimmt sein und kein Schweifhaar darf verrutschen. Sonst entsteht sofort Frust, sobald die Leistung nicht dem erhofften Niveau entspricht.
Statt dann kurz Luft zu holen und die Fehler als Hilfsmittel zur Verbesserung der Leistungsfähigkeit zu sehen, ergeht sich der Perfektionist in Selbstvorwürfen.

Detailversessenheit an sich hat seine guten Seiten. Nimmt es dir die Freude am Reiten, ist er weitaus mehr Last statt Nutzen. Perfekte Pferde gibt es nicht. Perfekte Reiterinnen und Reiter übrigens auch nicht. Die spielerische, freudige und wohlwollende Haltung bringt viel mehr Spaß, im Vergleich zu einer verbissenen perfektionistischen Haltung.

Es ist ein löbliches Ziel, sein Pferd dressurmäßig ausbilden zu wollen, sodass es keine Verschleißschäden durch das Gerittenwerden davonträgt. Bei aller Leistung, die hier angestrebt wird, wird insbesondere bei Perfektionisten der selbst gemachte Druck gigantisch groß.

Zu hohe Erwartungen an Pferd und Leistung erhöhen kontinuierlich den Druck auf alle Beteiligten. Die Abwärtsspirale in negative Gedanken und damit auch in emotional herausfordernde Zeiten dreht sich schneller und schneller. Am Ende ist der Spaß vorbei, das Pferd aufgrund ausbleibender echter Freude gefrustet - und der Mensch ist auch nicht besser dran. Wobei doch der Spaß für das Pferd dort entsteht, wo es Anerkennung erntet. Es liegt rein in der Verantwortung des Menschen, diese Anerkennung dem Tier gegenüber auszudrücken.

Dem Frust lässt sich mit einer realistischen Zielsetzung beikommen. Keine zwanzig perfekten Minuten in der Halle, sondern *einen* supergelungenen Moment. Nur einen. Fehlversuche sind o.k. und gehören zum Prozess dazu.

An Tagen, bei denen bei mir die Perfektion - oder eher, die Angst vor der Nicht-Erfüllung meiner Ansprüche ans Pferd und an mich - besonders stark ist, setze ich den Timer. Fünf oder zehn Minuten lang steige ich aufs Pferd und gymnastiziere mit meinem Tier. Dieses Einhalten unserer Routine bietet meinem Tier und mir Sicherheit, auch an gefühlsmäßig eher schlechten Tagen.

Piepst der Timer, kann ich immer noch entscheiden:

- Absteigen und Pferdchen zurück in den Stall stellen, weil der Tag heute einfach nicht zum Reiten gemacht ist?
- Oder doch weitermachen, weil es dann doch nicht schlecht war?

Vielleicht erlebe ich dank der wenigen Minuten ein schönes Schulterherein, bei dem ich Fortschritte zur vorherigen Ausführung erkennen kann. Die 10 auf einer Skala zu erreichen, wäre die reinste Überraschung. Je nach Pferd, Leistungsstand und Tageslaune, freue ich mich dann gerne auch über eine 5 oder eine 6 auf der gedachten Bewertungsskala. Erfahrungsgemäß ist die Überwindung der schwierige Part, der sich mit diesem Timersetzen etwas austricksen lässt. Einmal dabei, bleiben die meisten Pferdemenschen dann doch länger, als die ursprünglich angesetzten fünf oder zehn Minuten dran und sitzen eben nicht direkt wieder ab.

Klappt eine Lektion so gar nicht, neigen Perfektionisten zur Vermeidung. Dann wird alles Mögliche trainiert, aber nicht der scheinbar zu schwierige Seitengang oder die Galopppirouette. Hier ist Regelmäßigkeit angesagt, denn auch wenn die Lust für einzelne Schulungen nicht immer da ist, wichtig sind sie im gesunderhaltenen Training ja doch. Den aufkommenden Frust zu managen, das ist Teil der Lektionen. Gilt ebenso wiederum für Pferd und Pferdemensch.

DAS WHY: GYMNASTIZIEREN, UM THERAPIEKOSTEN ZU SENKEN

Pferde gesunderhaltend in versammlungslastigen Lektionen zu schulen, das ist, wie in den vielen vorangegangenen Kapiteln jetzt hoffentlich rundum klar geworden, alles Mögliche, aber sicher kein Zirkustrick.

In schön anzusehenden Schulungen erworbene dicke Muskelpakete schützen deinen Vierbeiner vor Trageerschöpfung. Damit verbundene Stoffwechselprozesse unterstützen die Gesunderhaltung des passiven Bewegungsapparats und die Ausschüttung von Botenstoffen, die die Stimmung spürbar aufhellen.

Noch besser: Diese Form des Trainings erspart dir und deinem Pferd hoffentlich die in der Reitszene so gängigen hohen Therapie- und Veterinärkosten, die durch zu wenige und gern auch durch zu wenig *intensive* Arbeit am Boden sowie unter dem Sattel entstehen.

Die Alten Meister dienen mir - und nun vielleicht auch dir - als Richtschnur für ein Training, welches Erkenntnisse aus der Humanmedizin, wie die gesundheitsfördernde Wirkung von Krafttraining auf Knochen und Muskeln sowie das Immunsystem, mit den Lehren vergangener glanzvoller Dressurkunstzeiten kombiniert.

Dressur ist Kunst, die durch Kraft- Ausdauer- und Balancetraining ihre Vollendung findet.

LITERATURVERZEICHNIS

A

Afonso J., Clemente F.M., Nakamura F.Y., Morouço P., Sarmento H., Inman R.A., Ramirez-Campillo R.: The Effectiveness of Post-exercise Stretching in Short-Term and Delayed Recovery of Strength, Range of Motion and Delayed Onset Muscle Soreness: A Systematic Review and Meta-Analysis of Randomized Controlled Trials.
Front Physiol. 2021 May 5;12:677581. doi: 10.3389/fphys.2021.677581. PMID: 34025459; PMCID: PMC8133317. https://www.ncbi.nlm.nih.gov/pmc/articles/PMC8133317/

Aurich, C., Aurich, J., Becker-Birck M., Schmidt A., Wulf M., von der Wense A., Möstl A., Berz R.,: Cortisol release, heart rate and heart rate variability, and superficial body temperature, in horses lunged either with hyperflexion of the neck or with an extended head and neck position. 2012 https://doi.org/10.1111/j.1439-0396.2012.01274.x

B

Bartels A., Zeki S.: The neural correlates of maternal and romantic love.
Neuroimage. 2004 Mar;21(3):1155-66. doi: 10.1016/j.neuroimage.2003.11.003. PMID: 15006682. https://pubmed.ncbi.nlm.nih.gov/15006682/

Baucher, Francois: Das neue System vom Reiten und ausbilden. Grundsätze und Methoden. Cadmos Verlag 2009

Bayerische Landesanstalt für Landwirtschaft (LfL), Gruber Tabelle, 2024
https://www.lfl.bayern.de/mam/cms07/publikationen/daten/informationen/gruber-tabelle-pferdefuetterung_lfl-information.pdf

Beavers K.M., Ambrosius W.T., Rejeski W.J., Burdette J.H., Walkup M.P., Sheedy J.L., Nesbit B.A., Gaukstern J.E., Nicklas B.J., Marsh A.P.: Effect of Exercise Type During Intentional Weight Loss on Body Composition in Older Adults with Obesity.
Obesity (Silver Spring). 2017 Nov;25(11):1823-1829. doi: 10.1002/oby.21977. PMID: 29086504; PMCID: PMC5678994. https://www.ncbi.nlm.nih.gov/pmc/articles/PMC5678994/

Benedetti M.G., Furlini G., Zati A., Letizia Mauro G.: The Effectiveness of Physical Exercise on Bone Density in Osteoporotic Patients.
Biomed Res Int. 2018 Dec 23;2018:4840531. doi: 10.1155/2018/4840531. PMID: 30671455; PMCID: PMC6323511. https://www.ncbi.nlm.nih.gov/pmc/articles/PMC6323511/

Benias, P.C., Wells, R.G., Sackey-Aboagye, B. et al. Structure and Distribution of an Unrecognized Interstitium in Human Tissues.
Sci Rep 8, 4947 (2018). https://doi.org/10.1038/s41598-018-23062-6 auf https://www.nature.com/articles/s41598-018-23062-6

Bücker, Teresa: Alle_Zeit. Eine Frage von Macht und Freiheit. Ullstein 2022

Bundesministerium für Ernährung und Landwirtschaft: Leitlinien für Tierschutz im Pferdesport, Broschüre Juli 2020 https://www.bmel.de/DE/themen/tiere/tierschutz/tierschutz-pferdesport.html

Busch, Dr. Volker: Öfter mal offline - warum digitale Pausen unser Gedächtnis und unsere Kreativität fördern.
Gehirn gehört-Podcast, 04.07.2022
https://podcasts.apple.com/de/podcast/gehirn-geh%C3%B6rt-prof-dr-volker-busch/id1508018524?i=1000568770659

C

Caprilli, Federico in: Caprilli Dokumente, Grundsätze der Kampagnereitkunst von Hauptmann Federico Caprilli.
Quadriga Verlag 1982

Caterisano A, Moss RF, Pellinger TK, Woodruff K, Lewis VC, Booth W, Khadra T.: The effect of back squat depth on the EMG activity of 4 superficial hip and thigh muscles.
J Strength Cond Res. 2002 Aug;16(3):428-32. PMID: 12173958. https://pubmed.ncbi.nlm.nih.gov/12173958/

Chaudhry, Hans & Schleip, Robert & Ji, Zhiming & Bukiet, Bruce & Maney, Miriam & Findley, Thomas: (2008). Three-Dimensional Mathematical Model for Deformation of Human Fasciae in Manual Therapy.
The Journal of the American Osteopathic Association. 108. 379-90. 10.7556/jaoa.2008.108.8.379. https://www.researchgate.net/publication/23190316_Three-Dimensional_Mathematical_Model_for_Deformation_of_Human_Fasciae_in_Manual_Therapy

Christensen J.W., Beekmans M., van Dalum M., Van-Dierendonck M.: Effects of hyperflexion on acute stress responses in ridden dressage horses. Physiol Behav. 2014 https://www.sciencedirect.com/science/article/abs/pii/S0031938414000419?via%3Dihub

Chun-De Liao, Yi-Hung Liao, Tsan-Hon Liou, Ching-Ya Hsieh, Yu-Chi Kuo, and Hung-Chou Chen: Effects of Protein-Rich Nutritional Composition Supplementation on Sarcopenia Indices and Physical Activity during Resistance Exercise Training in Older Women with Knee Osteoarthritis
Nutrients. 2021 Aug; 13(8): 2487. Published online 2021 Jul 21. doi: 10.3390/nu13082487 PMCID: PMC8399515 PMID: 34444645 https://www.ncbi.nlm.nih.gov/pmc/articles/PMC8399515/

Cuddy, A: Your body language shapes who you are. TED Talk vom 01.10.2012
https://www.youtube.com/watch?v=Ks-_Mh1QhMc

Cuddy, A. J. C., Schultz, S. J., & Fosse, N. E.: (2018). P-Curving a More Comprehensive Body of Research on Postural Feedback Reveals Clear Evidential Value for Power-Posing Effects: Reply to Simmons and Simonsohn (2017).
Psychological Science, 29(4), 656-666. https://doi.org/10.1177/0956797617746749

D

Deutsche Reiterliche Vereinigung, pferd-aktuell.de

Stichwort Ausbildungsskala: https://www.pferd-aktuell.de/ausbildung/ausbildung-des-pferdes (12.03.2024)

Anreiten und Ausbilden junger Pferde (Broschüre), Deutsche Reiterliche Vereinigung, pferd-aktuell.de, 2005, https://www.pferd-aktuell.de/shop/anreiten-und-ausbilden-junger-pferde-download.html

Stichwort Anlehnung, pferd-aktuell.de Newsbereich, 2022 https://www.pferd-aktuell.de/news/aktuelle-meldungen/ausbildung-und-wissenschaft/die-skala-der-ausbildung-anlehnung (28.04.2024)

Stichwort Takt, pferd-aktuell.de Newsbereich, 2022 https://www.pferd-aktuell.de/news/aktuelle-meldungen/ausbildung-und-wissenschaft/die-skala-der-ausbildung-der-takt (28.04.2024)

Stichwort Geraderichtung, pferd-aktuell.de Newsbereich, 2022 https://www.pferd-aktuell.de/news/aktuelle-meldungen/ausbildung-und-wissenschaft/die-skala-der-ausbildung-geraderichtung (20.04.2024)

Stichwort Losgelassenheit, pferd-aktuell.de Newsbereich, 2022 https://www.pferd-aktuell.de/news/aktuelle-meldungen/ausbildung-und-wissenschaft/die-skala-der-ausbildung-losgelassenheit (28.04.2024)

Stichwort Schwung, pferd-aktuell.de
https://www.pferd-aktuell.de/ausbildung/ausbildung-des-pferdes (23.05.2024)

Debski, Chris: Pluvinel.
https://pferde-gesund-bewegen.de/pluvinel/ (Aufruf 03.04.2024)

Diacont, Kerstin, Weber, Sonja: Klassische Arbeit an der Hand. Für starke und gesunde Pferde. Müller Rüschlikon, 2022

Dippel, M., Zsoldos, R.R., Licka, T.F.: An equine cadaver study investigating the relationship between cervical flexion, nuchal ligament elongation and pressure at the first and second cervical vertebra
In: The Veterinary Journal Volume 252, October 2019, 105353 https://www.sciencedirect.com/science/article/abs/pii/S1090023319300929?via%3Dihub

E

Eknoyan, Garabed: Adolphe Quetelet (1796–1874)—the average man and indices of obesity, Nephrology Dialysis Transplantation, Volume 23, Issue 1, January 2008, Pages 47–51, https://doi.org/10.1093/ndt/gfm517

Enkler, L., Szentgyörgyi, V., Pennauer, M. et al.: Arf1 coordinates fatty acid metabolism and mitochondrial homeostasis.
Nat Cell Biol 25, 1157–1172 (2023). https://doi.org/10.1038/s41556-023-01180-2
https://www.nature.com/articles/s41556-023-01180-2

Europäische Kommission: Dietary Protein - overview of protein intake in European countries vom 22.01.2021
https://knowledge4policy.ec.europa.eu/health-promotion-knowledge-gateway/dietary-protein-overview-countries-6_en (Aufruf 02.06.2024)

Eyles DW. Vitamin D: Brain and Behavior.
JBMR Plus. 2020 Oct 18;5(1):e10419. doi: 10.1002/jbm4.10419. PMID: 33553986; PMCID: PMC7839822. https://www.ncbi.nlm.nih.gov/pmc/articles/PMC7839822/

F

Fahnenbruck, Nele Maya: „...reitet für Deutschland": Pferdesport und Politik im Nationalsozialismus. Göttingen: Verlag DIE WERKSTATT, 2013

Francesconi C., Niebauer J., Haber P., Moser O., Weitgasser R., Lackinger C.: Lebensstil: körperliche Aktivität und Training in der Prävention und Therapie des Typ 2 Diabetes mellitus (Update 2023)
[Lifestyle: physical activity and training as prevention and therapy of type 2 diabetes mellitus (Update 2023)]. Wien Klin Wochenschr. 2023 Jan;135(Suppl 1):78-83. German. doi: 10.1007/s00508-023-02187-3. Epub 2023 Apr 20. PMID: 37101027; PMCID: PMC10133083. https://www.ncbi.nlm.nih.gov/pmc/articles/PMC10133083/

Franco-Romero, Anais, Sandri, Marco: Role of autophagy in muscle disease, Molecular Aspects of Medicine, Volume 82, 2021, 101041, ISSN 0098-2997, https://doi.org/10.1016/j.mam.2021.101041. (https://www.sciencedirect.com/science/article/pii/S0098299721001011)

Froböse, Prof. Dr. Ingo: Muskeln. Die Gesundmacher. So bleiben wir fit, schlank und mental in Balance. Ullstein Verlag, 2023

Foerster, Ole, diverse Instagrambeiträge 2024
https://www.instagram.com/p/C6gNmRqlaaE/?igsh=MXNiZjh3NnBuY2R0eA== (Aufruf 01.06.2024)
https://www.instagram.com/reel/C7wNy46ox0Q/?igsh=MW5jZGI0c3l3bHZzYg== (Aufruf 02.06.2024)

H

Hall, Kevin D. et.: Ultra-Processed Diets Cause Excess Calorie Intake and Weight Gain: An Inpatient Randomized Controlled Trial of Ad Libitum Food Intake
Open ArchivePublished: May 16, 2019 DOI: https://doi.org/10.1016/j.cmet.2019.05.008
https://www.cell.com/cell-metabolism/fulltext/S1550-4131(19)30248-7?_returnURL=https%3A%2F%2Flinkinghub.elsevier.com%2Fretrieve%2Fpii%2FS1550413119302487%3Fshowall%3Dtrue

Han, H., Chen, S., Wang, X., Jin, J., Li, X..: Association between muscle strength and mass and bone mineral density in the US general population: data from NHANES 1999–2002. Journal of Orthopaedic Surgery and Research https://doi.org/10.1186/s13018-023-03877-4

Heeresdienstvorschrift H.DV12, Originalfassung von 1912
https://gdz.sub.uni-goettingen.de/id/PPN731816455?tify=%7B%22pages%22%3A%5B17%5D%2C%22view%22%3A%22info%22%7D (13.12.2023)

Heinze, Theodore: Pferd und Reiter oder die Reitkunst in ihrem ganzen Umfange. Leipzig, Verlag Otto Spamer, 1889

Henshall C., Randle H., Francis N., Freire R.: Habit Formation and the Effect of Repeated Stress Exposures on Cognitive Flexibility Learning in Horses.
Animals (Basel). 2022 Oct 18;12(20):2818. doi: 10.3390/ani12202818. PMID: 36290204; PMCID: PMC9597801. https://www.ncbi.nlm.nih.gov/pmc/articles/PMC9597801/

Heuschmann, Dr. Gerd, von Ziegler, Kurd Albrecht: Die kommentierte H.DV.12, Frankh Kosmos Verlag, 2017

Hwang I, Kim JB. Two Faces of White Adipose Tissue with Heterogeneous Adipogenic Progenitors.
Diabetes Metab J. 2019 Dec;43(6):752-762. doi: 10.4093/dmj.2019.0174. PMID: 31902145; PMCID: PMC6943255. https://www.ncbi.nlm.nih.gov/pmc/articles/PMC6943255/

I

iWest: Gestresste Pferde verstehen
https://www.iwest.de/pferdewissen/ruhe-stress/gestresste-pferde-verstehen/ (Aufruf 01.06.2024)

K

Karasu, Sylvia R. M.D.: Adolphe Quetelet and the evolution of body mass index. in: Psychology today, 2016. https://www.psychologytoday.com/intl/blog/the-gravity-of-weight/201603/adolphe-quetelet-and-the-evolution-of-body-mass-index-bmi

Karl, Philippe: Irrwege der modernen Dressur, Cadmos Verlag, 2006/2007

Kienapfel, Kathrin, Preuschaft, Holger: Viel zu eng! Über die Verschnallung der Nasenriemen in: Pferdeheilkunde 26 (2010) 2 (März/April) 178-185
https://dressur-studien.de/wp-content/uploads/kienapfel-preuschoft2010-much-too-tight.pdf (Aufruf 21.05.2024)

Kleven, Helle Katrine: Biomechanik und Physiotherapie für Pferde. FN Verlag 2009

Krischke, Christin: Du entscheidest! Reiten mit gutem Gewissen. Cadmos Verlag 2015

Krischkes: Sprechstunde „Frag die Krischkes!" vom 29.09.2020, Zoom/Fb
https://www.facebook.com/Hofreitschule/videos/1684454001710699 (Aufruf am 09.04.2024)

Kongsgaard M, Aagaard P, Kjaer M, Magnusson SP. Structural Achilles tendon properties in athletes subjected to different exercise modes and in Achilles tendon rupture patients. J Appl Physiol (1985). 2005 Nov;99(5):1965-71. doi: 10.1152/japplphysiol.00384.2005. Epub 2005 Aug 4. PMID: 16081623. https://pubmed.ncbi.nlm.nih.gov/16081623/

Koch, Simone Dr.: Autoimmunerkrankungen: Muskelschwund und Muskelaufbau, veröffentlicht auf autoimmunhilfe.de am 12.02.2021
https://www.autoimmunhilfe.de/ratgeber/autoimmunerkrankungen-muskelschwund-und-muskelaufbau/ (Aufruf 30.05.2024)

Koch, Simone Dr.: Das 4 Wochen Anti-Entzündungsprogramm. Immunsystem, Stoffwechsel & Hormone ins Gleichgewicht bringen. Stille Entzündungen stoppen Trias Verlag 2021

L

Lee C.H., Giuliani F.: The Role of Inflammation in Depression and Fatigue.
Front Immunol. 2019 Jul 19;10:1696. doi: 10.3389/fimmu.2019.01696. PMID: 31379879; PMCID: PMC6658985. https://www.ncbi.nlm.nih.gov/pmc/articles/PMC6658985/

Lienhard, Lars, Schmid-Fetzer, Ulla, Cobb, Dr. Eric: Neuronale Heilung. Mit einfachen Übungen den Vagusnerv aktivieren – gegen Stress, Depressionen, Ängste, Schmerzen und Verdauungsprobleme, riva Verlag 2021

LUFA Nord-West, Futtermittelanalyse 2023
https://www.lufa-nord-west.de/index.cfm/action/downloadcenter?file=0DECC2D8 (Aufruf am 19.05.2024)

M

McCullagh, S., Keen, J., Dosi, M. & Morgan, R. (2024) Bringing equine adipose tissue into focus.
Equine Veterinary Education, 36, 145–151. Available from: https://doi.org/10.1111/eve.13894 https://beva.onlinelibrary.wiley.com/doi/full/10.1111/eve.13894

Meagher, Jack: Muskelprobleme bei Pferden: Vorbeugung und Behandlung durch physiotherapeutische Methoden, 1987

Michalak J., Troje N.F., Fischer J., Vollmar P., Heidenreich T., Schulte D.: Embodiment of sadness and depression--gait patterns associated with dysphoric mood. Psychosom Med. 2009 Jun;71(5):580-7. doi: 10.1097/PSY.0b013e3181a2515c. Epub 2009 May 4. PMID: 19414617. https://pubmed.ncbi.nlm.nih.gov/19414617/ & https://www.augsburger-allgemeine.de/geld-leben/Interview-Wie-sich-Koerperhaltung-auf-die-Psyche-auswirkt-id58063921.html

Micke O, Vormann J, Classen HG, Kisters K. Magnesium: Bedeutung für die hausärztliche Praxis – Positionspapier der Gesellschaft für Magnesium-Forschung e.V [Magnesium: Relevance for general practitioners - a position paper of the Society for Magnesium Research e.V.]. Dtsch Med Wochenschr. 2020 Nov;145(22):1628-1634. German. doi: 10.1055/a-1166-7229. Epub 2020 Nov 3. PMID: 33142330; PMCID: PMC7749760. https://www.ncbi.nlm.nih.gov/pmc/articles/PMC7749760/

Mizuhashi F., Koide K.: Salivary secretion and salivary stress hormone level changes induced by tongue rotation exercise.
Adv Prosthodont. 2020 Aug;12(4):204-209. doi: 10.4047/jap.2020.12.4.204. Epub 2020 Aug 20. PMID: 32879710; PMCID: PMC7449817.
https://www.ncbi.nlm.nih.gov/pmc/articles/PMC7449817/

Monteton, Otto Digeon von, Über die Reitkunst. Hildesheim: Olms-Presse, 1995, Nachdr. der Ausg. Stendal, Franzen und Grosse, 1877 und 1879

N

Newsholme E.A, Crabtree B., Ardawi M.S.: Glutamine metabolism in lymphocytes: its biochemical, physiological and clinical importance. Q J Exp Physiol. 1985 Oct;70(4):473-89. doi: 10.1113/expphysiol.1985.sp002935. PMID: 3909197. https://pubmed.ncbi.nlm.nih.gov/3909197/

O

Ohnesorge, Bernhard, Go, Li-Mei, Barton, Ann Kristin: Einfluss der Kopf-Hals-Haltung unter Belastung auf den oberen Respirationstrakt; Klinik für Pferde, Stiftung Tierärztliche Hochschule Hannover
in: LBH: 7. Leipziger Tierärztekongress – Tagungsband 2, 2013, S. 49ff

Oliveira, Nuno
(Zitate von https://pferde-gesund-bewegen.de/nuno-oliveira/ Aufruf am 18.05.2024)

The XIth **Olympic** Games Berlin, 1936 Official Report Volume II https://web.archive.org/web/20070709225735/http://www.la84foundation.org/6oic/OfficialReports/1936/1936v2sum.pdf (12.12.2023)

Orfanos-Boeckel, Helena Dr. med: Nährstoff-Therapie. Orthomolekulare Medizin & Bioidentische Hormone: Mangel ausgleichen, Beschwerden lindern, Alterungsprozess aufhalten. TRIAS Verlag, 1. Auflage 2022

Ottemann, Karin: Physiologie: Das Verdauungssystem des Pferdes in: Dressurstudien, Heft Fit statt Fett – richtig füttern. 3/2016
https://dressur-studien.de/physiologie-das-verdauungssystem-des-pferdes/ (Aufruf 30.05.2024)

P

Patton, Molly E., Andrews, Frank M., Bogers, Sophie H., Wong, David, McKenzie 3rd, Harold C., Werre, Stephen R., Byron, Christopher R: Effects of Bit Chewing on Gastric Emptying, Small Intestinal Transit, and Orocecal Transit Times in Clinically Normal Horses. 04.08.2023, https://pubmed.ncbi.nlm.nih.gov/37570326/

de Pluvinel, Antoine: „L´instruction du Roy de monter au cheval. 1629
(via https://www.barocke-pferdeausbildung.de/2017/12/26/warte-mal-die-ausbildung-des-jungen-pferdes/)

Pochammer, Gabriele: Meilensteine H.DV12, St. Georg Magazin, veröffentlicht am 26.03.2019 https://www.st-georg.de/blog/meilensteine-hdv-12-von-der-liebe-zum-pferd-beseelt/

Pohler, Gerald: Grundwissen Mediation. Ursprünge, Formen, praktische Übungen. Gütersloher Verlagshaus, 2001

R

Racinet, J. C.: Francois Baucher. Enfant terrible oder Genie? Olms Verlag 2009

Raubenheimer David, Simpson Stephen J.: Protein appetite as an integrator in the obesity system: the protein leverage hypothesis. 2023 Phil. Trans. R. Soc. B 37820220212 http://doi.org/10.1098/rstb.2022.0212 / https://royalsocietypublishing.org/doi/10.1098/rstb.2022.0212

Remer, T., Kalotai, N., Amini, A.M. et al.: Protein intake and risk of urolithiasis and kidney diseases: an umbrella review of systematic reviews for the evidence-based guideline of the German Nutrition Society.
Eur J Nutr 62, 1957–1975 (2023). https://doi.org/10.1007/s00394-023-03143-7

Richter, Tanja: Illusion der Pferdeosteotherapie, 2011

Rugaas, Turid: Calming Signals. Die Beschwichtigungssignale der Hunde. Animal learn Verlag, Bernau, 7. Auflage, 2001

S

Sanyal, Abhishek, Naumann, Jennifer, Hoffmann, Linda Sarah, Chabowska-Kita, Agnieszka, Ehrlund, Anna, Schlitzer, Andreas, Arner, Peter, Blüher, Matthias, Pfeifer, Alexander: Interplay between Obesity-Induced Inflammation and cGMP Signaling in White Adipose Tissue
PMID: 28052251 DOI: 10.1016/j.celrep.2016.12.028 https://pubmed.ncbi.nlm.nih.gov/28052251/

Schmidt A., Hödl S., Möstl E., Aurich J., Müller J., Aurich C.,: Cortisol release, heart rate, and heart rate variability in transport-naive horses during repeated road transport, Domestic Animal Endocrinology, Volume 39, Issue 3, 2010, Pages 205-213, ISSN 0739-7240,
https://doi.org/10.1016/j.domaniend.2010.06.002.
(https://www.sciencedirect.com/science/article/pii/S0739724010000718)

Schmidt F.M., Weschenfelder J., Sander C., Minkwitz J., Thormann J., Chittka T., et al.: (2015) Inflammatory Cytokines in General and Central Obesity and Modulating Effects of Physical Activity.
PLoS ONE 10(3): e0121971. https://doi.org/10.1371/journal.pone.0121971 https://journals.plos.org/plosone/article?id=10.1371/journal.pone.0121971

Seeger, Luis: System der Reitkunst. Verlag Friedrich August Herbig 1844

Shivaswamy T., Souza R.R., Engineer C.T., McIntyre C.K.: Vagus Nerve Stimulation as a Treatment for Fear and Anxiety in Individuals with Autism Spectrum Disorder.
Psychiatr Brain Sci. 2022;7(4):e220007. doi: 10.20900/jpbs.20220007. Epub 2022 Sep 23. PMID: 36303861; PMCID: PMC9600938.
https://www.ncbi.nlm.nih.gov/pmc/articles/PMC9600938/

Sitzenstock, Patricia Dr. : Was du über Zucker in der Pferdefütterung wissen solltest vom 19.01.2023
https://www.pavo-futter.de/beratung/was-bewirkt-zucker-bei-deinem-pferd/ (Aufruf 05.06.2024)

St. Georg, Rollkur – ein Wort macht Karriere; Redaktionskommentar vom 29.11.2007
https://www.st-georg.de/hintergrund/rollkur/rollkur-ein-wort-macht-karriere/

Stecco, A.; Giordani, F.; Fede, C.; Pirri, C.; De Caro, R.; Stecco, C. From Muscle to the Myofascial Unit: Current Evidence and Future Perspectives.
Int. J. Mol. Sci. 2023, 24, 4527. https://doi.org/10.3390/ijms24054527 https://www.mdpi.com/1422-0067/24/5/4527

Stensbeck, Oskar, von Dreyhausen, Gustav, Walzer, Julius: Grundzüge der Reitkunst, Georg Olms Verlag, 2021

Stodulka, Dr. med. Vet. Robert: Das Phänomen Francois Baucher. Sein Leben - Seine Lehre - der Mythos. Franckh Kosmos Verlag, 2009

Stulnig, TM: Adipositas und die Entzündung des Fettgewebes Journal für Klinische Endokrinologie und Stoffwechsel Austrian Journal of Clinical Endocrinology and Metabolism 2009; 2 (3), 17-21
https://www.kup.at/kup/pdf/8176.pdf

Strunz: Warum Muskeln? Veröffentlicht 2013
https://www.strunz.com/news/muskeln-warum.html (Aufruf 17.05.2024)

Suda A.J., Kientopf D., Leithner A., Streeck J., Colshorn T., Dorotka R., Schneider M., Höppchen I.: Keine Evidenz für die biomechanischen und pathophysiologischen Erklärungsmodelle muskuloskelettaler Erkrankungen nach Liebscher & Bracht
[No Evidence for the Biomechanical and Pathophysiological Explanatory Models of Musculoskeletal Diseases According to Liebscher & Bracht].
Orthop Unfall. 2022 Feb;160(1):13-18. German. doi: 10.1055/a-1716-2274. Epub 2022 Feb 10. PMID: 35144293; PMCID: PMC8831037.
https://www.ncbi.nlm.nih.gov/pmc/articles/PMC8831037/

Szymanski, Nadine, Tschöpe, Melanie: Reittraining mit der Reitlehre H.DV12, Cavallo Magazin, veröffentlicht am 19.05.2017
https://www.cavallo.de/reittraining/mit-der-reitlehre-h-dv-12-zum-richtigen-tempo/

T

Tabertshofer, Julika: Alte Meister im Licht der Moderne. Cadmos, 2022

Tilley P., Simões J., Sales Luis JP.: Effects of a 15° Variation in Poll Flexion during Riding on the Respiratory Systems and Behaviour of High-Level Dressage and Show-Jumping Horses. Animals (Basel). 2023
https://www.ncbi.nlm.nih.gov/pmc/articles/PMC10215520/

Trommelen, Jorn, Glenn A., van Lieshout, A., Nyakayiru, Jean, Holwerda, Andrew M., Smeets, Joey S.J., Hendriks, Floris K., van Kranenburg, Janneau M.X., Zorenc, Antoine H., Senden, Joan M., Goessens, Joy P.B., Gijsen, Annemie P., van Loon, Luc J.C.: The anabolic response to protein ingestion during recovery from exercise has no upper limit in magnitude and duration in vivo in humans, Cell Reports Medicine, Volume 4, Issue 12, 2023, 101324, ISSN 2666-3791, https://doi.org/10.1016/j.xcrm.2023.101324. https://www.sciencedirect.com/science/article/pii/S2666379123005402?ref=pdf_download&fr=RR-2&rr=886b88bb2a411e5d

Twardovski, Tomek: Baucher - untauglich fürs Gebrauchsreiten?
https://tomektwardowski.wordpress.com/2010/09/02/baucher-%E2%80%93-untauglich-furs-gebrauchsreiten/ (Aufruf 30.05.2024)

V

Vincent K.R., Vincent H.K.: Resistance exercise for knee osteoarthritis.
PM R. 2012 May;4(5 Suppl):S45-52. doi: 10.1016/j.pmrj.2012.01.019. PMID: 22632702; PMCID: PMC3635671.
https://pubmed.ncbi.nlm.nih.gov/22632702/

di Vico R., Ardigò L.P., Salernitano G., Chamari K., Padulo J.: The acute effect of the tongue position in the mouth on knee isokinetic test performance: a highly surprising pilot study. Muscles Ligaments Tendons J. 2014 Feb 24;3(4):318-23. PMID: 24596696; PMCID: PMC3940506. https://www.ncbi.nlm.nih.gov/pmc/articles/PMC3940506/

Voy-Swoboda, Olga A.: Tierschutz und Recht - ein Widerspruch beim Sportpferd? in: LBH: 6. Leipziger Tierärztekongress - Tagungsband 2, 2011, S. 159

W

Wehnert, Christiane: Jetzt wird es richtig eng
In: Cavallo Magazin, 10.02.2010
https://www.cavallo.de/medizin/jetzt-wird-es-richtig-eng/ (24.05.2024)

Wewetzer, Hartmut: Geschichte des BMI: Schlank einschlafen, fett aufwachen. Tagesspiegel online, 2011 (Aufruf am 12.05.2024)
https://www.tagesspiegel.de/wissen/schlank-einschlafen-fett-aufwachen-1949980.html

Weyrauch, Susanne Dr.: EMS - Das equine metabolische Syndrom
https://www.dr-susanne-weyrauch.de/gesundheit/ems---das-equine-metabolische-syndrom (Aufruf 21.05.2024)

Widdra, Klaus: Alte Meister neu belebt. Xenophon, Evipo Verlag, 2016

X

Xie Y., Wu Z., Sun L., Zhou L., Wang G., Xiao L., Wang H.: The Effects and Mechanisms of Exercise on the Treatment of Depression.

Front Psychiatry. 2021 Nov 5;12:705559. doi: 10.3389/fpsyt.2021.705559. PMID: 34803752; PMCID: PMC8602192. https://pubmed.ncbi.nlm.nih.gov/34803752/

Y

Yates, T. PhD, Biddle, G. J. H. PhD, Henson, J. PhD, Edwardson, C. L. PhD, Arsenyadis, F. MSc, Goff, L. M. PhD, Papamargaritis, D. PhD, Webb, D. R. PhD, Khunti, K. PhD, Davies, M. J. MD: Impact of weight loss and weight gain trajectories on body composition in a population at high risk of type 2 diabetes: A prospective cohort analysis
First published: 14 December 2023 https://doi.org/10.1111/dom.15400 / https://dom-pubs.onlinelibrary.wiley.com/doi/10.1111/dom.15400

Z

Zebisch A., May A., Reese S., Gehlen H.: Effects of different head-neck positions on the larynges of ridden horses.
Anim Physiol Anim Nutr (Berl). 2014 Oct;98(5):894-900. doi: 10.1111/jpn.12154. Epub 2013 Dec 13. PMID: 24329611. https://pubmed.ncbi.nlm.nih.gov/24329611/

Zebisch A., May A., Reese S., Gehlen H.: Effect of different head-neck positions on physical and psychological stress parameters in the ridden horse.
Anim Physiol Anim Nutr (Berl). 2014 Oct;98(5):901-7. doi: 10.1111/jpn.12155. Epub 2013 Dec 13. PMID: 24329719. https://pubmed.ncbi.nlm.nih.gov/24329719/

Dr. Zeitelhack in: Krankheiten des Verdauungssystems.
Wenn der Bauch schmerzt. Pferd & Mensch Ausgaben 11-12 2019, Onlineausgabe
https://www.pm-forum-digital.de/project/krankheiten-des-verdauungssystems-11-12-2019/ (Aufruf 30.05.2024)

ABBILDUNGSVERZEICHNIS